A Terra de Cinzas e Diamantes

Coleção Estudos
Dirigida por J. Guinsburg

Equipe de realização – Tradução: Patrícia Furtado de Mendonça; Edição de texto: Marcio Honorio de Godoy; Revisão de provas: Lilian Miyoko Kumai; Sobrecapa: Sergio Kon; Produção: Ricardo Neves e Sergio Kon.

Eugenio Barba

A TERRA DE CINZAS E DIAMANTES
MINHA APRENDIZAGEM NA POLÔNIA

SEGUIDO DE 26 CARTAS
DE JERZY GROTOWSKI
A EUGENIO BARBA

Título do original em francês:
La terra di cenere e diamanti: Il mio aprendistato in Polonia

Copyright © 1998 by Eugenio Barba

Dados Internacionais de Catalogação na Publicação (CIP)
(Câmara Brasileira do Livro, SP, Brasil)

Barba, Eugenio
A terra de cinzas e diamantes: minha aprendizagem na Polônia:
seguido de 26 cartas e Jerzy Grotowski a Eugenio Barba / tradução Patrícia Furtado de Mendonça. – São Paulo : Perspectiva,
2006. – (Coleção estudos ; 235 / dirigida por J. Guinsburg)

Título original: La terra di cenere e diamanti.
Bibliografia.
ISBN 978-85-273-0771-0

1. Barba, Eugenio – Amigos e associados 2. Barba,
Eugenio – Correspondência 3. Grotowski, Jerzy, 1933-1999
– Correspondência 4. Grotowski, Jerzy, 1933-1999 – Crítica e
interpretação 5. Teatr Laboratorium "13 Rzñedów" 6. Teatro
– História e crítica I. Guinsburg, J. II. Título. III. Série.

06-6872   CDD-792.015

Índices para catálogo sistemático:
1. Teatro : Apreciação crítica   792.015

[PPD]

Direitos reservados em língua portuguesa à
EDITORA PERSPECTIVA LTDA.

Av. Brigadeiro Luís Antônio, 3025
01401-000 São Paulo SP Brasil
Telefax: (011) 3885-8388
www.editoraperspectiva.com.br

2019

Sumário

PREMISSA XIII

PARTE I
A TERRA DE CINZAS E DIAMANTES
Minha aprendizagem na Polônia

UM FILME QUE MUDA A VIDA 3
AMIGOS 5
VIAGENS 8
OPOLE 13
ARQUÉTIPOS E XAMÃS 18
TRAVESSIAS DE DESERTOS E VIAGENS DE CARONA 25
O NOVO TESTAMENTO DO TEATRO 31
RELAÇÕES E PARTIDAS DE XADREZ 35
MIL E UMA NOITES 40
PULSAÇÃO, MOVIMENTO, RITMO 47
CENSORES E ALIADOS 54
SER POMBA E COBRA 57
O VALOR DE UM ÔNIBUS 65

PRIMEIRO *FLASHBACK* 71

EM BUSCA DE TEATRO 73

HAMLET SEM AMIGOS 75

PERSONA NON GRATA 83

SEGUNDO *FLASHBACK* 86

OS FAMINTOS DE TEATRO 90

HOLSTEBRO 94

EM BUSCA DE UM TEATRO POBRE 99

O ÚLTIMO ESPETÁCULO 104

O MESTRE INVISÍVEL 107

UMA PERGUNTA SEM RESPOSTA 111

POUCOS É O NÚMERO CERTO 116

PARTE II
QUERIDO KIM
26 cartas de Jerzy Grotowski a Eugenio Barba

CARTA 1	(10 de julho de 1963)	125
CARTA 2	(15 de setembro de 1963)	127
CARTA 3	(21 de setembro de 1963)	130
CARTA 4	(sem data, provavelmente do fim de novembro de 1963)	132
CARTA 5	(sem data, provavelmente do fim de dezembro de 1963 ou do início de janeiro de 1964)	133
CARTA 6	(12 de maio de 1964)	134
CARTA 7	(4 de julho de 1964)	137
CARTA 8	(1º de setembro de 1964)	138
CARTA 9	(2 de setembro de 1964)	141
CARTA 10	(3 de setembro de 1964)	142
CARTA 11	(20 de outubro de 1964)	143
CARTA 12	(29 de dezembro de 1964)	146
CARTA 13	(6 de fevereiro de 1965)	148
CARTA 14	(5 de abril de 1965)	151
CARTA 15	(26 de abril de 1965)	153
CARTA 16	(8 de junho de 1965)	156

SUMÁRIO IX

Carta 17	(20 de junho de 1965)	158
Carta 18	(5 de setembro de 1965)	160
Carta 19	(27 de setembro de 1965)	163
Carta 20	(16 de novembro de 1965)	165
Carta 21	(18 de dezembro de 1965)	168
Carta 22	(14 de janeiro de 1966)	169
Carta 23	(5 de dezembro de 1966)	172
Carta 24	(23 de abril de 1967)	174
Carta 25	(21 de setembro de 1967)	176
Carta 26	(10 de agosto de 1969)	177

Carta de Eugenio Barba a Jerzy Grotowski 181

Respostas de Barba à Dunkelberg 183

A Casa das Origens e do Retorno 188

Índice Remissivo 195

À Polônia
onde aprendi que o teatro é luta e nostalgia de liberdade

Premissa

Alta, como no alto
do ramo mais alto
avermelha a maçã
que no período da colheita
os camponeses esqueceram.
Mas não foi esquecida.
Em vão tentaram alcançá-la.

SAFO

Em abril de 1994, em uma estante pouco visitada da minha biblioteca, encontrei 26 cartas que Jerzy Grotowski tinha me escrito entre julho de 1963 e agosto de 1969. Provavelmente não são todas as cartas daquele período. Mas não foi por acaso que ele me mandou a primeira carta para a Índia e a última da Índia.

Para nós, a Índia foi um ponto de encontro. Nunca fomos lá juntos, mas sua cultura, seus paradoxos, suas tão próximas distâncias, estabeleceram entre nós, desde nosso primeiro encontro, um vínculo de pensamento e uma linguagem em comum.

A maior parte das cartas foi escrita entre 1964 e 1966. Para Grotowski, os anos que antecedem a explosão da sua fama; para mim, os anos em que eu formava o Odin Teatret na Noruega, em Oslo, e logo depois em Holstebro, na Dinamarca.

A partir de 1970, nossa correspondência torna-se mais rara. Devido ao seu prestígio no exterior, Grotowski podia sair da Polônia com menores dificuldades. Depois que o Teatr-Laboratorium se transferiu de Opole para Wrocław, o regime político que governava seu país havia se tornado mais elástico. Nossos encontros fora da Polônia tornaram-se, então, mais fáceis, fossem eles em Holstebro ou em outros lugares da Europa. Muitas vezes, as necessidades do trabalho faziam com que fosse mais simples telefonar do que escrever. A diminuição da nossa correspondência não revela encontros menos frequentes, somente relações mais fáceis. Essa facilidade acompanhava, porém, o divergir das nossas aventuras.

Todas as minhas forças estavam concentradas na preparação dos atores do meu grupo, na composição de um espetáculo, em encontrar um público e um lugar onde apresentá-lo, em inventar e realizar atividades que justificassem o nome "laboratório" dado ao Odin Teatret. Tratava-se de garantir a sobrevivência material e profissional de um grupo de atores muito jovens, de línguas e nacionalidades distintas, diletantes e autodidatas. Essas preocupações eram muito diferentes e distantes das de Grotowski naquele momento. Eram bem outras as tensões que o consumiam. No fim de 1970, ele torna pública sua decisão de não fazer mais espetáculos.

As cartas que escrevi a Grotowski estavam no arquivo do Teatr-Laboratorium de Wrocław. Quando Ludwik Flaszen e os atores decretaram o fechamento do teatro, em 1984, no período em que Grotowski estava exilado no exterior, elas se perderam. É por isso que só posso publicar aqui a metade de um epistolário.

Grotowski e eu conversamos muito sobre essas cartas e sobre o mundo que elas fazem vir à tona, sobre as redes de dissimulação e os códigos quase secretos que, de um lado, mostram a necessidade de defender-se do olhar da polícia e, do outro, dão aos nossos entusiasmos, às nossas descobertas e à nossa recíproca solidariedade, uma pátina ingênua e um pouco novelesca, algo entre Lancelote (ou Persival) e Rocambole. Às vezes é difícil para nós mesmos decifrar nossas "chaves" de então. Podemos até sorrir, mas sem esquecer que foi uma verdadeira aventura em que o que estava em jogo era o fechamento do Teatr 13 Rzędów.

Perguntei-me se essa aventura não se tornaria incompreensível para o leitor de hoje. Ergui barreiras de dúvidas contra o projeto de publicar essas cartas: poderiam ter algum significado para um leitor qualquer, além do interesse quase automático que todo documento relativo a uma personalidade como Grotowski desperta nos dias de hoje?

Nunca dei muito valor às relíquias. Os museus me fascinam, mas tenho horror de ver ali trancafiadas as pessoas que eu amei e amo. Ou, pior ainda, de ver ali dentro pedaços da minha vida.

Mas eu sempre amei a história, as suas contradições, aquele drama que volta sempre a se apresentar quando sua ordenada superfície livresca entra em conflito com tudo aquilo que ela tende a enterrar.

Dessa forma, as barreiras de dúvidas derramaram-se sobre mim e transformaram-se na obrigação de um novo trabalho. As 26 cartas deveriam ser precedidas por uma história que apresentasse o contexto da Polônia de então, assim como eu a tinha vivido. Eu precisava contar como um minúsculo teatro tinha se transformado, para mim, em um continente espiritual, uma pátria a ser inventada, um lugar para onde migrar. Um sonho ao qual ser leal.

Eu devia tentar explicar como dois jovens que não tinham nem trinta anos, que eram quase da mesma idade, puderam construir sua relação pegando emprestado de Kipling a ligação entre o velho Lama e o jovem Kim.

A primeira parte do livro – "A Terra de Cinzas e Diamantes" – conta um segmento da história subterrânea do teatro e também uma história de amor.

Eu a escrevi com a intenção de dar um testemunho sobre alguns anos que foram cruciais para o teatro da segunda metade do século XX, anos que viram a incubação e a afirmação da revolta teatral de Jerzy Grotowski, Ludwik Flaszen, Jerzy Gurawski e daquele minúsculo grupo de atores ao redor deles. O contexto é a Polônia socialista, em um período histórico marcado pela mediocridade de um regime policial violento e pelo ardor de uma vida intelectual e artística que era, ao mesmo tempo, grito de libertação e trabalhoso artesanato de liberdade.

Parece que hoje foram perdidos todos os rastros do sabor daqueles anos, no fundo nem tão distantes. E como sempre, quando desaparecem os rastros deixados sobre um terreno, a história corre o risco de se tornar retilínea, ou seja, sutilmente falsa, apesar da veracidade dos fatos que ela põe em conexão.

É possível, por exemplo, traçar uma linha que liga o teatro de Grotowski às reformas e às buscas teatrais eslavas da primeira metade deste século: Stanislávski – Vakhtângov – Meierhold – Eisenstein – Grotowski. Ou então uma linha menos usual, atenta ao trabalho do ator e do diretor dentro do texto e contra o texto: Meierhold – Brecht – Grotowski; ou ainda, uma linha que vai além do horizonte do espetáculo como único fim do trabalho teatral: Stanislávski – Sulerjítzki – Copeau – Osterwa – Grotowski. Todas estas conexões são corretas. Mas servem, sobretudo, àqueles que se deram a tarefa de encontrar um sentido e uma direção para os acontecimentos do passado.

Entretanto, essas conexões são inúteis para os atores e diretores que hoje se encontram a lutar contra circunstâncias adversas, contra a indiferença e a solidão, tendo a necessidade de inventar uma casa – um teatro – na própria medida. A essas pessoas não interessa somente a grande corrente da história teatral do século XX, o relatório dos desafios vitoriosos que parecem, à distância de tempo, revoluções estéticas e descobertas fundamentais. Nas aventuras de seus predecessores, também procuram exemplos e inspiração para resolver as numerosas dificuldades cotidianas e os árduos problemas que nascem das próprias escolhas. Procuram estratagemas, técnicas, princípios e ideais para superar os obstáculos que os superam. Para os que ainda não possuem um nome, mas que tentam conquistá-lo e descobri-lo, é útil conhecer as prosaicas condições materiais em que se desenrolou a história dos sem nome.

Portbou é aquela cidadezinha espanhola na fronteira com a França onde Walter Benjamin, fugindo do nazismo, se suicidou. Na primavera de 1995 passei por lá para visitar a sua tumba. Naturalmente, procurei-a no cemitério. Não a encontrei. De uma hora pra outra, me dei conta de que não poderia estar ali: ele era judeu e, além do mais, suicida.

O cemitério está sobre uma costa rochosa que se debruça sob o céu e o mar. Não muito longe dali, erguia-se do terreno a embocadura de um túnel. Pareciam vísceras de aço construídas com espessas chapas de metal como as dos encouraçados, com escamas de ferrugem causadas pela salsugem e pelo tempo. Alguns degraus, também feitos de aço, desciam ao longo do túnel até o mar. Comecei a descê-los, e minha imagem veio ao meu encontro. Eu via, lá no fundo, a cor verde-azul da água e, ao mesmo tempo, eu via a mim mesmo se aproximando. O final do túnel se defrontava com o vazio e com o mar, e era fechado por uma parede de cristal. Era essa parede que refletia a imagem de quem descia. Enquanto admirava a ideia do monumento que Dani Karavan tinha dedicado à memória do cabalista marxista, eu seguia o fio da minha emoção. A minha imagem naquele vidro ligeiramente opaco parou minha descida. Sobre a parede de cristal, em alemão, espanhol, francês e inglês, estava incisa, em letras minúsculas, uma frase de Walter Benjamin: "É uma tarefa muito mais árdua honrar a memória das pessoas sem nome do que a das pessoas célebres. A construção histórica é consagrada à memória daqueles que não têm nome".

Eu gostaria de falar sobre um momento central da recente história do teatro como se fosse a história de jovens sem nome. Queria apresentá-la como ela era naqueles anos: uma história subterrânea – como a das toupeiras, que escavam seus túneis embaixo da terra. Fanáticos deslumbrados por uma miragem? Foi o reconhecimento geral e a celebridade que transformaram essa miragem num diamante?

A história subterrânea do teatro não se deixa aprisionar nas razões históricas, que se esclarecem somente *a posteriori*. Ela vê casualidades aparentes, circunstâncias incoerentes, encontros fortuitos. E acima de tudo descobre – atrás da grandeza dos resultados e da eficácia das escolhas – outras forças e outras dimensões: o impulso à revolta, a incapacidade de domesticar-se ao espírito do tempo, a sede de transcender a própria sociedade e a própria pessoa. E a força da paixão e do amor.

Como não chamar de "amor" a paixão que ligou alguns artistas de teatro a outros, transformando em prática aquelas ideias que pareciam, aos desapaixonados, frutos da obsessão de maníacos solitários?

Não é uma história de amor aquela entre Sulerjítzki e Stanislávski? E Vakhtângov? Não foi uma verdadeira história de amor atormentado e infeliz a fecundar a relação entre Stanislávski e Meierhold? Ou entre Eisenstein e Meierhold?

A paixão amorosa, hoje em dia, é vista unicamente sob a dimensão erótica. Por isso é quase impossível compreender o termo "Mestre" em toda a sua densidade. E torna-se difícil ir além do óbvio, de conceitos como influência, métodos, fidelidade ou infidelidade. Como se o Mestre não fosse aquele que se revela para desaparecer. Como se a sua ação consistisse em ensinar e seduzir. E não fosse, em vez disso, uma fatigante premissa para a descoberta da própria solidão, criativa e sem luto.

Foi Nando Taviani, caríssimo amigo e íntimo colaborador há vinte e cinco anos, que insistiu que eu publicasse as cartas de Jerzy Grotowski precedidas pela narração da minha permanência na Polônia e dos anos, para mim decisivos, passados com meu mestre em Opole. Carla Carloni, da editora Il Mulino, defendeu a publicação deste livro, que me parecia ainda prematuro. Discuti a língua e o tom com alguns amigos que tiveram a paciência de lê-lo datilografado e a generosidade de criticá-lo abertamente: Julia Varley, Franco Ruffini, Nicola Savarese, Clelia Falletti, Rina Skeel, Ugo Volli, Stefano Geraci, Paolo Taviani, Roberto Tinti, Iben Nagel Rasmussen, Torgeir Wethal, Zbigniew Osiński. Graças ao impulso e à competência de Mirella Schino o livro chegou, depois de mil perplexidades, à sua conclusão.

Carpignano, julho de 1996 – Holstebro, janeiro de 1998

Post-Scriptum

Quando escrevi *A Terra de Cinzas e Diamantes*, Jerzy Grotowski já estava gravemente doente, mas não tinha suspendido suas atividades. E assim nossos contatos continuaram. Meu último encontro com ele foi em novembro de 1997, em Bolonha, onde eu tinha ido para assistir à cerimônia em que lhe foi conferido o título de Doutor *Honoris Causa* daquela universidade. Falamos também sobre este livro, que ele tinha lido manuscrito. A primeira edição de *A Terra de Cinzas e Diamantes* foi publicada na Itália, em junho de 1998. No dia 14 de janeiro de 1999, Jerzy Grotowski morreu em Pontedera, e seu último desejo foi que suas cinzas fossem levadas para a Índia, para Arunachal, onde fica o ermitério de Ramana Maharishi. Decidi não mudar nada nas edições sucessivas, deixando que o livro falasse de Grotowski como de uma pessoa viva.

Holstebro, 25 de janeiro de 1999

Parte I

A Terra de Cinzas e Diamantes:

MINHA APRENDIZAGEM
NA POLÔNIA

Um Filme que Muda a Vida

Foi Andrzej Wajda que me convenceu a ir à Polônia. Ou melhor, Wajda fez um filme exatamente para que eu fosse estudar teatro na Polônia. Chamava-se *Cinzas e Diamantes* e eu o assisti em Oslo no outono de 1959. Foi como um soco no estômago. Quantas vezes voltei a vê-lo? Três, cinco, dez. Na tela passavam as imagens de uma guerra civil, de uma paixão desesperada, do sentido da honra e do desprezo pela vida, de uma ternura pela loucura e pela fraqueza dos seres humanos triturados pela ferocidade da história. O protagonista, Zbigniew Cybulski, tinha uma expressão vulnerável e viril, que anos depois eu veria de novo no rosto de Ryszard Cieślak, o ator de Grotowski. A história se passava na Polônia, até então uma nação como todas as outras, como a Namíbia ou a Moldávia. Eu só sabia que era uma monarquia e que o rei se chamava Ubu. A Polônia passou a ser estes homens e estas mulheres que amavam e morriam como se fossem partes de mim.

Corri para uma biblioteca para ler alguma coisa sobre essa nova descoberta. Caiu em minhas mãos um número de *Les temps modernes*, a revista de Sartre, dedicada ao "Outono Polonês", aquela insurreição cruenta que em 1956 levou o liberal Gomułka ao poder. Textos de poetas, escritores, filósofos, dramaturgos de quem eu nunca tinha ouvido falar, me revelaram um país de mil e uma noites. Eu tinha que ir pra lá.

Cheguei nos primeiros dias de janeiro de 1961 com uma bolsa de estudo. Eu vinha diretamente de Israel, onde tinha vagabundeado por seis meses. Desci do trem com a cabeça cheia de sonhos e com o

A TERRA DE CINZAS E DIAMANTES

firme objetivo de tornar-me um diretor teatral. Eu tinha 25 anos e não conhecia nenhuma palavra em polonês.

Matriculei-me na Universidade de Varsóvia. Logo depois, peguei informações na Escola de Teatro sobre a prova de admissão: um detalhado projeto para uma peça com cenografia e figurinos, que me permitiriam expor em francês. Escolhi *Édipo Rei*, de Sófocles.

Comecei a trabalhar no meu projeto de direção. Eu estudava polonês e frequentava os cursos da faculdade, onde, mesmo não entendendo quase nada, encontrava rapazes e moças com quem ia de noite aos clubes e salões de baile. Um dos meus professores chamava-se Jan Kott, um crítico brilhante ainda desconhecido no exterior.

Nos primeiros dias de março fui fazer a prova para entrar na Escola de Teatro. O examinador era Bohdan Korzeniewski, decano do curso de direção. Meu empenho político tinha transformado o texto de Sófocles numa "tragédia otimista". Eu tinha imaginado uma pirâmide que ocupava todo o palco e, em cima dela, estava a corte com Édipo, Jocasta, seus filhos e Creonte. O povo e o vidente Tirésias eram relegados aos degraus de baixo. Na última cena, enquanto Édipo se distanciava de Tebas com seu rosto coberto de sangue e Creonte lamentava seu terrível destino, o povo escalava a pirâmide e enxotava Creonte: o tempo do individualismo já tinha acabado, assim como o dos indivíduos que, sozinhos, resolvem os enigmas jogando o povo na desgraça.

Minha interpretação devia parecer muito ingênua na Polônia socialista, e típica de um militante de um país "livre" do Ocidente. Só cinco anos tinham se passado desde que os poloneses, depois de um longo período de rígido regime stalinista, conseguiram, num arriscado confronto com os russos, repor Władysław Gomułka ao poder e liberar-se, parcialmente, dos esquemas impostos pela União Soviética. Korzeniewski ouviu minhas explicações com paciência, fazendo várias perguntas sobre os personagens e suas motivações, sobre os figurinos e as máscaras, inspirados em alguns baixo-relevos da Babilônia. No final perguntou-me se eu tinha certeza que o espetáculo deveria acabar daquela maneira. Surpreso, respondi que era por isso mesmo que *Édipo Rei* podia ser atual. Então ele me perguntou como é que todo o povo poderia ficar lá em cima, em tão pouco espaço. Fiquei embaraçado, não sabia se devia interpretar sua objeção ao pé da letra, se ela se referia ao número de atores do coro ou se, ao contrário, continha um subtexto irônico.

Foi uma das minhas primeiras experiências na Polônia sobre a dolorosa oposição entre *wishful thinking* e *concrete thinking*, entre aquilo que desejamos e aquilo que a realidade nos impõe, entre as fantasias da nossa mente e a impiedosa objetividade da história. "Tudo bem, Barba, tudo bem" – encorajava-me Korzeniewski – "acho que você poderá estudar na nossa escola".

Amigos

Eu morava na rua Madalińskiego, numa Casa do Estudante que tinha quatro andares. No primeiro, estavam os bolsistas estrangeiros em quartos para uma ou duas pessoas. Os outros andares eram só para as meninas, quatro em cada quarto. Meu companheiro de quarto era um jovem compositor argentino, Romuald Peliński, que me fez conhecer a música polonesa contemporânea – Szymanowski, Lutosławski, Penderecki – e me arrastava aos concertos do "Outono Varsoviano", um festival de música moderna.

Erik Veaux se torna meu companheiro inseparável. Brilhante, bom bebedor, era um francês filho de mãe sueca. Falava bem o sueco e nos divertíamos usando-o como um idioma secreto. Era eslavista, tradutor de Witkacy e de Tadeuz Borowski, e sua verve tinha-lhe aberto as portas do ambiente artístico-literário da capital. Através dele conheci Jerzy Andrzejewski e Jerzy Broszkiewicz, dois escritores conhecidos, o jovem dramaturgo Sławomir Mrożek e o idoso Artur Maria Swinarski, os críticos Artur Sandauer e Henryk Bereza, e Krzysztof Teodor Toepliz, uma autoridade em estudos de cinema. Eu ia visitá-los sozinho ou com o Erik, mas normalmente encontrava todos eles no Klub Literatów.

Às vezes, de noite, eu ia com o Erik ao Teatr Żydowski (Teatro Hebreu), onde Ida Kamińska recitava em ídiche; ou então às representações que o poeta Miron Białoszewski fazia no seu apartamento. A censura fechava um olho (coisa normal naquele período) e naqueles dois quartinhos se espremiam umas quinze ou vinte pessoas, quase todas artistas ou intelectuais que observavam o Białoszewski interpretar seus textos de vanguarda, sozinho ou com uma amiga sua, a pintora Ludmiła Murawska.

Aqueles eram meses de incansáveis atividades, aulas, descobertas, encontros, viagens e divertimentos. Meus dias se passavam entre a escola de teatro e a faculdade, encontros com os amigos ou com pessoas do ambiente artístico. Eu via espetáculos todas as noites e depois jantava ou festejava no SPATIF, o clube dos artistas de teatro.

A efervescência da vida artística estava no auge: na poesia ou na literatura, nas artes plásticas, na música moderna, no *jazz*, no teatro. Mesmo entendendo pouco o polonês, o fascínio das cenografias ou a qualidade de atores como Halina Mikołajska, Irena Eichlerówna, Jacek Woszczerowicz, Gustaw Holoubek, Jan Świderski e Tadeusz Łomnicki, bastava para manter minha atenção acordada. Autores como Jerzy Broszkiewicz, Tadeusz Różewicz e Sławomir Mrożek, diretores como Erwin Axer, Bohdan Korzeniewski, Kazymierz Dejmek, Krystyna Skuszanka ou os jovens Konrad Swinarski e Jerzy Jarocki, cenógrafos como Jan Kosiński, Józef Szajna, Tadeusz Kantor, Zenobiusz Strzelecki, Andrzej Stopka, Ewa Starowieyska ou a jovem Krystyna Zachwatowicz – com cada um destes artistas eu me surpreendia em aprender alguma coisa.

A variedade e a qualidade do teatro polonês eram únicas na Europa e eu me sentia na obrigação de fazer com que fossem conhecidas e apreciadas. Escrevia longas cartas aos meus amigos e também entrei em contato com a *Sipario*, uma revista de teatro de Milão, propondo à redatora, Benedetta Galassi Beria, um número sobre o teatro polonês. Incluí um índice com os argumentos a serem tratados, o nome dos possíveis colaboradores e até duas peças de teatro para serem traduzidas. Galassi Beria aceitou. E assim meus contatos aumentaram. Visitei as revistas *Teatr*, *Dialog* e *Pamiętnik Teatralny* para pedir conselhos aos seus diretores, a quem pedi artigos e fiz entrevistas[1].

Em 1961 tinham poucos estrangeiros na Polônia e era fácil entrar em contato com as pessoas. Bastava chegar num bar ou num restaurante que as roupas "ocidentais" nos desmascaravam. Imediatamente alguém oferecia uma bebida e estava pronto para longas conversas. Eu nunca tinha encontrado um povo assim tão generoso e acolhedor. Eu tinha

---

1. *Sipario* saiu como um número duplo 208-209 em agosto de 1963, com Franco Quadri como redator. Continha artigos dos críticos Jan Kott, Jan Błoński, Kostanty Pusyna, Adam Tarn, Edward Csató, Maria Czanerle, Jan Kłossowicz, Tadeusz Kudliński, Wojciech Natanson, Andrzej Wirth, Andrzej Wróblewski, dos diretores Erwin Axer, Krystyna Skuszanka e Lidia Zamkow-Słomczynska, dos cenógrafos Jósef Szajna, Zenobiusz Strzelecki, Jan Kosiński e Krystyna Zachwatowicz, textos de Witkacy e duas obras teatrais, uma de Tadeusz Różewicz e a outra de Jerzy Broszkiewicz. Roland Grünberg, um meu amigo artista gráfico francês, escreveu sobre Grotowski. Eu me ocupei de duas pesquisas, uma sobre direção teatral e outra sobre cenografia e, sob o pseudônimo de Gösta Marcus, escrevi um artigo sobre o teatro de pantomima de Henryk Tomaszewski.

uma admiração infinita pelos poloneses, pela luta de resistência que tiveram contra os invasores alemães, pela vida dura que enfrentavam nas condições do regime socialista, pela política cultural que sustentava mais de 120 teatros com ingressos que custavam tanto quanto os do cinema. Eu estava fascinado pela vitalidade desse povo – verdadeira *dostojewsczysna* que me contagiava e me transformava num personagem febril de Dostoiévski.

Viagens

Eu aproveitava cada oportunidade para conhecer os teatros e os diretores teatrais de outras cidades. Visitei Kazimierz Dejmek em Łódż e acompanhei seus ensaios durante alguns dias; estive em Gdańsk para seguir um encontro da União dos Estudantes poloneses, onde conheci os melhores teatros estudantis, entre os quais Co To – aquele onde Zbigniew Cybulski, o ator que tanto me impressionou no filme *Cinzas e Diamantes*, tinha começado a sua carreira.

Em junho dei um pulo em Cracóvia para visitar meu amigo norueguês Dag Halvorsen, que estudava sociologia na Universidade Jagielloński. Fomos ver os espetáculos dos teatros Stary e Słowacki e também do teatro estudantil "38". Terminávamos a noite no Piwnica Pod Baranami, um cabaré polêmico e insolente onde se exibiam poetas, cantores e atores.

Meu teatro preferido ficava em Nowa Huta, uma cidade satélite a poucos quilômetros de Cracóvia que tinha sido gerada por um gigantesco plano quinquenal, onde imensas indústrias de aço cuspiam fumaça no meio de um aglomerado de casas da pior arquitetura socialista. Ali tinha sido construído um grande teatro para os milhares de operários e suas famílias. Os dois diretores teatrais eram Kristina Skuszanka e o seu marido Jerzy Krasowski. Seus espetáculos eram famosos pela qualidade dos textos e pela teatralidade, devida também ao cenógrafo Józef Szajna. Durante a guerra, Szajna havia sido deportado para Auschwitz e tinha o número de prisioneiro tatuado no braço. Desde o nosso primeiro encontro ele me convidou à sua casa e me mostrou

VIAGENS 9

seu ateliê; muitas vezes ficávamos bebendo madrugada adentro. Com ele eu estava sempre à mercê de contrastantes reações: era como ver um fantasma que evocava o horror da história e, ao mesmo tempo, era como se encontrar de frente a Orfeu, escapado à morte e ao inferno com a alma salva. Eu ficava impressionado com sua vitalidade, seu ardor nas discussões, sua capacidade de beber um copo de vodka depois do outro (e olha que eu vi os poloneses que bebiam...), sua fome de vida, sua impulsiva atração pelas mulheres.

No final da minha visita à Cracóvia decidi voltar para Varsóvia passando por Wrocław, uma cidade ainda cheia das ruínas da guerra, mas exaltada por todos pela sua beleza. Eu queria visitar o Teatr Polski e encontrar seu diretor, Jakub Rotbaum. Dag Halvorsen, meu amigo norueguês, decidiu me acompanhar. Sua namorada, Janka Katz, uma crítica muito jovem que também era uma poeta judia[1], quando soube dos nossos planos, disse: "Por que vocês não vão para Opole? Eu tenho um amigo lá, o Jerzy Grotowski, que dirige o Teatr 13 Rzędów junto com o Ludwik Flaszen e faz espetáculos de vanguarda". Eu nunca tinha ouvido falar do Grotowski, mas o nome do Flaszen era conhecido. Apesar de sua proverbial relutância em escrever, ele era considerado um dos melhores críticos literários e teatrais junto com Konstanty Puzyna, Andrzej Kijowski e Jan Błoński. Seu livro *A Cabeça e o Muro* tinha sido proibido pela censura, mas alguns exemplares circulavam "subterraneamente", revelando o comportamento crítico de Flaszen em relação à cultura oficial.

Dag e eu achamos que não era má ideia parar em Opole para conhecer Flaszen. Até mesmo porque cada vez que íamos visitar esses teatros de província, vendo que éramos estrangeiros, os diretores eram sempre hospitaleiros e nos convidavam para comer e beber.

Chegamos à tarde em Opole. Com alguma dificuldade conseguimos descobrir na Rynek, a praça principal, o Teatr 13 Rzędów. Entrava-se por uma pequena porta; um curto e estreito corredor funcionava também como *foyer*. Logo depois vinha a sala, que não tinha mais do que uns oitenta metros quadrados. Apresentavam *Dziady* (Os Antepassados) de Adam Mickiewicz, um dos maiores poetas românticos do século XIX, encarnação, para os poloneses, da revolta e da defesa da cultura nacional numa Polônia dividida entre Rússia, Prússia e Áustria.

Devia ser a estreia porque o Tadeusz Kudliński, crítico do jornal *Dziennik Polski* de Cracóvia, estava lá. Eu e o Dag encontramos Grotowski e Flaszen antes do espetáculo, e os cumprimentamos em nome da Janka Katz. Grotowski era um jovem alto, meio corpulento, sem barba, com modos formais, todo vestido de preto (calça comprida,

---

1. Janka emigrou para a Dinamarca em 1969, quando na Polônia iniciou-se uma política "antisionista", que fez com que a vida se tornasse impossível para os pouquíssimos judeus sobreviventes ao extermínio nazista.

paletó, camisa, gravata, sapatos, meias e óculos de sol, que usava sempre, mesmo durante o espetáculo ou à noite). Parecia um pastor protestante. Flaszen era mais baixo, gordinho, caloroso e irônico, tinha uma barbicha tipo Lênin. Ele me fazia pensar num Mefisto que, para não dar nas vistas numa cidadezinha socialista de província, tinha encarnado num professor de colégio.

O espetáculo acontecia na salinha de oitenta metros quadrados. Não tinha palco. Os espectadores, mais ou menos quarenta, estavam espalhados por todos os lugares e os atores se movimentavam entre eles. Três meninas estavam sentadas no centro. Num determinado momento, os atores as arrastavam para fora da sala entre o embaraço e a risada de todos. Os atores estavam maquiados de maneira exagerada, alguns tinham falsas barbas compridas. Eram muito jovens, todos com menos de trinta anos.

Como eu estava acostumado com a refinada qualidade cenográfica e teatral de muitos espetáculos poloneses, esse *Dziady* pareceu-me rude. A proximidade dos atores me incomodava porque me obrigava a reparar na costura de uma roupa de cena, na mancha de suor sobre uma camisa, numa barba postiça que começava a descolar do queixo. O contato direto com os espectadores e a intervenção dos atores sobre eles lembravam as técnicas dos cabarés estudantis, onde, porém, eram convenções que faziam parte do jogo. Em *Dziady* eu não encontrava o que pra mim era o essencial da experiência teatral: o duplo efeito de participação emotiva e de distância intelectual.

O primeiro espetáculo do Grotowski que eu vi deixou-me, no final das contas, indiferente. Não fiquei excessivamente impressionado com o fato de que ali não havia a separação entre a cena e a sala e que os atores se moviam entre nós, espectadores. No fundo era como se a proximidade com o público, típica dos espetáculos no apartamento de Miron Białoszewski ou no Piwnica Pod Baranami, em Cracóvia, reaparecesse nesse teatrinho de Opole. Até a recitação me incomodava, parecia-me exagerada, com diletantes que querem "fazer demais" ou, então, que querem parodiar um texto. Eu tinha a impressão de que os atores e o diretor se levavam terrivelmente a sério. Certas cenas me pareciam beirar o mau gosto, ou nelas eu via boas ideias não realizadas, como no monólogo da "Grande Improvisação" durante o qual o protagonista, Zygmunt Molik, caminhava encurvado embaixo de uma vassoura, como se fosse uma cruz. Sem dúvida uma imagem como essa despertava ressonâncias ambíguas e contrastantes nos espectadores poloneses: de um lado, a profanação de um drama tão conhecido e, do outro, as alusões à Rússia czarista ainda válidas sob a opressão soviética, que até pouco tempo antes tinha proibido este fragmento do texto. Foi exatamente analisando esta cena que Tadeusz Kudliński escreveu que Grotowski tinha submetido o texto de Mickiewicz à uma dialética de apoteose e derrisão. Esta expressão foi imediatamente retomada por

Grotowski, que a considerava a melhor formulação do seu modo de se aproximar dos textos clássicos.

Depois do espetáculo, eu e Dag falamos um pouco com Grotowski, mas ele estava evidentemente ocupado com Kudliński e com outros convidados. Voltamos para o hotel e, no dia seguinte, partimos novamente para Wrocław. Circulamos entre os escombros dessa belíssima cidade e visitamos o Teatr Polski, onde o seu diretor, Rotbaum, nos ofereceu até mesmo um bom almoço.

O verão já tinha chegado, a faculdade e a escola de teatro fechavam para as férias. Eu tinha que decidir o que fazer nos meses do verão. Foi Leszek Woźniak quem me ajudou. Ele namorava uma menina iraniana que estudava medicina e morava na mesma Casa do Estudante que eu. Leszek era engenheiro e trabalhava na refinaria de açúcar de Chełmża, nos arredores de Toruń, a cidade onde Copérnico nasceu. Ele propôs que eu ajudasse na organização das atividades recreativas e culturais dos operários da fábrica depois do expediente, até mesmo fazendo teatro. Eu, que queria conhecer outros ambientes além daqueles estudantis ou artísticos, sugeri, ao contrário, que me arrumasse um trabalho na sua fábrica. E foi assim que passei um mês como soldador, a profissão que tinha aprendido na Noruega. Depois me juntei a uma turma de operários "voluntários" que, segundo um costume que é comum nos regimes socialistas, estava indo pro campo ajudar os camponeses a ceifar o trigo. Voltei a Varsóvia com os ossos quebrados e os músculos em pedaços.

Descobri que tinham me transferido para uma outra Casa do Estudante, na Praça Heróis do Gueto, no meio daquele que tinha sido o bairro judaico de Varsóvia, totalmente destruído pelos alemães depois da insurreição dos judeus em 1943. Voltei a frequentar regularmente a Escola de Teatro, e a Faculdade quando era possível. Eu aperfeiçoava o meu polonês, passava as noites no teatro e as madrugadas com os amigos.

O céu cinza do outono enchia de sombras a cidade e a minha mente. Varsóvia ainda conservava os rastros da guerra. A reconstrução prosseguia lentamente, mas nos restaurantes e nos bares noturnos explodia a alegria de viver. Depois dos espetáculos os atores iam para o Clube SPATIF, aberto até às duas da manhã. Ficavam alegres por causa da vodka, da comida, daquela particular exaltação que vem depois do cansaço. Muitas vezes tinham vontade de adentrar a noite e então iam pro bar do Hotel Bristol, que ficava aberto a madrugada toda. Nas ruas, centenas de velinhas ardiam entre as ruínas. Nas paredes, iluminadas por aquelas pequenas chamas, liam-se os nomes dos poloneses mortos durante a ocupação alemã.

Varsóvia era tétrica, com enormes filas fora das lojas de mercadorias de primeira necessidade. As escavadeiras revolviam os escombros encontrando ossos. Os caminhões os levavam embora, uma carga depois da outra. Meu entusiasmo pela Polônia se derretia como neve sob o sol.

Nesta sociedade, que se definia socialista, minhas ideias de esquerda confrontavam-se com exemplos infinitos de injustiça, opressão, burocracia, indiferença, cinismo. Minha ingenuidade desaparecia e cedia lugar à aceitação e à apatia. Eu estava desorientado. Todas as teorias, políticas e teatrais, dissipavam-se. Eu me sentia sozinho e indefeso, e não conseguia esquecer tudo isso nem mesmo me dedicando, dos pés à cabeça, ao estudo e ao divertimento, ou mesmo entrelaçando contínuas histórias de amor.

Falei com meus amigos sobre o meu estado de espírito. Eles me confortaram, admitindo que as condições da Polônia também os deprimiam. Mas me parecia que eles conseguiam respirar. Eu, ao contrário, estava sufocando. Tinha ido à Polônia porque acreditava que "o comunismo devolve ao ser humano a sua fertilidade". Porém, o socialismo diante dos meus olhos era uma caricatura obscena e, frequentemente, um pesadelo.

Barry Clayton foi quem me ajudou a lutar. Ele era um inglês que tinha uns dez anos a mais do que eu. Era comunista e trabalhava para a Rádio Polônia nas transmissões em língua inglesa. Implorou-me que não desistisse, que não fosse vencido pelo desconforto, e que renunciasse. Eu tinha que ficar na Polônia. Ele também tinha passado por uma crise parecida depois de um ano de permanência. Cada estrangeiro, cada comunista sensível atravessava essa crise. Eu tinha que prolongar minha bolsa de qualquer maneira, continuar meus estudos, acabar a escola que durava quatro anos, continuar até quando fosse possível. Não era uma realidade objetiva que o teatro polonês era o melhor da Europa?

Assim, estimulado por Clayton, acabei pedindo um prolongamento da minha bolsa de estudo para o governo italiano. No final do ano soube que a bolsa tinha sido concedida a mim.

Opole

Num dia de outubro fui à Cracóvia para encontrar o meu amigo norueguês Dag Halvorsen. Sem nenhum motivo desci do trem no meio do caminho, em Opole, e voltei ao Teatr 13 Rzędów. Naquele dia não tinha espetáculo. Mais tarde, descobri que a temporada teatral deles era descontínua por falta de espectadores. Desde que a direção do teatro tinha sido entregue a Grotowski e a Flaszen, em 1959, o repertório era composto por autores de vanguarda, como Cocteau ou Maiakóvski, ou então de clássicos, no estilo de Byron ou do indiano Kalidasa. Esses nomes não eram, de jeito nenhum, os mais populares entre o público de Opole, uma cidadezinha operária da Slesia, da qual a considerável minoria alemã foi expulsa depois da guerra e substituída pelos refugiados poloneses provenientes dos territórios orientais anexados pelos russos.

Quando cheguei, Grotowski estava no teatro e mostrou-se mais afável do que no nosso primeiro encontro. Fomos bater papo num restaurante chamado Pająk, "A Aranha". Foi ali que começamos a tecer a teia da nossa relação, estendendo-a sobre um abismo de forças escuras e luminosas – nostalgias, necessidades e certezas. Diferentes nomes podem ser dados para essa zona interior: viagem no mais profundo da própria morada, ou voo para fora dela.

Naquela época Grotowski tinha 28 anos, três a mais do que eu, mas sua experiência teatral já era notável. Nos dois últimos anos ele tinha dirigido doze peças, em Opole, Cracóvia, Poznań e até mesmo no teatro radiofônico de Cracóvia. Alguns dos espetáculos em Opole eram montagens de textos de temas locais, obviamente reunidos para satisfazer as autoridades e cumprir as normas de produção.

Sabia expor seus argumentos – teatro, política, religião ou filosofia – com força e convicção. Ele tinha senso de humor e uma acentuada propensão à *boutade* e aos jogos de palavras. Tinha terminado, como ator, os quatro anos da Escola Teatral de Cracóvia e, logo depois, em 1955, tinha recebido uma bolsa de estudo de um ano para seguir um curso de direção teatral no GITIS, o Instituto Teatral de Artes Cênicas de Moscou. Iuri Zavadski, ator de Vakhtângov e de Stanislávski, tinha sido o seu professor.

Muitos anos depois, em 1994, em Holstebro, Grotowski falou-me durante uma noite inteira de Iuri Zavadski, neto de um nobre polonês deportado para a Sibéria depois da insurreição de Varsóvia de 1863. Ele tinha interpretado o Kalaf na legendária *Princesa Turandot* de Vakhtângov, de 1922. Era um artista famoso e cheio de méritos. Seu trabalho com os atores era ótimo; mas seus espetáculos, ao contrário, correspondiam ao que havia de pior no estilo do regime socialista e, por isso, tinham lhe rendido numerosas condecorações. Era um professor irritável e severo, particularmente em relação aos poloneses, mas tinha simpatia por Grotowski.

Dois rapazes da Mongólia estudavam no GITIS. Um dia Zavadski interrompeu a sua aula, enfurecido contra um deles que não entendia bem o russo. Ele já estava no seu carro, pronto pra ir embora, quando uma delegação de estudantes, liderada por Grotowski, chegou perto dele, pedindo que ficasse. Aproveitando a primeira ocasião, Grotowski aproximou-se e lhe sussurrou: "É com o outro estudante da Mongólia que você tem que implicar. É ele o espião".

Na festa de conclusão do primeiro ano do curso (que durava cinco anos), Zavadski tinha permanecido em silêncio. Depois tinha feito um único brinde: "A Jerzy Grotowski, que compreendeu quanto tempo é necessário ficar no GITIS". De fato, depois daquele ano, Grotowski tinha que voltar para a Polônia.

Zavadski acreditava que há gerações que criam e gerações que testemunham. Durante a cerimônia oficial para a reabilitação de Taírov, Grotowski tinha lhe perguntado quando chegaria a vez de Meierhold. Zavadski tinha lhe respondido duramente: "Meierhold era um formalista e um cosmopolita, e seus merecidos fracassos são mais importantes do que nossas maiores vitórias".

Só uma vez Zavadski levou Grotowski pra casa dele: uma longa fila de salas espaçosas, todas decoradas com móveis antigos. Nessa residência luxuosa não havia nada que pudesse lembrar o regime socialista. A única exceção era uma pequena estatueta de Felix Dzierżyński, polonês, um dos protagonistas da Revolução de Outubro, inventor e primeiro chefe da CEKA, a polícia secreta que antecede a NKVD e depois a atual KGB. Acenando com os olhos à estatueta, Zavadski comentou: pelo menos, era um polonês.

OPOLE

Logo depois abriu uma gaveta e mostrou seu passaporte, um documento que ninguém possuía num país socialista: "Posso ir a Capri ou a Londres amanhã mesmo, se quiser ver um espetáculo no West End". Levou Grotowski até à janela e indicou-lhe dois carros ZIM, estacionados no pátio com seus respectivos motoristas. "O povo soviético os deixa à minha disposição de dia e de noite. Eu vivi tempos de horror, e me despedaçaram. Jerzy, lembre-se: *nie warto*, não vale a pena. Esse é o fruto do compromisso".

Quarenta anos depois, em Holstebro, Grotowski me falou deste momento como de uma reviravolta na sua vida. Disse-me que cada vez que voltava a pensar nele, revia-o como uma cena invertida de Satanás que tenta o Cristo, e se perguntava: sem esta situação, sem estas palavras, teria sido capaz de resistir na Polônia? Zavadski tinha sido seu grande mestre.

Durante uma visita a Moscou feita em 1976, Grotowski, já famoso, foi informado que Zavadski, após ter sido internado no hospital, tinha insistido para ser levado pra casa, e que o esperava. Estava na cama e mostrou-lhe as traduções do *Em Busca de um Teatro Pobre* que as várias embaixadas russas tinham enviado a seu pedido. Era como se a sua vida tivesse outra vez encontrado um sentido através do trabalho de Grotowski. Mas quando uma enfermeira entrou no quarto, imediatamente Zavadski começou a falar mais baixo e logo mudou de assunto. Faltavam poucos dias para a sua morte, e ele ainda tinha medo.

Mas naquele dia de 1961, em Opole, eu e Grotowski evitamos as confissões pessoais. Foi a teia de aranha da nossa relação, iniciada numa mesinha do Pająk, a revelar-me mais tarde tudo isso. Naquele dia, no restaurante, Grotowski e eu falamos de tudo e de nada. Falamos da vida *sub specie aeternitatis* e *sub specie praesentis*. Não podemos fugir do espírito do tempo, mas mesmo assim temos que encontrar um valor duradouro para nossas ações. Temos que agir *sub specie aeternitatis* e, ao mesmo tempo, comportar-se *sub specie praesentis*, de maneira que a realidade circunstante não nos esmague.

Foi um longo almoço, mas ao fim da tarde peguei novamente o trem para Cracóvia. Apenas o tempo de intuir que tínhamos alguns livros em comum e que conhecíamos alguns nomes que não eram de uso corrente, e eu já retomava o meu caminho. A minha vida era cheia de encontros desse tipo.

Em Varsóvia recaí no meu estado de depressão. Tudo aquilo que antes tinha me fascinado na Polônia socialista agora era motivo de crítica. Os teatros estavam cheios porque os operários eram obrigados a frequentá-los. O interesse pelos poetas cujos livros tinham muita procura nas livrarias era a demonstração de que só na ficção da leitura era possível viver a liberdade. Os privilégios dos artistas eram a prova da discriminação e das condições injustas nas quais os operários viviam.

A Polônia era uma prisão onde não se podia ter um passaporte e viajar ao exterior, coisa que qualquer cidadão da Europa capitalista podia fazer. A polícia secreta era onipresente e a afabilidade de uma menina podia mascarar o interesse de um delator.

Chegaram as férias de Natal. Decidi passá-las em Zakopane, uma cidadezinha sobre os montes Tatry que era um ponto de encontro de artistas e intelectuais. Eu tinha que mudar de trem em Cracóvia. No bar do Hotel Francuski encontrei Grotowski de novo. Falei pra ele da minha situação, da minha intolerância pela Polônia, da falta de progressos na escola de teatro, do sentimento de sufocação que me acompanhava em todos os lugares. Quantas vodkas bebemos? Que horas da noite eram? Propôs-me que trabalhasse com ele imediatamente, a partir de janeiro. Ele estava terminando um espetáculo, *Kordian*, e depois tinha que começar um outro. Eu poderia ser seu assistente.

Por que fez aquela proposta? Talvez porque desse prestígio ter um estrangeiro no próprio teatro. Por que aceitei? Provavelmente já me faltava o oxigênio, eu não tinha nada a perder, e a única perspectiva que eu tinha era a de voltar pra Noruega sem o diploma de diretor e tendo perdido a fé política.

Depois de quarenta anos passados, posso ver como Grotowski, através das técnicas teatrais, levou adiante a sua pessoalíssima pesquisa sempre em profunda simbiose com uma outra pessoa. Quando deixei Opole, depois de quase três anos de permanência, foi com Ryszard Cieślak que ele começou esse tipo de relação. O resultado foi extraordinário: *O Príncipe Constante* e o incrível aprofundamento do treinamento, cujas etapas iam sendo reveladas pra mim a cada verão, de 1966 a 1969, durante os seminários que Grotowski e Cieślak davam no Odin Teatret. Quando Grotowski começou a ocupar-se de parateatro*, nos anos setenta, seu companheiro privilegiado passou a ser Jacek Zmysłowski, que eu nunca encontrei. Morreu de leucemia, nos Estados Unidos, em fevereiro de 1982. Quando Grotowski falou-me dele, da sua morte, sua voz traía a emoção. Foi a única vez que o vi com lágrimas nos olhos. Eu acho que um dos motivos de sua profunda amizade pelo diretor americano André Gregory e pela sua mulher Mercedes, diretora de cinema, foi a generosa ajuda humana e econômica que todos os dois deram, sem limites, a Jacek, por muitíssimos meses nos EUA. Hoje é Thomas Richards o privilegiado colaborador de Grotowski, e também seu herdeiro oficial.

De 1962 a 1964 seu companheiro privilegiado fui eu. Nos primeiros dias de janeiro comuniquei ao meu professor Bohdan Korzeniewski que deixava a escola. Faria a prova para tornar-me diretor como "aluno externo", dirigindo um espetáculo num teatro e submetendo-o ao jul-

---

*. Parateatro: Teatro da Participação, quer dizer, com a participação *ativa* de pessoas externas. (N. da T.)

gamento da comissão da escola. Korzeniewski olhou-me aterrorizado quando eu lhe disse que ia para Opole, para o Teatr 13 Rzędów. Acho que ele nunca tinha visto um espetáculo do Grotowski. Atrás da sua cara séria e irônica, com certeza pensava que eu delirava e que nunca poderia terminar a escola: minha bolsa de estudo durava só um ano.

No final de janeiro de 1962 cheguei em Opole.

Arquétipos e Xamãs

Grotowski estava terminando os ensaios de *Kordian*, um texto fundamental do romantismo polonês. É a história de um nobre que quer libertar a sua pátria assassinando o czar. O atentado fracassa e Kordian é mandado para um hospital psiquiátrico. Diagnosticado são, é condenado à morte.

Grotowski tinha transfigurado este texto, colocando toda a ação dentro de um hospital psiquiátrico. Os discursos patrióticos de Kordian se convertiam, dessa maneira, nas incandescências de um cérebro doente. Os espectadores, espalhados por toda a sala entre as camas sobre as quais os atores agiam dando vida às visões da loucura, eram os pacientes. Zbigniew Cynkutis era Kordian. A ternura que sua juventude despertava e sua voz melodiosa eram incessantes e surpreendentemente desmentidas por sua vitalidade acrobática. As beliches de metal eram estruturas perfuradas que os atores escalavam, assumindo posições que desafiavam o perigo, quase como se visualizassem devaneios e delírios. Essa intensidade física dava ao espetáculo uma força sugestiva que eu não recordava em *Dziady*.

Eu tinha acabado de chegar, e Grotowski me deu um opúsculo de 24 páginas com o título *Możliwość Teatru* (A Possibilidade do Teatro), ainda fresco da impressão e com seu nome na capa. Metade dos escritos pertencia a Grotowski e a Flaszen, e o resto eram trechos de críticos poloneses sobre os espetáculos do Teatr 13 Rzędów. Flaszen e Grotowski expunham os pontos-chave da própria visão teatral: a especificidade do teatro consiste no contato vivo e imediato entre ator e espectador; é necessário encontrar para cada novo espetáculo uma estrutura do espaço que amalgame atores e espectadores, criando uma

ARQUÉTIPOS E XAMÃS

osmose física que favoreça o contato entre eles; o espetáculo brota do contato entre dois *ensembles*, o dos atores e o dos espectadores; o diretor deve pôr em cena todos os dois, modelar o contato entre eles e atingir um arquétipo, e, em seguida, atingir o "inconsciente coletivo" dos dois *ensembles*; estes tomam consciência do arquétipo através de uma dialética de apoteose e derrisão em relação ao texto.

Grotowski já tinha posto de lado os textos de vanguarda e estava se concentrando nos clássicos. Ele acreditava que os clássicos continham arquétipos e situações-chave do destino humano, inerentes a todas as culturas: por exemplo, o amor contrastado (Romeu e Julieta ou Tristão e Isolda), o indivíduo que se sacrifica pela coletividade (Cristo ou Prometeu). O espetáculo tinha que ser um ato de introversão coletiva, uma cerimônia para arrancar a máscara da vida cotidiana e colocar o espectador de frente àquelas situações que constituem a essência da experiência individual e coletiva. O ator, nestes espetáculos, tinha que ser um xamã, tinha que fazer com que o espectador descobrisse a relação entre a própria experiência individual e os arquétipos coletivos contidos no texto, tinha que ser capaz de se transformar sob os olhos do público, concentrando-se até o momento do transe. Como Grotowski me disse logo depois da minha chegada em Opole, na entrevista para a *Sipario*:

> Um ator tem que saber, com consciente crueldade, agredir a própria "corcunda psíquica" e alcançar as esferas que lhe permitam agredir a "corcunda psíquica" coletiva: imagens, mitos, arquétipos, sonhos da comunidade. O diretor tem então o dever de estimular no ator esse processo criativo para confrontar o mito com a sociedade, para profaná-los, quer dizer, para afirmar todos os dois. O postulado do ator deriva do postulado da vida espiritual. Se Deus existe, Ele pode ter no nosso lugar uma vida espiritual. Mas e se afirmamos que não existe?

Em *Kordian* vi a teoria abstrata tornar-se concreta: arquétipos, dialética de apoteose e derrisão e a encenação dos dois *ensembles* construíam uma situação de heroísmo e abnegação nas quais eu me identificava. Uma ironia sarcástica me chegava como um tapa na cara que, como um balde de água fria sobre a cabeça, congelava minhas reações. No texto original, Kordian, num longo monólogo, jura solenemente oferecer o próprio sangue para salvar a pátria da opressão do czar. No espetáculo, essa deixa patética era pronunciada por um homem, em delírio, estendido sobre a cama enquanto um médico fazia-o sangrar para abaixar sua pressão.

Em *Kordian* não existia mais aquela arbitrariedade que parecia caracterizar as ações dos atores em *Dziady*. Eu percebia uma lógica paradoxal que ressaltava o texto de maneira direta, como se falasse de mim e de hoje. A disposição dos atores e dos espectadores no espaço tinha um sentido profundamente coerente. Eu estava cheio de admiração pelas soluções dramatúrgicas, pela interpretação do texto e pela recitação dos atores.

20 A TERRA DE CINZAS E DIAMANTES

O autor do espaço cênico era Jerzy Gurawski, um arquiteto (e não um cenógrafo) coetâneo de Grotowski. O encontro deles pertence àquela categoria de eventos que podem ser definidos como históricos. Um não teria sido capaz de chegar àquelas extraordinárias soluções sem o outro. A contribuição de Gurawski em *Kordian*, *Dr Faustous* e *O Príncipe Constante* foi excepcional. Quando falta a sua colaboração, o espaço cênico do Grotowski se reduz a uma sala vazia com os espectadores ao redor, tornando-se, involuntariamente, uma cena circular. Gurawski era modesto, pouco visto no teatro, trabalhava por conta própria, mesmo quando estava sempre em contato com Grotowski. Até mesmo em *Dr Faustous*, em que eu era assistente de direção, ele não estava presente nos ensaios e nem intervinha na realização dos seus desenhos. Uma personalidade inesquecível, que através do encontro com Grotowski mudou a concepção do espaço cênico dos decênios sucessivos. A história do teatro não ressaltou suficientemente os seus méritos, enquanto o próprio Grotowski sempre os colocou em evidência. Acontece muitas vezes: a tensão coletiva, a criatividade de um grupo, a simbiose criativa de algumas pessoas, vêm resumidas em um único nome.

Outra personalidade fora do comum era Ludwik Flaszen, só alguns anos mais velho que Grotowski. Ele era o diretor literário do teatro (na Polônia, naquele tempo, todos os teatros tinham um diretor artístico e um diretor literário e ele também tinha exercido este cargo no importante Teatro Słowacki de Cracóvia). Seu papel de "crítico interno", que duvida eternamente, como um insistente "advogado do diabo", foi inestimável. Grotowski e Flaszen tinham o hábito de contar, rindo, que este último ficava sentado no clube dos jornalistas de Cracóvia depois de ter recebido, na primavera de 1959, a proposta de dirigir o Teatr 13 Rzędów, na dúvida se aceitava ou não. Por acaso tinha visto Grotowski passar por ali e teve a ideia de propor a ele a codireção. O que os divertia era o fato de que Flaszen, como crítico teatral, tinha comentado meio cepticamente *Tio Vânia* encenado por Grotowski em Cracóvia, em março de 1959, ressaltando a falta de humor e a excessiva intelectualidade do diretor. Mas, por detrás dessa versão brincalhona e autoirônica, a verdade era bem outra. Flaszen tinha tido alguns encontros com Grotowski para discutir o programa artístico do futuro teatro deles, que deveria basear-se na "teatralidade" e na autonomia da literatura dramática. Essa dupla, que nunca tinha trabalhado junto e que mal se conhecia, tinha deixado Cracóvia, a cidade das próprias raízes, para transferir-se para Opole e dirigir um teatrinho aberto em 1958, cujo nome foi escolhido devido às treze filas de poltronas que estavam na frente de um minúsculo palco[1].

---

1. O clube dos artistas de Opole, onde escritores, arquitetos, artistas gráficos, atores e jornalistas se reuniam para beber e bater papo, tinha o costume de organizar "quintas-feiras literárias", convidando também artistas de fora. Em 1958, Stanisława

ARQUÉTIPOS E XAMÃS

Era um prazer ouvir Flaszen falar. Sua conversação prosseguia por paradoxos, saltos de ideias, associações, quiproquó, jogos de palavras. Não se exprimia com a mesma fluidez de Grotowski, mas com frases destacadas. Compensava suas pausas aumentando a intensidade quando retomava o fio interrompido do discurso. Ostentava nostalgia do imperador Francisco José da Áustria que seu pai, um modesto expedicionário judeu, tinha defendido, como soldado, na Primeira Guerra Mundial. Seu humor podia ser feroz e irreverente. Numa das primeiras vezes que almoçamos juntos em Opole, enquanto eu contava, chocado, da minha recente visita a Auschwitz, ele me interrompeu e perguntou de repente se eu sabia quem tinha construído Auschwitz. Eu tinha dificuldade em entender o que ele queria dizer, porque era evidente, tinham sido os nazistas. Flaszen sacudiu a cabeça: "Não, foram os judeus". Diante da minha perturbação, ele e Grotowski desataram a rir.

Flaszen era um mestre da arte de escrever densamente. Nos programas do Teatr 13 Rzędów, era ele quem formulava as ideias que caracterizavam o trabalho. Tinha sido Flaszen (num artigo de 1962 sobre *Akropolis*) a falar de "teatro pobre", organizado sobre o princípio da mais rigorosa autarquia e "cuja norma geral é a de não introduzir nada que já não estivesse ali no momento inicial. Na sala há pessoas e um certo número de objetos amontoados, e este material deve bastar para todas as exigências e situações do espetáculo"[2]. "Teatro pobre" era uma definição perfeita para o trabalho de *Akropolis*. Grotowski retomou-a em 1965 em seu artigo "Em Busca de um Teatro Pobre", fazendo dela um *slogan*, um grito de batalha ao qual deu um significado completamente diferente: "O teatro pode existir sem maquiagem, sem figurinos e cenografias decorativas, sem um lugar separado para a representação (o palco), sem efeitos de som e de luz etc. Mas não pode existir sem uma relação direta e palpável, uma comunhão de vida entre o ator e o espectador"[3].

E, no entanto, os figurinos, os acessórios e sobretudo a organização do espaço eram bem refinados e relativamente custosos no Teatr 13 Rzędów. Basta pensar na estrutura cênica do *Dr Faustous*

Łopuszańska e Eugeniusz Ławski, uma dupla de atores que tinham trabalhado no Reduta e que agora estavam engajados no teatro Ziemi Opolskiej, o palco oficial de Opole, transformaram este clube de oitenta metros quadrados no Teatr 13 Rzędów (das 13 filas), apresentando montagens literárias, tardes de poesias e comédias. O jovem estudante de direção teatral Jerzy Grotowski também foi convidado e ali encenou um texto contemporâneo de Jerzy Krzysztoń, *Pechowcy* (Os Azarados).

2. Ver Ludwik Flaszen, Akropolis di Wyspiański, em Eugenio Barba, *Alla ricerca del teatro perduto*, Marsilio: Padova, 1965, p.166 e também Akropolis: Tratamento do Texto, em Jerzy Grotowski, *Em Busca de um Teatro Pobre*, Rio de Janeiro: Civilização Brasileira, 1987, p. 58.

3. O texto de Grotowski (Ku teatrowi ubogiemu) foi publicado pela primeira vez na revista polonesa *Odra*, n. 9, Wrocław, 1965; em seguida foi incluído no *Em Busca de um Teatro Pobre*, p. 13.

ou de *O Príncipe Constante*, verdadeiro teatro construído dentro de um teatro, no qual os figurinos de Waldemar Krygier despertavam associações discordantes; ou então à eficácia emotiva dos figurinos de Jósef Szajna e aos seus tubos metálicos que invadiam o espaço de *Akropolis* e materializavam o trabalho esgotante e insensato num campo de extermínio.

Para fazer um "teatro pobre" é preciso ser rico. Mas a riqueza de Grotowski não era de dinheiro, e sim constituída pelos recursos criativos do *ensemble*; pelo Gurawski arquiteto; pelo Flaszen "advogado do diabo"; pelo Krygier e pelo Szajna criadores de figurinos-signo persuasivos; pelo próprio Grotowski, que dilacerava os clássicos procurando arquétipos. E depois pelos atores: Rena Mirecka, Zygmunt Molik, Zbigniew Cynkutis, Antoni Jahołkowski, Ryszard Cieślak. Suas vozes e seus gestos me tomam os sentidos quando minha memória volta a visitá-los. O espetáculo é aquilo que aconteceu entre mim e eles, e suas consequências ainda vivem, são transmitidas, encarnam-se numa nova vida.

 Grotowski tinha razão quando retomou a expressão de Flaszen e, alterando-a, transformou-a num grito de guerra de um teatro ideal do qual ele e os seus atores foram a exemplar encarnação. A disciplina artesanal, o rigor da composição, a artificialidade e a perspicácia técnica eram condições necessárias para dar início a um processo em profundidade no ator, que desembocava num "ato total". "Os atores", como os personagens das pinturas de El Greco, têm a possibilidade de "irradiar luz" através de uma técnica pessoal, tornando-se fonte de "luz espiritual". Esta constatação do Grotowski no *Em Busca de um Teatro Pobre* (p. 18) não é, de modo algum, uma metáfora, mas pura realidade objetiva.

Havia oito atores quando cheguei em Opole. Zygmunt Molik, Rena Mirecka e Antoni Jahołkowski estavam com Grotowski e Flaszen desde o início. Andrzej Bielski, Ewa Lubowiecka e Zbigniew Cynkutis desde 1960. No início da temporada de 1961-1962 tinham vindo Maja Komorowska, prima do Grotowski (que mais tarde tornou-se uma conhecida atriz de cinema) e Ryszard Cieślak. Somente Molik, Mirecka e Cynkutis tinham o diploma de ator de uma escola teatral. Maja Komorowska e Ryszard Cieślak tinham acabado a escola de marionetes e todos os outros (assim como Stanisław Scierski, que chegará em 1964) tinham experiências de teatro estudantil e receberam o diploma de ator passando na prova como "alunos externos", depois de terem trabalhado alguns anos no Teatr 13 Rzędów.

O teatro no qual cheguei não era um "teatro de grupo" nem um teatro rebelde. Tinha nascido como um teatrinho tradicional de província com atores casuais e um diretor artístico e outro literário que mal se conheciam. Os atores não eram personalidades extraordinárias, simplesmente esperavam ter papéis importantes transferindo-se para

ARQUÉTIPOS E XAMÃS

uma cidade pequena. Depois dos primeiros espetáculos não apareceram novos candidatos, com exceção de Ryszard Cieślak, que me contou que decidiu ir para Opole depois de ter visto o espetáculo *Shakuntala*. O Teatr 13 Rzędów abrangia, miniaturizadas, todas as hierarquias e as especializações dos teatros maiores. Possuía técnicos, administradores, secretárias e até mesmo uma roupeira que ajudava os atores a vestir os figurinos, dos quais também se ocupava após o espetáculo. No total, umas quinze pessoas.

A transformação desse teatro de província num *ensemble,* cuja intransigência será a semente de uma profunda regeneração da nossa arte, é um dos episódios mais emblemáticos do nosso século. A redescoberta e a prática do treinamento, as inovações do espaço cênico, a relação ator-espectador, a reestruturação dramatúrgica do texto, o sentido e o valor do teatro na nossa sociedade – todas essas reflexões e soluções práticas darão inspiração à nova geração, sobretudo àquela mutação teatral constituída por grupos que surgirão no final dos anos sessenta fora do teatro institucional. A evolução do Teatr 13 Rzędów em Teatr-Laboratorium é o exemplo de um teatrinho que começa como uma vanguarda artístico-literária e termina encarnando um processo criativo que é uma tomada de posição artística, política e espiritual. Uma regeneração teatral que durou dez anos.

O destino desses atores sempre me comoveu. Através da disciplina à qual se submeteram, dos riscos de maldições políticas e da inflexibilidade de Grotowski eles conseguiram se tornar o símbolo vivente de um teatro que desejava ardentemente se transcender. Sacrificaram ainda a própria identidade de atores, de artistas que encontravam os espectadores. Quando em 1970 Grotowski decidiu que não faria mais espetáculos, seus atores, leais, seguiram o ex-diretor pelo novo caminho. Tornaram-se pedagogos, especialistas de parateatro, guias nos quais jovens e velhos tinham confiança, mas raramente pisaram de novo num palco[4].

Nunca pude resistir a um certo impulso de tristeza cada vez que encontrava um ator de Grotowski, especialmente o Cieślak. Jamais consegui explicar essa sensação que me tomava quando cruzava com esses atores que estavam radicados na minha memória com seus radiosos personagens, a inesquecível sonoridade das suas vozes, as expressões dos seus rostos, a força e a vulnerabilidade dos seus gestos ou a imobilidade estática deles. Eu apreciava a autonomia que possuíam, mas, apesar disso, a solidão deles me apertava o coração. O fato de acamparem fora do teatro era a consequência de uma escolha que não era

---

4. Ryszard Cieślak, por exemplo, foi ator no *Mahabharata* de Peter Brook. Dizem que o seu personagem do rei cego era extraordinário. Eu não o vi, mas pessoas próximas a ele me contaram o quanto ele sofreu para preparar aquele espetáculo depois de tantos anos sem trabalhar como ator. Basta ler a entrevista de Andrzej Seweryn, seu colega polonês no espetáculo de Brook em *Notatnik teatralny*, n. 10, Wrocław, 1995.

deles, mas que era fruto de uma necessidade alheia que eles assumiam. Foi somente em 1996 que consegui dar um nome a essa sensação. No Scilla, durante uma sessão da Universidade do Teatro Eurasiano, um diretor teatral de uns quarenta anos falava sobre a dissolução do grupo com o qual tinha trabalhado durante mais de dez anos. "Eu vivi três anos de luto – disse – antes de poder recomeçar a trabalhar".

"Luto" é o termo que associo aos atores do Grotowski. Penso em minha mãe que perdeu o marido com 33 anos; ela podia rir, se divertir, falar ou flertar com outros homens. Mas no lugar mais obscuro do seu coração aninhava a consciência de uma perda insubstituível ou de uma total liberação, a lembrança de um relâmpago que te atingiu e te fez sobreviver. Porém, transformando em cinzas a casa onde você cresceu.

Travessias de Desertos e Viagens de Carona

Repito, Grotowski tinha 28 anos, somente três a mais do que eu, mas considerei-o meu mestre desde que decidi interromper meus estudos na Escola de Teatro de Varsóvia para acompanhar seu trabalho.

Nós nos identificamos em dois papéis diferentes, que se acentuaram pelos apelidos com os quais nos chamávamos. Ele era o velho Lama e eu o adolescente Kim do romance de Kipling. Ele era o especulativo Faust, e eu o vitalista Don Juan. Ele era o introvertido Ramakrishna e eu o extrovertido Vivekananda. E, no entanto, Grotowski tinha sido ator, tinha publicado artigos em vários jornais, tinha sido um expoente de relevo do movimento político juvenil, conferencista de filosofia indiana e chinesa e assistente na escola teatral de Cracóvia. Mas ele suscitava em mim um inexplicável reflexo de proteção. Tinha contínuos problemas de saúde, sobretudo com os rins. Parecia-me muito desprevenido e até mesmo provincial – eu tinha feito mil trabalhos em mil lugares diferentes, tinha sido marinheiro, tinha viajado durante muito tempo pelo Oriente, tinha vivido como um vagabundo durante meses na Grécia, na Lapônia, na Turquia, em Israel.

Grotowski, naquele período, não falava nenhuma língua estrangeira além do russo, e frequentemente eu traduzia textos de outras línguas pra ele. Eu estava indignado e ao mesmo tempo sentia uma grande pena diante da injustiça que o atingia: a proibição de viajar livremente. Naquele tempo, na Polônia socialista, era impossível ter um passaporte e comprar moeda estrangeira. Só era possível ir para o exterior com uma bolsa de estudo, como membro de uma delegação oficial ou com um convite formal de alguém que se comprometia a providenciar todas as despesas de viagem e de permanência.

Um artista sabe muitas coisas, mas só é consciente disso quando termina a sua obra. Naquele tempo, Grotowski estava começando, e o seu "saber", em *statu nascendi*, não era tido em consideração, não era óbvio, como foi a partir de 1966, quando foi reconhecido, quase de um dia pro outro, como um grande mestre. Não era muito conhecido nem particularmente apreciado no ambiente teatral polonês. Então, por que parei em Opole?

Eu mentiria se afirmasse que fiquei fulminado com *Dziady*, o primeiro espetáculo que vi do Teatr 13 Rzędów, ou repentinamente seduzido pelas teorias do Grotowski, pela encenação dos atores e dos espectadores ou pela dialética de apoteose e derrisão. Eu não tinha a menor consciência de que estava participando de uma revolução do teatro e que seguia o condutor de uma epopeia artística. Seria um engano se dissesse, hoje, que naquele tempo eu descobria como o artesanato teatral se insere no que se tem no sangue, e não somente naquilo no que se pensa com o cérebro.

Meu papel de "assistente de direção" em *Akropolis* e *Dr Faustous* consistiu em estar sentado seguindo o andamento dos ensaios e as sessões do treinamento para depois, em sede privada, sozinho com Grotowski, fazer meus comentários, expor minhas dúvidas, pedir esclarecimentos, fazer propostas, dar livre curso às minhas associações, impressões e perguntas. Fiz isso durante trinta meses. Raramente tive a oportunidade de dirigir os atores. Quando isso acontecia, era sempre uma experiência dolorosa, os atores seguiam minhas propostas com um sorriso irônico mais ou menos evidente, e eu me sentia paralisado pela banalidade das minhas indicações. Na sala, eu era um organismo imóvel e atento que não intervinha ativamente no processo de trabalho.

Durante os ensaios de *Akropolis* eu seguia Jósef Szajna que, com as mangas arregaçadas sobre sua tatuagem de Auschwitz, estripava ásperos sacos para depois costurá-los juntos novamente, fazia buracos e os remendava: e eis que surgiam os figurinos cuja sarcástica e cruel "pobreza" engaiolava e desumanizava as ações dos atores. Eu os seguia no meio daquele amontoado de tubos de metal que transportavam para todos os lugares daquela minúscula sala, pendurando-os sobre minha cabeça, pregando-os no chão, na frente dos meus pés, usando-os como camas improvisadas, como abrigo e até como esposas. Durante alguns minutos aquelas situações eram uma rajada de raios e relâmpagos. Depois, com a repetição, tornavam-se um tédio. É esse o caminho para se tornar um diretor? Colado na minha cadeira eu me perguntava o que estava aprendendo.

Hoje eu poderia responder que aprendi que existe ação na espera e espera na ação, que a diferença entre a espera e a ação, na vida, é só para os cegos e, no teatro, só para o espectador apressado. Aprendi a "ver", a penetrar além da superfície, a escrutar para chegar no fundo, a concentrar-me para reconhecer o essencial e distinguir o supérfluo do necessário. Naquele tempo eu pensava que era preciso colaborar com a Providência; mas a Providência não é somente o que salva você do naufrágio no qual todos os outros morrem, é também o que põe a salvo todos os outros enquanto arranca a mesa na qual você se segura, para afogá-lo num deserto de água. Eu me consolava dizendo: " tu l'as voulu George Dandin...". Você tem que continuar leal em relação à sua decisão, deve segui-la até às últimas consequências, percorrer até o fim o caminho indicado por ela. Eu pensava em Lao-Tsé, o velho-criança que deixava que os passos de uma búfala preta guiasse suas peregrinações. Mas essa imagem poética e sábia não me consolava.

Era a verdadeira travessia de um deserto. Existe uma técnica para sobreviver às horas que parecem eternas, para lutar contra a monotonia e a lentidão dos passos de uma marcha que parece não levar a lugar nenhum, para resistir à voz tentadora que diz: não vale a pena continuar. É impossível atravessar o deserto se você pensa em si mesmo. É preciso projetar completamente a própria mente, a própria vontade, a própria paixão numa outra pessoa. Saint-Exupéry, em *Vol de Nuit*, descreve seu errar pelo deserto do Egito depois que seu avião caiu, e também como abraçava obsessivamente com o pensamento o seu amigo Henri Guillaumet, um dos heróis do avião-correio que se precipitou nos Andes, que tinha marchado cinco noites e cinco dias, lutando contra a vontade de desistir e de se deixar abater na neve. Guillaumet tinha conseguido resistir conservando o pensamento fixo em sua mulher, que não teria tido uma pensão se ele tivesse desaparecido e se seu corpo não tivesse sido encontrado. Só é possível atravessar o deserto se você se concentrar num outro lugar, numa outra pessoa; só assim se tornará insensível às intempéries, ao cansaço, às intolerâncias do corpo e às dúvidas da mente.

O "outro lugar" era, para mim, a ligação que eu estava começando a ter com Grotowski, esse coetâneo que era ao mesmo tempo vulnerável e fortíssimo. Era uma ligação em que a ternura e a vontade de protegê-lo eram reforçadas pelas afinidades que, dia após dia, nos aproximavam.

Eu via os dias passarem, e com eles evaporava a certeza de que aquilo que eu assistia servia à minha futura carreira de diretor. O teatro no qual eu tinha me enredado era realmente aquele que os críticos, a maioria dos artistas e as autoridades políticas descreviam: bizarro, formalista, sem ecos artísticos e sociais. Objetivamente, os fatos davam razão a eles: os espectadores eram poucos, senão pouquíssimos ou inexistentes.

Eu mesmo não compreendia tudo aquilo que acontecia no trabalho. Mas, às vezes, em *Akropolis*, observando uma cena, seus ritmos contrastantes ou seus detalhes cruéis, minha vista se desdobrava, e um

28   A TERRA DE CINZAS E DIAMANTES

invisível véu de lágrimas nos meus olhos dirigia uma parte do meu olhar para dentro, para uma parte secreta e desconhecida de mim. Aquela cena, suas entonações e seus movimentos eram rajadas de um vento de Pan que agitavam meus sentidos. Eu ouvia vozes, as respondia, e perdido nesse diálogo, o espetáculo não estava mais ali. Eu estava no meio dele e, no entanto, tinha superado seus confins; eu estava num outro lugar, onde?

Eu atravessava o deserto e, sem saber, incorporava a convicção de que o teatro é uma chama que para arder precisa da lenha, o corpo e a alma do ator. Na extensão da areia, eu via inesperadamente o arbusto ardente. Por uma fração de segundos, a chama brotava do ator, iluminava uma parte escondida de mim, falava, tornava-se *mythos-soma*, me sacudia e me guiava por um caminho obscuro, incerto, turvo, segurava minha mão e me ajudava a vencer minhas hesitações e meu medo.

O verão chegou e as férias interromperam os ensaios de *Akropolis*. Grotowski tinha sido escolhido como membro da delegação polonesa no Festival da Juventude de Helsinque. A delegação teria viajado no transatlântico Batory, onde também ficaria hospedada durante o Festival[1]. Eu e Grotowski combinamos de nos encontrar na Finlândia para difundir notícias sobre o Teatr 13 Rzędów nos jornais e no ambiente teatral.

Cheguei na Finlândia de carona e fui hospedado por Lars Biström, um jornalista da televisão finlandesa que eu tinha encontrado em Oslo. Imediatamente ele concordou em entrevistar o Grotowski, organizar uma conferência de imprensa e apresentá-lo para pessoas que conhecia no ambiente teatral. Usamos a casa dele como base. Um dia, o Lars nos ofereceu um jantar com lagostas: os crustáceos arcaicos – disse – deveriam nos provocar ressonâncias arquetípicas, e a antítese entre a casca dura e a carne macia revigoraria dialeticamente nossas capacidades de apoteose e derrisão.

A permanência na Finlândia teve consequências incalculáveis para Grotowski. De fato, lá ele encontrou Raymonde e Valentin Temkine, cuja influência foi determinante para que ele se tornasse conhecido no exterior. Raymonde trabalhava como crítica teatral em Paris, escrevia para o *Combat*, jornal diário fundado por Camus, e para outras revistas francesas e suíças. Eles tinham encontrado Grotowski durante um passeio de ônibus em Tampere, onde tinham ido para visitar um moderníssimo teatro ao ar livre. Os Temkine foram para Opole na Páscoa de 1963 e viram *Akropolis*. Daquele momento em diante tornaram-se defensores tenazes e generosos, fazendo tudo o que era possível por Grotowski e por seu teatro, abrindo o próprio apartamento em Paris

---

1. Festival que os países socialistas organizavam regularmente. Este era o primeiro que acontecia fora da "cortina de ferro".

para qualquer um de nós que por ali passasse. Raymonde Temkine escreveu inúmeros artigos sobre o teatro e as visões de Grotowski, e em 1968 concluiu sua obra publicando em francês o livro *Grotowski*[2]. A turnê do Teatr-Laboratorium 13 Rzędów em Paris em 1966 foi preparada por essa mulher que, com seus escritos, sua incansabilidade e seus contatos, conseguiu abrir muitas brechas. Ela tomou uma posição e lutou para defendê-la.

De volta a Varsóvia, nos primeiros dias de agosto, eu e Grotowski festejamos antecipadamente seu vigésimo nono aniversário no bar do Hotel Bristol. Dois dias depois ele partia para a China por três semanas, mais uma vez com uma delegação oficial; enquanto eu, através do Ministério da Cultura polonês, tinha sido assumido por um circo búlgaro em turnê na Polônia, que esteve em Częstochowa, Opole e Kłodzko. No decorrer de três semanas fizemos trinta e dois espetáculos numa grande tenda lotada com mais de dois mil e quinhentos espectadores. Eu estava impressionado com a dureza da vida desses artistas, cuja sobrevivência dependia, literalmente, da eficácia de um adestramento cotidiano de muitas horas. Depois de tudo, escrevi um relatório que entreguei ao ministério; meus comentários e reflexões tinham passado pelo filtro da visão teatral de Grotowski. Eu falava de "xamãs" e de ações "sobrenaturais"; do *soma* – do corpo – como eficiência, vigor e perfeição; de fatores psíquicos como a excitação e a euforia do público; do sentido do dramático nos números arriscados; da teatralidade elementar acentuada pela música; do jogo de luzes e do rufar dos tambores; do espectador, consciente que o próximo número será diferente, mas com a mesma penetração dinâmica; da falta de elementos supérfluos e de decorações; da alternância de relações com os espectadores – os aristocratas e distantes trapezistas, os familiares e burlescos palhaços; da sapiente sucessão dos números com o consequente impacto sobre o público. Não havia dúvidas sobre a pertinência das constatações de Eisenstein sobre a "montagem das atrações".

No meio de setembro eu estava de volta a Opole. Grotowski contou-me das suas aventuras chinesas, e eu das minhas búlgaro-circenses. Os ensaios de *Akropolis* estavam na fase final. Quando nos primeiros dias de outubro o espetáculo estreou, experimentei algo que era emoção e, ao mesmo tempo, um sentido de irrealidade. Eu revia os dias e as horas, relembrava, prego depois de prego, da monotonia da construção, e agora, como se fosse a bordo de um pequeno barco, eu também me distanciava. Voltou-me à memória a dedicatória que Grotowski tinha colocado no programa de *Kordian* dando-me as boas-vindas ao seu teatro: "A Eugenio, que se prepara para lutar, desejando-lhe um bom início na árdua e pesada aventura do ofício".

---

2. Lausanne: La Cité, 1968.

Abri o programa de *Akropolis* e li novamente, como se fossem orações, os textos de Tadeusz Borowski, o escritor polonês internado em Auschwitz que se suicidou depois da libertação:

Trabalhamos embaixo da terra e nos campos, sob a proteção de um teto e embaixo de chuva, com pás, carrinhos, picaretas, martelos de ferro. Carregamos sacos de cimento, colocamos tijolos e trilhos em ordem, cercamos terrenos, pisamos a terra. Erguemos os fundamentos de uma nova civilização. Só agora reconheço o preço da antiguidade. O que saberá o mundo de nós se vencerem os alemães? Surgem gigantescos edifícios, autoestradas, fábricas, monumentos que se perdem entre as nuvens. Assassinam as famílias, os doentes, os velhos. Massacram as crianças. E ninguém saberá nada de nós. Nossas vozes são sufocadas pelos gritos de poetas, advogados, filósofos, príncipes. Criam a beleza, a bondade, a verdade. Criam uma religião.

Uma vez voltávamos para o campo de concentração. Uma orquestra tocava acompanhando a marcha das tropas. Chegaram dezenas de outras esquadras, todas à espera diante do portão: milhares de homens. E eis os caminhões carregados de mulheres nuas. As mulheres estendiam os braços e gritavam: salvem-nos. Estão nos levando para o gás. Salvem-nos. E passaram perto de nós, dezenas de milhares de homens em profundo silêncio. Nenhum se moveu, nenhuma mão se levantou. Porque os vivos têm sempre razão sobre os mortos.

O Novo Testamento do Teatro

Hoje, de Grotowski, costumam lembrar a expressão "teatro pobre", e pensam num espetáculo baseado essencialmente no encontro entre o ator e o espectador, sem a contribuição de outras disciplinas artísticas como a cenografia, a música ou a literatura. Sua ação subversiva vem banalmente reduzida a "três mesas, dois homens e uma paixão", de Lope de Vega. Assim, cortam as asas da revolução mais profunda que neste século mudou o corpo material do teatro em quatro pontos fundamentais: a relação entre a cena e a sala; aquela entre o diretor e o texto a ser encenado; a função do ator; e a possibilidade transgressiva do ofício teatral.

Richard Wagner foi o primeiro a criar, em Bayreuth, uma contínua integração emotiva entre a cena e a sala, mergulhando o público no escuro, impedindo que os espectadores se vissem e se distraíssem reciprocamente, colocando-os no círculo mágico da ação cênica. Essa integração, durante todo o tempo do espetáculo, foi aprofundada por Stanislávski através do trabalho do ator, cuja "sinceridade" tinha que comprometer o espectador emotivamente.

Abolindo a separação física entre ator e espectador, Grotowski realizou, ao pé da letra, a unidade entre a cena e a sala. É uma revolução copernicana com consequências imprevisíveis para a dramaturgia do espetáculo, para a interpretação dos atores e para a percepção dos espectadores. A abolição dos dois espaços diferentes, o palco para os atores e a plateia para os espectadores, corresponde à abolição das grades de uma jaula de leões num jardim zoológico. Protegidos pelas grades, podemos estar a quarenta centímetros do rei dos animais e nos sentir seguros. Eliminadas as grades, nossa segurança se volatiliza e a participação no espetáculo adquire uma outra intensidade. Hoje, que essa osmose virou um "lugar comum", seja no teatro tradicional como naquele de rua, é difícil imaginar o choque e o impacto que produziram, no início dos anos sessenta, espetáculos como *Akropolis*, *Dr Faustous* e *O Príncipe Constante*, ou as descrições das ideias que os inspiravam e o modo de realizá-las.

A intervenção do diretor no texto dramático não é um fato novo na história do teatro deste século. Isso já tinha acontecido seja através de uma particular interpretação que transformava completamente a obra sem modificar uma única palavra sua (como às vezes fazia Stanislávski), seja através de uma "reestruturação" do texto (como fez Meierhold com o *Inspetor Geral* de Gógol). Grotowski, ao contrário, afrontou os clássicos com a teimosa convicção de que eles contêm um arquétipo, uma situação fundamental da condição humana. Para que o espectador fosse consciente disso, Grotowski construía equivalentes cênicos que derivavam coerentemente do texto, mas que literalmente o alteravam com um extremismo que a história do teatro desconhecia e que, naquele tempo, era considerado sacrílego. Tal procedimento gerava um novo *avatar* do texto, que adquiria, assim, a mesma função do mito que os trágicos gregos interpretavam em Atenas com total liberdade, ou seja, como uma matriz de variantes (basta pensar em Antígona, que morre no texto de Sófocles e sobrevive no de Eurípides, casando com Hémon, o filho de Creonte).

Com Grotowski começa a tradição do diretor que disseca e mexe drasticamente na estrutura literária. Seu desejo não era somente o de atualizar textos, mas sobretudo o de recriar, através deles, a experiência de situações históricas extremas e de obsessões individuais e coletivas. Ele tinha atração pelos clássicos e também uma sincera fé em seu valor, que manifestou através da blasfêmia e da profanação[1].

Esse método dramatúrgico de descarnar o texto para libertar sua alma arquetípica se encarnava depois em atores que possuíam uma qualidade técnica única no teatro daquele período. Havia uma tradição de pantomima na Polônia com Henryk Tomaszewski, existiam fantasiosos teatros estudantis cujo estilo rompia com a "verossimilhança" do teatro oficial. Havia também teatros tradicionais onde por mérito dos autores (Ionesco, Beckett, Różewicz, Mrożek), dos cenógrafos (Szajna ou Kantor) ou dos diretores (Skuszanka, Swinarski), a recitação possuía uma teatralidade bastante refinada.

---

1. Essa maneira de tratar o texto escandalizou muitos artistas de teatro, como por exemplo Roger Planchon, e sobretudo os críticos. Comove a sinceridade de Raymonde Temkine, a crítica francesa que estava completamente convencida do trabalho de Grotowski, que admite que "teve que se violentar e passar por cima dos tabus que herdou da sua formação universitária", Raymonde Temkine, op. cit., p.87.

O NOVO TESTAMENTO DO TEATRO

Mas Grotowski perseguiu a visão de um ator capaz de criar "signos", verdadeiros choques visuais, auditivos e sobretudo psíquicos para o espectador e para a imaginação coletiva. A busca desses "signos", do dinamismo impregnado de associações, não se baseia na psicologia ou na mecânica de causa e efeito, mas numa lógica teatral. Essa lógica é essencialmente uma coerência orgânica que pressupõe uma disciplina física e psíquica, ou seja, uma técnica. O domínio dessa técnica passa a ser um processo pessoal que faz com que o ator descubra sua flora e sua fauna interiores e alcance, assim, o território comum da imaginação coletiva. O treinamento e o trabalho para o espetáculo tornam-se necessariamente, segundo a expressão de Stanislávski, um trabalho do ator sobre si mesmo, também enquanto indivíduo. Esta dialética – texto que deve ser descarnado e ator que encarna o espírito do texto – não é uma teoria abstrata ou uma visão-miragem, mas disciplina técnica, uma sucessão de exercícios e ações concretas que já foram descritos minuciosamente[2].

Hoje é possível admirar a falta de escrúpulos de Grotowski, que era leal somente com o processo criativo. Desse modo, ele descobria, ainda que involuntariamente, novas perspectivas que logo sabia explorar sem se deixar influenciar pelas próprias teorias e preconceitos. O treinamento foi um exemplo clamoroso. Nasceu para resolver os problemas concretos de alguns atores durante os ensaios de *Akropolis*, mas Grotowski deixou que se desenvolvesse a tal ponto que se tornou uma atividade autônoma do ator, não relacionada necessariamente ao trabalho no espetáculo.

Há um "fundo duplo" na ação teatral de Grotowski. De um lado, o espetáculo é um ritual "laico" que envolve atores e espectadores numa osmose espacial, fazendo-os meditar ativamente sobre as feridas da condição humana. As referências e os exemplos desta concepção servem-se da história do teatro e dos protagonistas da Wielka Reforma, a Grande Reforma, como os poloneses chamam o período efervescente de subversão que começa com Antoine, Stanislávski e Reinhardt, e que termina nos anos trinta com a tomada do poder pelo nazismo e pelo stalinismo.

Do outro lado, existe uma tensão secreta, que vai além do valor artístico e social do espetáculo, vai na direção de uma religiosidade (não uma religião) que, para Grotowski, desde que o conheço, se liga ao hinduísmo. É essa tensão que, por meio de uma estética e de uma técnica, levou-o a uma transgressão: palavra-chave na terminologia de Grotowski nos anos de Opole. A representação é um ato de transgressão: permite que nossas barreiras sejam derrubadas, nossos limites transcendidos, nosso vazio preenchido; permite nossa própria realização e a entrada no território do *sacrum*. O ator provoca e desafia a si mesmo e ao espectador, violando as imagens, os sentimentos e os

---

2. Ver E. Barba, *Expériences du théâtre-laboratoire 13 Rzędów*, Opole, 1962 e *Alla ricerca del teatro perduto; J. Grotowski, op. cit.*

juízos estereotipados e normalmente aceitos. Essa dessacralização dos tabus causa um choque, rasga a máscara imposta pelas circunstâncias históricas, põe-nos a nu. A transgressão de Grotowski foi aplicada aos valores da tradição transmitidos pelos textos clássicos, às maneiras de conceber e praticar o teatro, à concepção de uma arte utilitarista ou passivamente ideológica.

Tal comportamento era perigosamente subversivo num regime socialista. As autoridades logo se deram conta de que não se tratava de um teatro formalista, mas de um "nó de forças" que se erguia no meio de um mundo por elas manipulado, e que o recusava. Era uma recusa simbólica, a única arma do artista. Naqueles anos era desconfortante ouvir e ler as acusações dos artistas "comprometidos" que tachavam Grotowski de apolítico. Tais atitudes revelavam uma total cegueira em relação ao extremismo rebelde do seu pensamento e da sua prática teatral, como também da sua luta e da estratégia para defender a própria verdade sem trair e sem ser esmagado.

Grotowski, com sua maneira de pensar o teatro e a capacidade de realizar tecnicamente seu pensamento, deu vida a uma meia dúzia de espetáculos. Foram espetáculos capazes de criar um enorme estrondo, feitos de equívocos, de paixão, de estupor e de mal-entendidos, mas foram vistos por pouquíssimos espectadores. Somente *Akropolis*, *O Príncipe Constante* e, a partir de 1971, *Apocalypsis cum Figuris* viajaram para o exterior. A força explosiva das ideias de Grotowski deriva em grande parte do seu livro *Em Busca de um Teatro Pobre*, publicado em inglês em 1968, e dos montes de artigos e ensaios que espalharam ,em todos os lugares, a "lenda" do seu Laboratório. No final dos anos sessenta, a revolução do Novo Testamento do Teatro tinha inspirado outras infinitas maneiras de imaginar o teatro e de realizá-lo através de uma multiplicidade de práticas. Exatamente por essa sua expansão, era cada vez mais absorvido pelo corpo onipresente do Antigo Testamento do Teatro, e o seu exemplo de subversão, coragem e intransigência era transformado em categoria estética ou exemplo de técnica, mutilado das suas raízes que eram necessidade de transgressão e sede de transcendência.

Um dos motivos pelos quais Grotowski deixou de fazer teatro foi porque a representação teatral não conseguia mais satisfazer à sua necessidade de transgressão. Suas sucessivas atividades continuam a utilizar as técnicas do ator, mas consentem, sobretudo, em encontrar outras saídas para a sua tensão em direção ao *sacrum*, e em manter em vida a provocação e a transgressão em relação a si mesmo. E também em relação a nós mesmos, que o observamos do campo do teatro e procuramos compreender se a sua ação ainda tem um sentido para nós, para o nosso ofício, para a herança profissional a ser transmitida.

Relações e Partidas de Xadrez

Estou tentando explicar a origem da minha ligação com Grotowski e a minha obstinação em permanecer em Opole por trinta longos meses. Mas eu não gostaria de criar mal-entendidos, como se em Opole acontecesse um milagre cotidiano ou uma permanente intoxicação dos sentidos e do espírito. Não, ali a vida era monótona e tediosa. Essa cidadezinha de sessenta mil habitantes era cinza, seu ambiente cultural não apresentava grandes estímulos e, com raras exceções, era indiferente, senão hostil, à atividade do Teatr 13 Rzędów. O trabalho seguia o ritmo de qualquer outro teatro tradicional polonês: ensaios das dez às duas e depois o espetáculo de noite. Nos períodos em que não tinha espetáculo os ensaios também aconteciam de noite e podiam entrar pela madrugada. Havia uma certa flexibilidade ditada pelas circunstâncias.

Uma estrutura hierárquica rígida separava os artistas dos técnicos, dos roupeiros e dos administradores. As relações eram marcadas por uma cortesia meio formal, tipicamente polonesa, em que as pessoas se dirigiam umas às outras usando *Pan* e *Pani* (senhor e senhora). Grotowski se dirigia assim aos atores e a mim, que fazíamos o mesmo entre nós e com ele. Só Grotowski, Flaszen e Molik não utilizavam, entre eles, esse tratamento formal. Os membros do teatro não ficavam juntos por muito tempo depois do trabalho. Podíamos ir beber alguma coisa num bar, mas raramente nos reuníamos na casa de um ator casado, onde comíamos e bebíamos até tarde, incluindo Grotowski e Flaszen. No dia primeiro de maio, todos os componentes do teatro, com Grotowski e Flaszen no comando, participavam do cortejo onde os trabalhadores do braço e do pensamento levavam grandes cartazes prometendo produzir mais, desfilando na frente do palco sobre o qual as autoridades do partido comunista agradeciam sorrindo e abanando a mão.

Na sala, o tom de trabalho era caracterizado pela gentileza e pela educação. Nunca vi Grotowski se irritar com nenhum dos seus atores e, se isso acontecia, ele sabia se controlar perfeitamente. Quando eu cheguei, os atores já estavam acostumados a procurar soluções teatrais, "signos" físicos ou vocais que manifestassem o arquétipo. Esse termo nunca era usado, mas, em troca, era frequente o uso da palavra "composição": a maneira como o ator teatralizava e dava densidade às suas ações. Todos os atores eram pacientes, se submetiam a incessantes repetições da mesma cena ou de fragmentos breves. Reinava na sala uma atmosfera de artesãos que se concentram e que só usam as palavras ou as conversas absolutamente necessárias.

Todos os atores estavam presentes durante os ensaios, mesmo quando alguns deles não eram necessários. Foi com *Dr Faustous* que Grotowski começou a trabalhar individualmente, com um ator de cada vez. Uma das mais longas dessas sessões aconteceu com Ryszard Cieślak. Durou quase uma noite inteira e lembro-me dela porque seu resultado me provocou um choque duplo. Naquele período (fevereiro-março de 1963) eu estava trabalhando com *A Divina Comédia*, de Dante, de onde tinha extraído uma trama que, de acordo com Grotowski, deveria ser apresentada como um espetáculo do repertório do Teatr 13 Rzędów[1].

Essa era a peça que eu pensava em apresentar à comissão da escola teatral para adquirir meu diploma[2] de diretor. Como cenógrafo eu tinha escolhido Roland Grünberg, um gráfico francês bolsista na Escola de

---

1. A escolha de *A Divina Comédia* era perfeita no horizonte do repertório de clássicos do teatro de Opole e das teorias de Grotowski. O tema da viagem dava a possibilidade de manifestar um arquétipo, e era justo que eu, como italiano, escolhesse um clássico da minha cultura. Grotowski e eu discutimos sobre quem poderia ser o cenógrafo. Eu gostaria que tivesse sido o Szajna, mas ele já tinha colaborado com *Akropolis*. Então, teria sido melhor encontrar outra pessoa. E assim surgiu o nome de Tadeusz Kantor. Ele era um pintor, às vezes encenava textos de Witkacy (vi duas dessas peças em Cracóvia), mas era sobretudo um cenógrafo conhecido. Ele detestava Grotowski e muitas vezes exprimiu-se negativamente em relação a ele. Teria sido uma boa manobra para fazê-lo entrar na roda dos nossos conhecidos. Assim, uma manhã, marquei um encontro com Kantor num bar de Cracóvia. Contei pra ele que eu era um bolsista italiano que tinha que preparar um espetáculo sobre Dante, e expus-lhe algumas das minhas ideias. Ele pareceu interessado, começou a fazer perguntas, parecia, enfim, que tudo corria da melhor maneira possível. Em um determinado momento perguntou-me onde eu pensava em apresentá-lo. "Em Opole", respondi. "No Teatr Ziemi Opolskiej?" indagou. Era o teatro oficial da nossa cidade, tradicional e medíocre. "Não, eu disse, no Teatr-Laboratorium de Grotowski". Kantor me fulminou com o olhar, levantou-se e foi embora sem dizer nem uma palavra. Nunca mais o encontrei.

2. O espetáculo não aconteceu porque, segundo Grotowski me disse, as autoridades não deram a permissão.

RELAÇÕES E PARTIDAS DE XADREZ   37

Artes de Cracóvia[3]. Eu pensava em reconstruir um palco tradicional onde se desenrolariam uma cena de *Édipo*, uma de *Romeu e Julieta* e, depois, uma de *As Três Irmãs* de Tchékhov, curadas nos mínimos detalhes como exemplos da melhor tradição europeia. Cada gesto, cada tom, cada invenção deveria comunicar um particular do texto, um modo de interpretá-lo, de comentá-lo. A plateia, eu a tinha imaginado como um espaço vazio, mais ou menos como um teatro elisabetano, com os espectadores de pé, sobre diversos degraus. Dante e sua mãe, como uma família em fuga, deveriam rodar pela plateia, escondendo-se sob os degraus e revirando-os, sussurrando, no meio tempo, o texto de Dante, cantando-o, negando-o, sempre em contraponto com o que acontecia no palco. Assim, na peça que eu tinha imaginado, o Grande Teatro, imperturbável, teria continuado a apresentar suas obras-primas, enquanto que diante delas o mundo teria literalmente se despedaçado, sob os pés dos próprios espectadores.

Eu tinha contado todas as minhas ideias para Grotowski, e ele as tinha aprovado. Em seguida, depois de uma noite de trabalho com Grotowski, vi o Cieślak dar vida à cena da loucura de Benvólio, desmantelando as duas mesas compridas onde estariam sentados os espectadores de *Dr Faustous*. Aquela que no começo era apresentada como a última ceia para a qual Faust teria convidado seus amigos – os espectadores – torna-se, em poucos segundos, uma confusão infernal de berros e destruição, causados por um cortesão que logo depois é milagrosamente acalmado por Faust.

Adeus minha *Divina Comédia* imaginada como uma reviravolta de todo o espaço cênico. Eu disse na cara do Grotowski que aquilo era um roubo, e ele respondeu-me com ar inocente que foi Cieślak, durante a noite de trabalho, quem começou a quebrar a cenografia no meio de uma das improvisações. Então, contei-lhe um episódio que eu tinha lido num livro de André Salmon: no início do período cubista, cada vez que Braque via Picasso chegar girava todas as telas que estava pintando contra a parede, para que ele não as visse.

Mas durante aqueles ensaios eu também tinha recebido um outro choque: o nível do trabalho de Cieślak, seu estado de fúria, o excepcional sangue frio e a precisão com a qual fazia voar aquelas mesas pesadas a poucos centímetros da cara dos espectadores.

---

3. Eu era amigo de Roland Grünberg antes mesmo de chegar em Opole e pensei logo nele depois do incidente com Kantor. E foi também ao Roland que pedi para escrever, para a *Sipário*, o artigo sobre o Teatr 13 Rzędów; eu não teria me permitido tons entusiásticos, visto que era o curador desse número da revista. Roland vinha de Nancy e conhecia o jovem Jack Lang, que era o diretor do Festival do Teatro Estudantil. De volta à Nancy, conseguiu convidar Grotowski como membro do júri do Festival em 1964. Enfim Roland colaborou comigo criando o cartaz de *Ornitofilene*, o primeiro espetáculo do Odin Teatret em Oslo.

A atitude séria e gentil que caracterizava Grotowski durante o trabalho desapareceu depois que ele ficou famoso. Eu percebi logo, vendo-o dirigir os atores escandinavos que participavam do primeiro seminário organizado com ele pelo Odin Teatret em Holstebro, em julho de 1966. Ele tinha se tornado duro, impaciente, podia se irritar por causa de uma pergunta que considerava tola, repreendendo bruscamente o pobre interlocutor. Mas quando guiava alguém numa improvisação ou num exercício, aquele rigor tornava-se um encorajamento que estimulava o ator a superar as excitações, os condicionamentos, a insegurança, e aí sim podíamos ver resultados inesquecíveis. No entanto, o comportamento intransigente e severo tinha se tornado a sua *persona*, a sua maneira de se apresentar. Algumas pessoas eram fascinadas por aquela inflexibilidade. Para outras, ele parecia egocêntrico e rude. Só nos anos noventa, a idade e, talvez, o enfraquecimento físico deixaram que transparecesse também em público a doçura irônica e o tom caloroso que sempre o caracterizou quando ele fala a sós com uma única pessoa ou dentro de um pequeno grupo.

Em Opole, a capacidade do Grotowski de se abrir e de ser extremamente sincero comigo foi a minha "escola de guerra" mais eficaz para compreender como se joga xadrez com "as forças *sub specie praesentis*": a censura, os delatores, a polícia secreta, os políticos, os críticos, os adversários. Grotowski me explicava, nos mínimos detalhes, como ele pensava em se comportar, quais teriam sido as prováveis e diferentes reações, com quem e até que ponto ele podia apelar para o patriotismo polonês para ser "ideologicamente incorreto", sem criar problemas de alto nível com os russos. Eu era testemunha do nascimento e do desenvolvimento dos seus processos mentais, que se transformavam em movimentos estratégicos para defender o "essencial".

A terminologia era importante, cada palavra deveria espelhar o Verbo, mas também evitar de ser acusada e condenada como "idealista" ou "mística". Na Polônia socialista era possível ser religioso, professar a própria fé livremente, frequentar as igrejas e paróquias onipresentes. O regime político tinha conseguido encontrar um *modus vivendi* com a potente Igreja Católica, e os intelectuais e escritores católicos publicavam uma revista entre as melhores que existiam. Mas ser definido "místico" ou "idealista" significava ser considerado, pelo regime político, um opositor.

Essa incessante e prudente concentração sobre *como* defender a "empresa", o "ermitério" – como Grotowski tinha o hábito de chamar seu teatro – levou à transformação do Teatr 13 Rzędów em Teatr-Laboratorium 13 Rzędów. Uma simples mudança de nome que teve consequências imprevisíveis. Em janeiro de 1962, o Ministério da Cultura polonês tinha enviado a todos os teatros um formulário onde, entre outras coisas, deveriam indicar o gênero teatral praticado: dramático, musical, para crianças, de marionetes, de ópera, de opereta, de laboratório etc. Grotowski indicou esta última denominação, visto que as outras não se adequavam ao 13 Rzędów. Mas imediatamente se deu conta do valor do termo: permitia justificar a busca, no sentido artesanal, daquilo que era "essencial" no teatro, a longa duração do processo de trabalho na preparação de um espetáculo e o número reduzido de espectadores. Além disso, o termo fazia referência a um precedente histórico, aos Laboratórios de Stanislávski, o artista modelo para o teatro soviético, e assim, queira ou não queira, para o inteiro bloco socialista. Sem hesitar, Grotowski mandou imprimir um novo papel timbrado, e no programa do novo espetáculo, *Akropolis*, em outubro de 1962, podia-se ler em letras maiúsculas: TEATR-LABORATORIUM 13 RZĘDÓW.

Mil e Uma Noites

Desde minha chegada a Opole, eu e Grotowski criamos o hábito de nos encontrar depois do trabalho. Não sei como os atores reagiram a essa familiaridade, foram sempre gentis comigo, alguns deles até afetuosos. Só Flaszen, mesmo sempre gentil, parecia cético em relação a mim. Ele não conseguia entender porque Grotowski falava tanto comigo, parecia-lhe uma real perda de tempo[1].

Com certeza Grotowski não era um *gourmet*. Um dos seus maiores prazeres era consumir latas de sardinha em azeite – que não se achavam nos armazéns de estado poloneses: eu trazia pra ele quando voltava das minhas viagens no exterior. Ele vivia de forma espartana, comprando frequentemente a sua comida nos Bar Mleczny, uma cadeia de restaurantes populares como os *fast food* capitalistas. Sem sabor e incolor, a comida era ingerida de pé. As pouquíssimas mesinhas estavam sempre ocupadas ou cobertas de pratos sujos.

Morava num quartinho onde mal se podia alcançar uma cama sempre desfeita, circundada por montanhas de livros. Era como se ele não se preocupasse com onde e como morava, com uma indiferença que caracterizou todas as suas moradias. As casas sucessivas nas quais

---

1. Vinte anos depois, em 1983, revi Flaszen em Trappeto, perto de Palermo, durante um colóquio internacional. O Odin Teatret apresentava seu espetáculo *Cinzas de Brecht*. Na saída, Flaszen confessou-me a sua surpresa: "Na Polônia eu o tinha considerado um tolo casanova, ingênuo e não muito inteligente. E você fez um espetáculo que, para mim, ao lado de *Akropolis*, de Grotowski, e de *A Classe Morta*, de Kantor, é a encarnação teatral mais precisa da crueldade e da impiedade da história".

MIL E UMA NOITES 41

o visitei – os dois quartinhos em Irvine, na Califórnia, e o minúsculo apartamento em Pontedera, na Itália – mesmo sendo menos desordenadas e menos lotadas de livros, eram sem enfeites e despojadas, nenhuma tentativa foi feita para tornar mais aconchegante o lugar que é a própria tenda e o próprio refúgio.

Eu tinha conseguido alugar um quarto grande e cômodo na casa de uma família de origem alemã, e arrumar lá os livros trazidos de Varsóvia. Eu tinha um pequeno gramofone e muitos discos comprados na Polônia – hinos religiosos hebreus, canções populares ou de guerrilheiros poloneses, cantos da guerra civil espanhola. Era a toca tranquila onde eu e Grotowski nos retirávamos para beber xícaras de chá forte, um caldo preto muito eficaz que nos deixava acordados. Fazíamos conjecturas e as argumentávamos, ouvíamos música, revíamos um artigo que eu tinha escrito ou Grotowski ditava notas, tínhamos longas conversas que acabei por transcrever mais tarde em forma de entrevista, sob o título "O Novo Testamento do Teatro".

Neste quarto, relemos palavra por palavra o texto de *Akropolis*, de Wyspiański, e do *Dr Faustous*, de Marlowe, selecionando e montando os fragmentos que seriam usados no espetáculo. Discutíamos os artigos de algumas revistas polonesas ou as críticas sobre os espetáculos do teatro. Grotowski me explicava quem as tinha escrito, quais eram seus objetivos e as possíveis repercussões sobre as autoridades locais, que seguiam com olho inquieto seus espetáculos fora da norma. Às vezes nossos argumentos eram, ao contrário, de uma banalidade desconcertante, anedotas triviais e brincadeiras sem graça, comentários irônicos e zombarias recíprocas.

Quase todas as noites, eu e Grotowski íamos ao restaurante da estação que ficava aberto a madrugada toda. Era a nossa sala de estar. Jantávamos lá e depois, bebendo sem parar, aos goles, xícaras com dois saquinhos de chá, batíamos papo por horas inteiras, normalmente até o amanhecer. Às vezes só um de nós falava, como em longos monólogos nos quais o outro servia para fazer ressoar pensamentos e recordações, dúvidas e perguntas, para dar-lhes vida e revestir-lhes de palavras.

Grotowski me falava da sua infância sem o pai numa cidadezinha da província polonesa e dos livros que tinha lido, de Thomas Mann e de Karl May, da sua mãe Emília[2], da sua atividade política e dos seus estudos teatrais em Cracóvia e em Moscou, da sua viagem ao Turcomenistão, de De Gaulle e do marechal Piłsudski. Tinha obsessão pela Polônia, mas

---

2. Emília Grotowski era uma mulher de muita personalidade que significou muito para o filho. Ela morava em Cracóvia e eu a tinha conhecido na vigília de Natal de 1962 de uma maneira meio original. A tradição polonesa costuma arrumar na mesa um lugar a mais, porque Cristo aflito ou um necessitado podem bater à porta durante o jantar de Natal. Eu e o Grotowski combinamos que eu me apresentaria como um estrangeiro solitário e sem amigos às oito da noite, enquanto eles dois estariam jantando. A mãe, que não me conhecia, me fez sentar e dividiu a comida comigo e com o filho. Só no final Grotowski contou a ela quem eu era.

42   A TERRA DE CINZAS E DIAMANTES

seu patriotismo não era nacionalismo, era orgulho pelos artistas que não tinham se deixado abater e dominar. Ficava contando durante horas e horas episódios da história e da literatura polonesa. Era apaixonado pelos grandes autores românticos Słowacki, Norwid e sobretudo Mickiewicz. Ele sabia de cor longos fragmentos e os recitava para mim.

> Litwo! Ojczyzno moja! Ty jesteś jak zdrowie;
> Ile cię trzeba cenić, ten tylko się dowie,
> Kto cię stracił.

Era o início de *Pan Tadeusz* de Mickiewicz, e Grotowski se deixava ninar pela doçura melódica dos versos: "Oh Lituânia, pátria minha, és como a saúde. Só quem te perdeu sabe o quanto é preciso apreciar-te". A Lituânia, onde nasceu Mickiewicz, tinha sido parte integrante da Polônia no tempo dos grandes monarcas poloneses. Grotowski me descrevia as insurreições contra os russos, o exílio dos intelectuais, as peregrinações de Mickiewicz. Tinha sempre um claro subtexto antisoviético (mas onde não havia na Polônia de então? Os russos possuíam grandes bases militares, uma dessas não era longe de Opole). Citava frequentemente um fragmento da terceira parte do *Dziady*, saboreando a maldade com a qual Mickiewicz narra o episódio de um soldado russo que foi espancado por ter desmaiado após uma longa parada sob o sol:

> Ach, żal mi ciebie, biedny Słowianinie!
> Biedny narodzie! Żal mi twojej doli,
> Jeden znasz tylko heroizm – niewoli[3].

Muitas vezes prolongava os discursos sobre o marechal Piłsudski, que em 1920 tinha derrotado o Exército Vermelho e permitido que a Polônia reencontrasse sua independência.

Eu falava pra ele da minha infância sem pai numa cidadezinha do sul da Itália e dos livros que tinha lido, de Salgari e de Knut Hamsun, da minha mãe Vera e da Escola Militar de Nápoles, de Atatürk e Ibn Saud, construtores solitários de nações, da minha atividade política em Oslo, do meu errar e das mil maneiras para sobreviver entre os estrangeiros, das minhas experiências de proletário e dos portos que eu tinha conhecido como marinheiro.

Contávamos um ao outro tudo isso com tranquilidade e fervor como duas Sherazades de eloquência tortuosa, retalhada de contrasensos e paradoxos, torneando as frases, buscando o termo ambíguo ou hermafrodita, dilatando o ritmo, sussurrando, sem ter medo das pausas, sentados naquela mesinha gasta, combatendo contra a noite, entre o cheiro de cerveja e de cigarro, a atmosfera sonolenta e a sujeira,

---

3. Tenho pena de ti, pobre eslavo,/ oh nação miserável, teu destino me dói./ Conheces um único heroísmo: o heroísmo da escravidão.

MIL E UMA NOITES

interrompidos pelo barulho do alto-falante que anunciava a chegada e a partida dos trens. Em seguida, retomávamos nossas narrações-confissões para desembocar inevitavelmente na Índia "que está na frente dos olhos da nossa alma". O hinduísmo era nosso privilegiado terreno de encontro, Ramana Maharishi (não confundir com o guru da meditação transcendental) tinha tido um papel importante na vida do Grotowski, e Ramakrishna na minha.

Falávamos das técnicas nos vários dársana (os diferentes pontos de vista do hinduísmo), de Shankara e do seu Advaita Vedanta, da *bhakti* (o fervor religioso de Ramanuja), de Patanjali e dos seus textos sobre o hataiioga, do budismo Mahayana e das suas correntes Ch'an e Zen, de Nagarjuna e da sua Nova Escola de Sabedoria (Madhyamika) que prega a doutrina do *Sunyata*. O *Sunyata*, o Vazio, não é o nada, mas sim a não dualidade na qual o objeto não se diferencia do sujeito. O eu e a crença do eu são causa de erro e de dor. O método para fugir do erro e da dor é eliminar o eu. Esta é a Sabedoria Perfeita, a iluminação que se obtém por *via negativa*, negando as categorias e os fenômenos do mundo até negar o Eu e chegar ao Vazio.

O *Sunyata* é a conjunção do sim e do não, do existir e do não existir, é o momento em que reconhecimento e rejeição, afirmação e negação, se fundem. Na tradição budista, o *Sunyata* é a negação absoluta deste mundo mediante uma técnica de Sabedoria que não se baseia no pensamento racional, mas na experiência. Uma prática que está exatamente entre o afirmar e o contestar, entre o agir e a renúncia à ação. Não é possível alcançar a Iluminação se você quer alcançá-la, porque, até o momento em que se deseja alguma coisa, existe dualidade: um Eu que aspira o fim desejado e um Não Eu ao qual se aspira. Só se alcança realmente a Iluminação quando não se quer alcançar mais nada. No *Em Busca de um Teatro Pobre,* Grotowski aplicou esta visão ao ator: "A atitude mental necessária é uma disponibilidade passiva que atua uma partitura ativa, não uma atitude com a qual uma pessoa *quer fazer uma determinada coisa*, mas com a qual *não pode passar sem fazê-la*"[4].

Grotowski conhecia muito bem a filosofia do *Sunyata*. Em 1957 e 1958, em Cracóvia, deu várias conferências sobre o tema "O Pensamento Filosófico Oriental", nas quais falou diversas vezes de Nagarjuna. Em março de 1960, um ano depois de ter assumido a direção do Teatr 13 Rzędów, ocupou-se da direção de um drama, para a rádio de Cracóvia, intitulado *Nagarjuna*, baseado numa trama sua. É possível entrever, na visão do *Sunyata*, a fonte da primeira definição que Grotowski deu do seu método: "dialética de confirmação e de superação", que em seguida mudará para "dialética de apoteose e derrisão". E é possível entrever também como a sua *via negativa* se inspirava no *Sunyata* para definir a essência do teatro: a relação entre ator e espectador.

---

4. J. Grotowski, op. cit., p. 15. A parte grifada é de Grotowski.

44 A TERRA DE CINZAS E DIAMANTES

Falávamos muito sobre Sariputra, sobre a Antiga Escola de Sabedoria do Budismo, que, para aniquilar o inimigo – as paixões –, concentrou-se nos poderes psíquicos do indivíduo, dando origem a escolas de poderes ocultos nas seitas de budismo tântrico e no lamaísmo. E assim o discurso escorregava no tantrismo da mão esquerda, em Milarepa e no seu severo mestre Marpa, em Angelus Silesius e em Chuang-tsu, no *Tao Te King* e nos *Upanishad*, nos Evangelhos e em seu protagonista, assim como ele foi descrito por Ernest Renan em seu *Vida de Jesus*: um niilista que oferecia a outra face a quem lhe dava um tapa na cara. Um provocador solitário que conhecia a precariedade da existência: o filho do homem não sabe onde apoiar a cabeça.

Acontecia de ficarmos falando de Gurdjieff e de Ouspensky, de seus livros e de suas técnicas (o "stop" das danças de Gurdjieff tinha sido incorporado nos exercícios do treinamento). Grotowski tinha uma grande admiração pelo modo como Gurdjieff tinha conseguido criar em Tíflis um "Instituto para o Desenvolvimento Harmônico do Homem" enquanto os soviéticos estavam no poder, escondendo por detrás de um nome inofensivo as práticas que aconteciam lá dentro. Inclusive a maneira com a qual Gurdjieff tinha conseguido pôr a salvo seus colaboradores era um exemplo de como se protege o essencial em circunstâncias políticas adversas: todos eles faziam longas caminhadas pelas montanhas como se elas fizessem parte do "Desenvolvimento Harmônico". E assim os solda-dos soviéticos habituaram-se a ver aquelas pessoas caminhando solitárias ou em pequenos grupos nas montanhas que confinavam com a Turquia. Até que um belo dia, todos os membros do instituto, com Gurdjieff no comando, passaram a fronteira da Turquia e ali permaneceram.

Depois passávamos à alquimia, ao xamanismo, ao transe, aos rituais, ao *misterium tremendum et fascinans*, e aqui reaparecia o mesmo núcleo de autores: Jung, Durkheim, Lévy-Bruhl, Mauss, Lévi-Strauss, Caillois, Bachelard, Eliade. Seus textos nos faziam refletir em voz alta, usávamos a nós mesmos e as nossas experiências para indagar a zona fértil dos "arquétipos", das "representações coletivas", do "pensamento selva-gem". Nós os comentávamos, os parafraseávamos, eles nos inspiravam intermináveis suposições e hipóteses. Eram a fonte na qual bebíamos para reformular incessantemente a visão do teatro.

Pra mim era fundamental encontrar o termo justo (certo) e sugesti-vo que conseguisse condensar os elementos de base deste novo teatro. Nos meus escritos eu me abandonava às invenções: o teatro como ex-pedição antropológica, o espetáculo como psicomaquia*, como colisão

---

*. Psicomaquia: o termo, inspirado em uma poesia do autor latino Prudêncio, provém do grego *psiqué* (alma) e *maquía* (combate). Sentido figurado da luta interna em que as virtudes combatem os vícios. Podemos encontrar alguns exemplos de psi-comaquia na representação alegórica de vários autos sacramentais de Calderón de la Barca, em que as virtudes humanas, representadas por pessoas, estabelecem uma luta entre os vícios, que também são personificados. (N. da T.)

MIL E UMA NOITES   45

entre o processo psíquico do ator que se põe a nu e, da outra parte, o espectador que quer defender suas certezas e seu bem-estar psíquico. Eu usava a expressão "autopenetração" – além de tudo, espiritual – para caracterizar o processo de trabalho psíquico do ator neste teatro ainda não definido como "pobre". Não era um problema de terminologia, mas de fé. Eu acreditava totalmente que o pensamento de Grotowski sacudia o velho edifício das teorias e das rotinas, que suas palavras eram o Verbo, o Novo Testamento do Teatro. Eu queria testemunhar, difundir, fazer proselitismo. Depois, pedíamos uma outra xícara de chá forte, agradecendo pela enésima vez a Bodhidharma, que tinha feito nascer a planta na China. Ele tinha cortado as pálpebras, uma vez que tinha dormido durante a meditação, e da terra cresceram as benévolas folhas do chá que ajudam a combater o sono.

Às vezes éramos interrompidos por Jerzy Falkowski, um brilhante jornalista que estava sempre com pressa. Tinha vindo de Varsóvia para entrevistar Grotowski e ficado em Opole, fascinado pelo seu teatro e por uma menina bonita. Ele se metia no meio da nossa conversa, contando as últimas novidades e as fofocas do ambiente artístico-político local ou nacional. Uma vez apareceu às três horas da manhã, esvoaçando como uma andorinha feliz. Tinha telefonado uma hora antes para um escritor local: "Sou Jerzy Andrzejewski (um dos maiores escritores poloneses), acabei de chegar em Opole, li seus livros, os aprecio muitíssimo, estava pensando em ir à sua casa para visitá-lo". "Venha imediatamente e seja meu hóspede", respondeu o escritor acordado no meio da noite, mas orgulhoso deste prestigioso telefonema. Depois, Falkowski telefonou para um outro escritor local e repetiu as mesmas coisas: "Sou Jerzy Andrzejewski, acabei de chegar em Opole, li seus livros etc. etc", recebendo imediatamente um outro convite. Em seguida, Falkowski telefonava novamente para o primeiro escritor: "Olha, eu acabei de encontrar nosso colega (escritor local n. 2) e quando lhe disse que estava indo à sua casa ele ficou surpreendido, parece que o senhor fala mal de mim e dos meus livros". O escritor n. 1 tinha protestado, era uma calúnia, ele tinha uma admiração sem limites pelas obras de Andrzejewski. "Bem, então eu vou à sua casa", tinha concluído Falkowski-Andrzejewski, que naquele instante tinha telefonado para o escritor n. 2, repetindo a mesma cena. Falkowski tinha alternado esses telefonemas por uma hora, vingando-se de dois intelectuais não muito simpáticos.

Revejo aquele restaurante cinzento, com o chão coberto de guimbas de cigarro, o cheiro rançoso das couves do *bigos*, a neblina da fumaça, os poucos fregueses meio altos de bebida ou adormecidos, e Grotowski e eu que morríamos de rir pela pérfida fantasia e pelo senso de justiça de Falkowski[5].

---

5. Falkowski morreu alguns anos depois, de repente, enquanto ia para a Rádio sempre com pressa. A autopsia revelou que o coração tinha literalmente se rachado em

Vejo essa cena diante dos meus olhos cada vez que se fala do "guru" Grotowski e da sua falta de humor. Como também emerge uma outra lembrança: voltávamos de carona para Opole de uma cidadezinha ali perto, onde se encontrava a tipografia que imprimia meu opúsculo sobre o Teatr 13 Rzędów. Caminhávamos pela estrada e, atrevidos, levantávamos o braço para cada carro que aparecia. Uma ZIM, o automóvel de fabricação russa usado pela *nomenklatura**, parou, e o secretário do partido comunista de Opole botou a cabeça pra fora da janela. Eu e Grotowski rapidamente fizemos caras de pessoas sérias e responsáveis: infelizmente tínhamos perdido o trem. Na ZIM só tinha lugar para Grotowski; eu continuei sozinho, refletindo sobre a cara surpresa do secretário, a capacidade expressiva de Grotowski e a sabedoria de Karen Blixen: "Não pela tua cara, mas pela tua máscara te conhecerei".

---

dois. Quando Grotowski me contou isso em Holstebro, nosso comentário foi unânime: que sortudo, foi embora correndo.

*. *Nomenklatura*: na ex-União Soviética, lista secreta de cargos ou de empregos que não podiam ser dados sem a autorização do Partido Comunista. (N. da T.)

Pulsação, Movimento, Ritmo

Também falávamos de teatro. Havia um campo bem preciso de experiências, textos e biografias que percorríamos incessantemente. Era constituído por Stanislávski (muitíssimo), Meierhold (muito menos), Vakhtângov (eu suspeitava que os espetáculos desse diretor eram aqueles que Grotowski mais gostava), Dullin (seu texto sobre a improvisação era muito apreciado), Delsarte (seus princípios de introversão e extroversão tinham sido reutilizados no treinamento). Uma outra referência era Marcel Marceau. Grotowski o tinha visto na França em 1959 e publicado um artigo cheio de entusiasmo sobre ele. Alguns exercícios de pantomima tinham sido incorporados no treinamento[1].

Eram muitíssimas as referências aos artistas poloneses. Witkacy, Iwo Gall, o laboratório do Reduta – cujos dois fundadores, Juliusz Osterwa e Mieczysław Limanowski, Grotowski afetuosamente ridicularizava pela mania que tinham de dar uniformes aos atores e exigir deles uma vida moderada, enquanto eles mesmos escapavam de noite do teatro-mosteiro para se divertirem. Mas a ironia se baseava na admiração. Muitas vezes falou-me da disponibilidade e da

---

1. Em 1963, quando Marceau foi a Wrocław visitar uma atriz de Henrik Tomaszewski, eu e Grotowski combinamos que eu tentaria convencê-lo a vir para Opole. Infelizmente, Marceau não caiu na tentação de visitar um desconhecido. Era essa fascinação pela pantomima que Jacques Lecoq reprovava em Grotowski. Cada vez que encontrei Lecoq ele não deixou de me falar do quanto ficava chocado ao ver, em *O Príncipe Constante*, algo de tão banal como a "maneira de caminhar contra o vento".

48   A TERRA DE CINZAS E DIAMANTES

disciplina de Halina Gallowa, uma atriz que se formou com o Reduta e que Grotowski tinha dirigido em *As Cadeiras* de Ionesco, sua primeira direção teatral em 1957 no Teatr Poezji de Cracóvia. Ele era muito afeiçoado a Irena e a Tadeusz Byrski, que tinham escrito uma carta de apoio a ele quando, em 1960, a crítica destruiu seus dois primeiros espetáculos, *Orfeu* de Cocteau e *Caim* de Byron, em turnê em Varsóvia[2].

Durante o primeiro ano e meio raramente falamos de teatro oriental. Eu tinha visto alguns espetáculos quando era marinheiro, em Cingapura, Hong Kong, Xangai e Calcutá. Não me lembrava de quase nada, eles não tinham deixado rastros na minha memória. Grotowski tinha estado três semanas na China, em agosto de 1962, e tinha voltado com muitas impressões e informações. Ele tinha reparado que o ator chinês começa uma ação dirigindo-se para a direção oposta ao lugar para onde deve ir. Se quer ir pra esquerda, dá um passo pra direita antes de ir em direção ao seu objetivo, à esquerda. Essa observação se tornou um instrumento de trabalho eficaz que nós batizamos de "princípio chinês", e, com esse nome, ele entrou na terminologia e nas práticas do Odin Teatret. Grotowski também tinha ficado impressionado pelo encontro, em Xangai, com o Dr. Ling, um especialista da voz. Este tinha lhe mostrado como é possível perceber quando a laringe de um ator está aberta ou fechada quando ele fala. Essa forma de controle foi introduzida no treinamento vocal e foi religiosamente descrita por mim no *Alla ricerca del teatro perduto* (Em Busca de um Teatro Perdido).

A situação mudou um pouco depois da minha viagem pela Índia, de julho a dezembro de 1963. Eu fui de carro, atravessando a Europa, a Turquia, o Irã e o Paquistão. Das diversas formas de teatro que eu vi, a que mais me impressionou foi o Kathakali, no Kerala. Parei para estudá-lo por três semanas, anotando os exercícios físicos, para

2. Muitas críticas faziam notar, sobretudo, o baixo nível técnico dos atores, que pareciam diletantes. Ver Zbigniew Osiński, *Grotowski i Jego Laboratorium*, Varsóvia: Państwowy Instytut Wydawniczy, 1980.

Zbigniew Osiński, atualmente professor da Universidade de Varsóvia, possui o impagável mérito de ter conservado a memória dos acontecimentos da vida e do trabalho de Grotowski neste livro denso de significativas minúcias e detalhes essenciais. Infelizmente existe uma única tradução nos Estados Unidos, completamente desfigurada pelos cortes e reduzida a *digest* de notícias cronológicas. Osiński chegou um dia em Opole, em 1963, de Poznań, depois de ter visto *Akropolis*. Ele era um jovem assistente universitário e ficou alguns dias acompanhando o trabalho do Teatr 13 Rzędów, voltando cada vez que tinha um pouco de tempo. Desde então seguiu toda a trajetória de Grotowski na Polônia e no exterior. Depois da dissolução do Teatr-Laboratorium e da transferência definitiva de Grotowski, primeiro para os EUA e depois para a Itália, Osiński defendeu os historiadores locais de Wrocław, e com coragem e sacrifícios criou o Ośrodek Badań Twórczości Jerzego Grotowskiego i Poszukiwań Teatralno-Kultu-rowych (Centro de Pesquisa da Criação de Jerzy Grotowski e de Pesquisas Teatrais-Culturais), que não só é o arquivo fundamental deste teatro, mas também atua como um promotor de espetáculos, encontros e seminários internacionais de alta qualidade.

PULSAÇÃO, MOVIMENTO, RITMO 49

desenvolver os olhos e a mobilidade dos músculos faciais, as maneiras de caminhar. Mostrei tudo isso quando voltei para Opole, e alguns dos exercícios foram, por um breve período, introduzidos no treinamento.

Eu e Grotowski frequentemente fazíamos referência ao teatro asiático, mas a maior parte dos nossos conhecimentos vinha de artigos ou de livros. O verdadeiro firmamento sobre o qual nos orientávamos era constituído pelos arquétipos, pelos rituais, pelo transe, pelo xamanismo, por algumas escolas de filosofia hinduísta ou budista e pela tradição da Wielka Reforma, quer dizer, das experiências dos inovadores do teatro europeu dos primeiros trinta anos do nosso século.

Grotowski não conhecia profundamente as diferentes formas do teatro clássico asiático. Certos aspectos da filosofia indiana é que foram decisivos para a sua visão do mundo. Esta visão impregnava a sua atitude existencial, e estava na raiz do seu trabalho teatral, podia ser encontrada nos mínimos detalhes da dramaturgia ou da composição técnica. Eu falei com Grotowski desta minha convicção em Pontedera, em 1992, gozando das fantasiosas relações com o teatro asiático que os estudiosos e os críticos lhe atribuíam. Para mim, ele tinha tido um único interesse: a Índia, ou melhor, o hinduísmo. Grotowski confirmou minha suspeita e contou-me que devia à sua mãe Emília, que era "hinduísta", a sua "vocação" para a Índia. E me falou mais uma vez da importância do livro de Paul Brunton, *In Search of the Secret India,* que sua mãe tinha-lhe feito ler com oito ou nove anos de idade, em Nienadówka, o vilarejo onde eles se refugiaram durante a guerra. Eram sobretudo os capítulos que descreviam a vida de Ramana Maharishi que tinham lhe marcado. Em dezembro de 1976 Grotowski fez sua quarta e última viagem à Índia, com sua mãe, e juntos visitaram Arunachal, a montanha onde Maharishi tinha se retirado.

Essa influência do hinduísmo era presente em Grotowski desde seus primeiros passos no teatro. Em 1960, com 27 anos, depois de ter se tornado o diretor do Teatr 13 Rzędów, escreveu:

Se eu tivesse que definir nossas buscas cênicas com um único nome, eu me referiria ao mito da Dança de Shiva. [...] É a tentativa de absorver a realidade com todos os seus lados, na multiplicidade dos seus aspectos, e ao mesmo tempo de permanecer fora dela, longe, a uma distância extrema. Para explicar de outra maneira: é a dança da forma, o pulsar da forma, a fluida e cindível multiplicidade das convenções teatrais, dos estilos, das tradições recitativas. Mas é também a construção dos contrários: o jogo intelectual na impetuosidade, a seriedade no grotesco, a gozação na dor. A dança que esmigalha cada ilusão teatral, cada "verossimilhança com a vida" e ao mesmo tempo nutre a ambição (naturalmente nunca satisfeita) de fechar-se em si mesma absorvendo e abraçando a totalidade do destino humano. [...]

O antigo teatro indiano, assim como o antigo teatro japonês ou grego, era um ritual que se identificava na dança, na pantomima e na recitação. O espetáculo não era uma "representação da realidade" (a construção de uma ilusão), mas um "dançar" da realidade (uma construção artificial, parecida com uma "visão rítmica" que se refere à realidade). [...]

A TERRA DE CINZAS E DIAMANTES

Há uma citação mitológica na qual Shiva diz: não tenho nome, nem forma, nem ação. Sou pulsação, movimento e ritmo (*Shiva-gita*). A essência do teatro que estamos buscando é "pulsação, movimento e ritmo"[3].

A Dança de Shiva que Grotowski descreve não é uma metáfora. É uma visão pessoal da existência que, no nível da técnica do ator, é entendida como organicidade (pulsação e ritmo); no nível dramatúrgico, como presença simultânea dos opostos (dialética de apoteose e derrisão), e, no nível estético, como um espetáculo que se recusa a dar a ilusão da realidade e que deseja recriar suas contradições, dilatações, contrastes: o seu "dançar".

Eu e Grotowski falávamos, entre nós, de dois tipos de técnicas, definindo-as como "técnica 1" e "técnica 2"[4]. A "técnica 1" se referia às possibilidades vocais e físicas e aos vários métodos de psicotécnica transmitidos desde Stanislávski. Era possível dominar esta "técnica 1", que podia ser complexa e refinada, através do *rzemiosło*, o artesanato teatral.

A "técnica 2" tendia a liberar a energia "espiritual" em cada um de nós. Era um caminho prático que levava o Eu ao Eu, onde todas as forças psíquicas individuais se integravam e, superando a subjetividade, permitia o acesso às regiões conhecidas pelos xamãs, pelos iogues, pelos místicos. Acreditávamos profundamente que o ator pudesse ter acesso a essa "técnica 2". Nós tínhamos uma ideia do caminho, buscávamos os passos concretos a serem dados para embrenhar na obscura noite da energia interior.

Tendo que definir hoje o comportamento do Grotowski durante toda a sua vida ativa, seja no teatro, seja na sua periferia, eu usaria o termo sânscrito *sâdhanâ*, intraduzível em qualquer língua europeia, e que significa simultaneamente "busca espiritual", "método" e "prática".

Nunca falamos de Artaud. Eu não o conhecia, e acho que Grotowski também não. Ouvi falar dele, pela primeira vez, através de Raymonde Temkine, que foi para Opole na Páscoa de 1963. Tudo isso é ainda mais divertido porque em 1958-1959 eu tinha estudado literatura francesa na Universidade de Oslo, especializando-me em literatura do século XX. Mas Artaud não era tido em consideração como poeta e escritor e o seu mito só explodiu quando a Gallimard, entre 1961 e 1964, publicou os três primeiros volumes das *Obras Completas* com seus manifestos e textos sobre o teatro.

---

3. Z. Osiński, *Grotowski Wytycza Trasy*, Varsóvia: Wydawnictwo Pusty Obłok, 1993, p. 122-123. É uma intervenção de Grotowski no Círculo dos Amigos do Teatr 13 Rzędów durante os ensaios de *Shakuntala* em setembro de 1960. Grotowski incluiu esse texto quando fez a prova de direção teatral em outubro do mesmo ano na escola teatral de Cracóvia.

4. Ver também a carta 13 de Grotowski do dia 6 de fevereiro de 1965, p.148.

PULSAÇÃO, MOVIMENTO, RITMO 51

Bebendo chá e fumando Extra Mocne, um cigarro tipo Gauloises, eu e Grotowski discutíamos sobre o ensaio do dia, sobre os problemas que os atores encontravam e os possíveis caminhos para superá-los. Grotowski explicava-me detalhadamente o porquê das suas decisões, das mudanças e intervenções. Indicava-me os motivos que o tinham convencido a agir de uma certa maneira com um ator, sem aplicar o mesmo método com um outro. Ele tinha muita consciência da estrutura psicológica de cada indivíduo e levava isso em consideração quando os dirigia. Não era um trabalho sobre a psicologia deles em relação a um personagem, mas, ao contrário, sobre como fazer brotar *involuntariamente* determinadas características e energias pessoais para colorir a ação cênica.

Foi exatamente para resolver um desses problemas que o treinamento nasceu. Estávamos no início de *Akropolis* (março-abril de 1962) e Ewa Lubowiecka (uma atriz que deixou o espetáculo antes que ele terminasse) escorregava continuamente em tons emotivos. A ação se passava em Auschwitz, e Grotowski não queria de maneira nenhuma uma recitação sentimental. Então ele teve a ideia de fixar o rosto dos atores numa expressão petrificada – e, assim, até mesmo o rosto excessivamente expressivo da Lubowiecka –, criando "máscaras" sem a ajuda da maquiagem, usando apenas os músculos faciais. O rosto deveria permanecer imóvel, durante todo o espetáculo, numa única expressão que evocasse aquela dos "muçulmanos", como eram chamados os internados de Auschwitz que tinham chegado ao último estágio de sobrevivência.

A busca dessa máscara começou. Ela deveria fixar, segundo Grotowski, uma reação típica da personalidade de cada ator. Através de uma série de astúcias, sem nunca deixar de compreender o objetivo do trabalho, Grotowski guiou cada ator de modo diverso, fazendo emergir caras amarradas e de escárnio, aparências servis e ares de submissão, olhares arrogantes e fisionomias amedrontadas. Eram de uma força orgânica, de um impacto emotivo incrível e, apesar da artificialidade, não tinham nada a ver com caretas.

Foi estabelecido um tempo particular, durante os ensaios, para o exercício das "máscaras". Depois esse tempo foi ampliado, para permitir aos atores o exercício das maneiras de caminhar e das posições em desequilíbrio que deveriam caracterizar o comportamento dos prisioneiros. Também começaram a ser incluídos elementos ligados apenas indiretamente ao espetáculo: acrobacia, composição, exercícios respiratórios e de voz. Esse período, que precedia os verdadeiros ensaios de *Akropolis*, foi chamado genericamente de *ćwiczenia*, exercícios. A coisa surpreendente – que teve profundas consequências históricas – foi que os exercícios continuaram inclusive depois do fim dos ensaios, ganhando assim uma autonomia própria.

Na preparação de *Shakuntala,* os atores já tinham feito exercícios relacionados às tarefas que surgiam durante o processo de trabalho. A mesma coisa tinha acontecido com *Kordian*. Mas estes exercícios tinham sido sempre pragmáticos, em função dos objetivos do espetáculo, e eram abandonados no final dos ensaios. Foi só depois de *Akropolis* que os exercícios continuaram e ganharam um valor próprio, sem estarem sujeitos às exigências de um espetáculo específico.

Todos os dias os atores se reuniam no teatro e faziam exercícios. Aqueles diretamente ligados à *Akropolis* foram eliminados, outros foram modificados, e novos exercícios foram somados. Grotowski confiou a cada ator a responsabilidade por um determinado campo de trabalho, tornando-se o inspirador e o conselheiro de cada um deles. Zygmunt Molik era o responsável pelos exercícios vocais (as famosas caixas de ressonância), Rena Mirecka pelos de plástica e de composição, Zbigniew Cynkutis pelos de rítmica (que tinha aprendido na escola teatral de Łódż) e Ryszard Cieślak pelos acrobáticos. Naquele período eu estava impressionado, sobretudo, com as qualidades técnicas de Rena Mirecka e Zygmunt Molik.

De tanto praticá-los e modificá-los, os exercícios mudaram de caráter e de nome. Em 1964, os vários setores, com seus respectivos instrutores, eram assim definidos no *Em Busca de um Teatro Perdido*: exercícios físicos e rítmica – R. Cieślak; exercícios dos olhos e plástica – A. Jahołkowski; exercícios vocais e respiratórios – Z. Molik; exercícios da máscara mímica – R. Mirecka[5].

Desde o início, o termo *ćwiczenie*, exercício, tornou-se importante para Grotowski e Flaszen. Era o vocábulo perfeito que, atrás de uma fachada neutra e breve, encobria significativas alusões. Em abril de 1963 este termo apareceu publicamente, pela primeira vez, no programa de *Dr Faustous*, o espetáculo apresentado depois de *Akropolis*. Uma parte do programa chama-se "Exercícios Teatrais", que não explica o treinamento, sua modalidade ou seu objetivo, mas apresenta trechos de artigos poloneses e estrangeiros sobre o teatro de Opole. Eles são acompanhados por um comentário não assinado, mas, com certeza, de Flaszen, muito revelador:

---

5. Em 1968, no *Em Busca de um Teatro Pobre*, p. 107, Grotowski comentou assim a minha descrição dos exercícios de 1964: "Naquele período eu buscava uma técnica positiva ou, em outras palavras, um método de treinamento capaz de dar objetivamente a um ator uma destreza criativa que tivesse tido origem na sua própria imaginação e nas suas associações pessoais. Alguns elementos desses exercícios foram retomados no treinamento do período posterior, mas com outro propósito. Todos aqueles exercícios que eram simplesmente uma resposta à pergunta "como é possível fazer isto?" foram descartados. Os exercícios tornaram-se então um puro pretexto para a elaboração de uma forma pessoal de treinamento. O ator tem que saber localizar aquelas resistências e aqueles obstáculos que o bloqueiam nas suas tarefas criativas. Os exercícios tornam-se assim um meio para superar estes impedimentos pessoais. O ator não se pergunta mais: "como eu posso fazer isto?". Deve saber, ao contrário, o que *não fazer*: aquilo que o atrapalha. [...] É isto que eu quero dizer com a expressão *via negativa*: um processo de eliminação".

PULSAÇÃO, MOVIMENTO, RITMO

Publicamos aqui fragmentos de artigos sobre o método de trabalho e sobre os espetáculos do Teatr-Laboratorium 13 Rzędów. Nós os reunimos com o título EXERCÍCIOS TEATRAIS, visto que com este termo nós gostamos de definir, na nossa gíria interna, a técnica de trabalho própria do 13 Rzędów. Sem dúvida o termo EXERCÍCIOS TEATRAIS não faz muito efeito, mas tem seus lados positivos. Permite acentuar o caráter concreto que caracteriza nosso método. Permite acentuar que para nós este método é parecido com uma estrada, com um trampolim, e não tem de jeito nenhum um valor doutrinário; que aqui o sistema de trabalho não pode ser separado do treinamento do ator; que cada papel e cada espetáculo não devem ser para nós um objetivo em si, mas, em vez disso, um exercício, ou a preparação de um exercício ainda mais complexo, o adentrar-se em regiões que ainda não foram sondadas. O termo EXERCÍCIOS TEATRAIS permite também um paralelo – para nós, divertido –, uma alusão às "operationes spirituales"; mas isto já é uma brincadeira.

Intelligentibus pauca. Flaszen, acenando às "operações espirituais", refere-se à meditação ativa de Inácio de Loyola, aos seus "exercícios espirituais", que Eisenstein já tinha lembrado a propósito do método de trabalho de Stanislávski. Flaszen toca de leve o argumento, com uma certa autocrítica, para evitar a intervenção da censura em relação a uma atitude que a ideologia comunista considerava, com reprovação, "idealista" e "mística". Mas indica claramente as potencialidades complementares do treinamento: um trabalho artesanal do ator sobre si mesmo e, ao mesmo tempo, *operatio spiritualis.* É esta concepção que encontraremos no coração das diferentes atividades de Grotowski depois que ele abandona, em 1970, a produção de espetáculos e a busca ligada *sensu stricto* ao ator e ao espectador.

Censores e Aliados

Naqueles anos, na Polônia, havia uma censura que controlava todo tipo de expressão: espetáculo, encontro público ou qualquer publicação, até mesmo um cartão de visitas. Um teatro recebia uma autorização pelo texto que queria apresentar e depois, um pouco antes da estreia, era feito um controle que verificava se o espetáculo continha aspectos que desagradavam o regime político. Os motivos da censura variavam, dependendo das circunstâncias: tendências formalistas ou decadentes, violência antireligiosa (nos períodos em que o Partido queria estar em paz com a Igreja Católica), alusões anti-soviéticas, idealismo ou cosmopolitismo. Lembro-me dos aspectos formalistas ou antireligiosos porque foram aqueles que as autoridades de Opole usaram para criticar Grotowski. Seu Faust, rebelde contra Deus, não suscitava a simpatia do clero, nem dos marxistas, visto que queria ser um santo e falava uma língua religiosa cheia de alusões místicas. Além do mais, a técnica recitativa dos atores, explicitamente artificial-teatral, era objeto de reprovação, mesmo sendo tolerada em outros teatros.

Mas as ditaduras, sobretudo aquelas brandas e não inutilmente cruéis, como era a da Polônia dos primeiros anos de 1960, também apresentam lados humanos: a solidariedade e a corrupção. Um dos censores de Opole era sinceramente ligado a Grotowski. Ele também ia aos espetáculos em caráter privado. Uma tarde, no meu quarto, para onde eu o tinha convidado para tomar uma xícara de chá junto de Grotowski, ele começou a cantarolar uma canção religiosa:

CENSORES E ALIADOS

Ludu, mój ludu,
cóżem ci uczynił?
W czymem zasmucił albo w czym zawinił?
Jam cię wyzwolił z mocy Faraona,
a tyś przyrzadził krzyż na me ramiona[1].

Grotowski também começou a cantarolar hinos religiosos, depois eles continuaram com as *kolendy*, as canções de Natal. Eu fiquei ali ouvindo aquelas melodias por muito tempo. Elas ainda eram profundamente enraizadas na Polônia, e Grotowski tinha feito um uso refinado delas em *Akropolis*. Poucos dias depois, nos ensaios de *Dr Faustous*, enquanto procurava junto a Zbigniew Cynkutis a fórmula blasfema com a qual Faust deveria apelar a Mefisto, Grotowski propôs o canto entoado pelo censor. Faust invoca o Diabo com a dolorosa lamentação de Cristo, demonstrando a malvadez do Pai que sacrifica o Filho.

Aquele mesmo censor me ajudou a publicar um opúsculo (*Expériences du théâtre-laboratoire 13 Rzędów*) em abril de 1962. Ele me arrumou a tipografia, falou com o diretor e tudo correu bem graças a uma quantia substancial para "facilitar" os contatos, além dos custos da impressão. Esta fraqueza humana do regime político (chamada corrupção) também foi importante logo em seguida quando publiquei um outro opúsculo ou quando "peguei emprestado" o ônibus de uma fábrica de geleias.

Todos os meses eu ia e ficava uns dois dias em Varsóvia, para retirar minha bolsa de estudo. Eu reencontrava amigos e conhecidos: colegas da faculdade, da escola teatral, bolsistas estrangeiros, intelectuais, artistas, gente de teatro e todos aqueles que eu tinha envolvido no número da *Sipario* sobre o teatro polonês. Ninguém conseguia entender o que diabos eu estava fazendo naquele buraco de Opole. Quase todos ignoravam Grotowski, e os pouquíssimos que tinham visto os dois primeiros espetáculos dele, na desastrosa turnê em Varsóvia de 1960, não entendiam o que eu via de tão extraordinário nesse teatrinho de província. Durante horas eu tentava descrever as teorias e os espetáculos do Grotowski, no meio da ironia e também do embaraço de quem me escutava. Eu me sentia como Kordian, transbordando de entusiasmo e bons propósitos, mas considerado um demente pelos outros.

No entanto, tudo isso deu frutos. Encontrei Zenobiusz Strzelecki, um estimado cenógrafo que estava terminando uma monumental história da cenografia polonesa. Eu tinha pedido a ele um artigo para a *Sipario*, mas falei-lhe tanto do Grotowski e do Gurawski, dando-lhe desenhos e outros materiais, que, no final, ele os inseriu num apêndice da sua publicação, que já estava sendo impressa. Tanto ele como sua mulher, a crítica Krystyna Mazur, tornaram-se meus amigos e me convidavam frequentemente à casa deles quando eu estava em Varsóvia.

---

1. Oh, meu povo / o que te fiz? / Eu te libertei do poder do Faraó / e tu me puseste uma cruz nas costas.

Qualquer pessoa que eu conhecesse não escapava do meu zelo de agitador político ou de missionário do Novo Testamento do Teatro. E quem eu não conhecia, procurava, de propósito, para falar do Teatr 13 Rzędów: o poeta Zbigniew Herbert, o humorista Stanisław Jerzy Lec, o historiador de teatro Zbigniew Raszewski, os críticos Edward Csató, Andrzej Drawicz, Jerzy Koenig, Wojciech Natanson, Jerzy Pomianowski. Isso aconteceu na primeira metade de 1962, quando Grotowski já tinha terminado *Kordian*; *Akropolis* ainda deveria ser preparada e não existiam graves problemas com as autoridades.

Foram sobretudo os meus amigos estrangeiros a me dar ouvidos. Alguns deles tornaram-se aliados muito eficazes. Mike Elster, um inglês que estudava direção cinematográfica em Łódź, foi me encontrar em Opole e, em 1963, decidiu rodar o filme-prova para seu diploma sobre o teatro no qual eu trabalhava. *Carta de Opole* é o mais antigo documento cinematográfico, de uma certa importância,sobre o Teatr-Laboratorium 13 Rzędów, com cenas da vida cotidiana dos atores, do treinamento e do *Dr Faustous*. Esse filme é de grande interesse histórico, porque mostra tanto a estrutura de um pequeno teatro "tradicional" quanto o treinamento, ainda que apenas no início, revelando-se, então, um importante testemunho para que se perceba o posterior desenvolvimento dos exercícios, documentado pelo filme de Torgeir Wethal de 1972, sobre o treinamento de Ryszard Cieślak[2].

Até mesmo Erik Veaux, meu melhor amigo, que corrigia os artigos que eu escrevia em francês, foi me encontrar em Opole e tornou-se tradutor do Grotowski. Começou a escrever sobre ele na França e foi um guia precioso e disponível nas primeiras vezes que Grotowski, ainda um desconhecido, esteve em Paris.

---

2. Mike Elster tinha um amigo com o qual havia estudado em Oxford, Michael Kustow, um jovem crítico que trabalhava na Royal Shakespeare Company e era o redator de uma revista influente, a *Encore*, com a qual Peter Brook e Charles Marowitz também colaboravam. Elster levou Kustow a Opole, e ele publicou, em setembro de 1963, um longo e sugestivo artigo com o título "Ludens Mysterium Tremendum et Fascinosum". Quando Grotowski foi à Inglaterra pela primeira vez em 1965, para o meu casamento, foi através de Mike Elster e dos seus amigos que ele encontrou Peter Brook.

Ser Pomba e Cobra

Graças ao passaporte italiano eu podia entrar e sair da Polônia quando bem entendesse. Aproveitei-me disso para fazer algumas viagens ao exterior, todas muito rápidas. Elas tinham o duplo objetivo de difundir o Novo Testamento do Teatro e dar aos críticos e às hostis autoridades polonesas a impressão de que Grotowski era conhecido. No meu quarto ou no restaurante da estação, eu e Grotowski projetávamos o itinerário. Tratava-se de publicar os meus artigos sobre o Teatr 13 Rzędów em revistas e jornais, de visitar partidos políticos, personalidades teatrais, ambientes artísticos e falar sobre o teatro de Opole, deixando materiais, artigos, fotos, desenhos. Foi assim que comecei a escrever. Eu escrevia em francês porque era uma língua internacional, mais facilmente compreendida do que a minha, o italiano. E também porque Paris ainda era o centro de referência cultural para os poloneses e para muitas outras nações.

Essas viagens ao exterior ajudaram-me a superar minha timidez de falar em público, ou de dirigir-me a pessoas famosas, e obrigaram-me a encontrar o caráter incisivo de quem *deve* convencer. Cenas, detalhes, expressões do rosto e tons de voz de *Akropolis* ou do *Dr Faustous* agiam dentro de mim, dando-me força e coragem. Eu me identificava emocional e intelectualmente com o universo das ideias e do trabalho de Grotowski, o *nosso* teatro. Qualquer outra forma de teatro parecia-me, parafraseando Nagarjuna, "o filho de uma virgem estéril esculpida na pedra", talvez lindíssimo, mas sem alma. O desejo de proteger a obra de Grotowski, de quem eu gostava infinitamente, e aquele pequeno teatro que para mim era ao mesmo tempo lar, aventura, paixão e religião, torna-se um desafio permanente, uma obsessão, uma necessidade. Meu trabalho de defesa comportava luta, astúcia, subterfúgio, capacidade de decidir e agir rapidamente. Ter que ser ao mesmo tempo pomba e cobra, em cada dia e em cada momento. Eu descobria dentro de mim qualidades que até então hibernavam. Kabir sabia disso e tinha-o escrito em um poema:

> O Mestre perfeito é o verdadeiro herói
> que lança a Palavra como uma flecha única.
> Atingido, você cai no chão,
> e uma ferida se abre no fundo de sua alma.

Tudo o que eu tinha eram os 2.400 złoty da bolsa de estudo, que correspondiam ao salário de um professor de segundo grau. Porém, eles não podiam ser trocados por moeda estrangeira. Nem mesmo as passagens de trem para ir ao exterior podiam ser pagas em dinheiro polonês. Às vezes eu tinha sorte e conseguia trocar um pouco de złoty pelos dólares de algum estudante estrangeiro. A única fonte de lucro era a eventual remuneração por algum artigo, especialmente para os jornais ou revistas escandinavas. Cada centavo tinha que render como um milhão. Minha magra reserva de dólares só era usada para o essencial, as passagens de trem. Meu verdadeiro capital era a generosidade de amigos e desconhecidos.

Eu costumava viajar de noite para dormir no trem. Os problemas surgiam quando eu ficava mais dias numa mesma cidade. Eu passava as noites em casa de amigos, quando os tinha, ou então nos jardins públicos, nos portões, nas casas em construção. Mas pela manhã eu tinha que estar limpo e bem vestido para causar boa impressão nas pessoas que encontrava. A estação ferroviária, onde deixava meus poucos pertences no depósito de bagagens, era meu salão de beleza. A coisa mais difícil era fazer a barba com espuma e gilete e lavar as camisas, já que, dormindo vestido, eu fedia a suor. Eu penetrava no labirinto da nova cidade tendo, como fio de Ariadne, uma lista de nomes e endereços que eu tinha procurado ou que tinham me dado. Eu apertava debaixo do braço a bolsa cheia de fotos dos espetáculos do Grotowski, meus opúsculos em francês ou um artigo recém-escrito e os desenhos de Gurawski (as fotocópias não existiam e perdia-se horas e horas para copiar os materiais).

A primeira parada era sempre em Viena, onde eu me alojava na casa do dramaturgo polonês Artur Maria Swinarski. Era um homossexual idoso e sarcástico que eu tinha conhecido nos meus primeiros momentos em Varsóvia, e que tinha tido a permissão de deixar a Polônia. Ele me tratava muito bem, embora me repreendesse por não querer fazer sacrifícios do mesmo lado do altar de Eros que ele preferia. Oferecia-me guloseimas que não se encontravam na Polônia, enchia-me de pequenos presentes e zombava sem parar da minha "loucura" por aquele desgraçado do Grotowski, que só era capaz de destruir bons textos teatrais. Mas apresentava-me aos seus amigos do meio artístico e jornalístico. Foi na sua casa que conheci o jovem dramaturgo austríaco Adolf Opel que, sem saber, teve uma grande importância para Grotowski e seu teatro.

Eu costumava perguntar a cada pessoa que encontrava se conhecia alguém que pudesse se interessar pelas experiências do teatro de Opole. Opel deu-me vários nomes, entre os quais o de Renée Saurel, a crítica teatral de *Les temps modernes*, a revista de Jean-Paul Sartre em Paris, e aquele de James Hatch, um professor americano que ensinava na Universidade do Cairo, no Egito. Alguns dias depois, recém-chegado em Paris, telefonei para Renée Saurel. Ela convidou-me à sua casa, e foi assim que a conheci: uma mulher corajosa e anticonformista que se interessou imediatamente por aquilo que eu lhe contava. Entreguei-lhe o texto, datilografado em francês, do meu livro *Em Busca de um Teatro Perdido,* e ela se encarregou de encontrar um editor. Não conseguiu, mas quando o livro foi publicado na Itália, em 1965, dedicou-lhe uma crítica de nada menos do que nove páginas em *Les temps modernes*, que teve uma repercussão internacional e um forte eco também na Polônia, onde a revista de Sartre gozava de grande prestígio. Renée Saurel escreveu frequentemente, e com competência, sobre Grotowski, muito antes de conhecê-lo pessoalmente. Em seguida, depois da ida de Grotowski à França, tornou-se sua amiga e seguiu sua atividade com uma paixão leal e objetiva.

Fiz um bom embrulho com materiais e fotos, meus opúsculos em francês, desenhos do Gurawski, e o expedi para o Cairo a James Hatch, o outro nome dado por Adolf Opel. Ele respondeu escreven-do-me para Opole, expressou seu interesse e pediu-me que enviasse materiais para um amigo seu da Universidade de Nova Orleans. Seu nome era Richard Schechner. Naquela época eu tinha o costume de mandar materiais para pessoas como Mircea Eliade ou Fernando Arrabal. Por que não para esse Richard Schechner?

Schechner deu sinal de vida na primavera de 1963. Sua carta foi uma verdadeira surpresa: ele era diretor da *Tulane Drama Review*, esta-va preparando um número sobre Marlowe e queria maiores informações e fotos do *Dr Faustous* que Grotowski estava apresentando. Enviei-lhe imediatamente a descrição do espetáculo e do modo como Grotowski tinha montado e interpretado o texto. No verão de 1964, a *Tulane Drama Review* difundiu, pela primeira vez nos Estados Unidos, informações sobre o Teatr-Laboratorium 13 Rzędów. Por engano, Schechner pu-blicou o meu artigo com o nome de Grotowski, mal-entendido que tanto nos divertiu: Grotowski gabava-se comigo da sua habilidade de escrever, e eu o acusava de grafomania. Na primavera de 1965, sempre na *Tulane Drama Review*, foram publicadas as traduções dos meus dois opúsculos em francês: *Expériences du théâtre-laboratoire 13 Rzędów,*

60 A TERRA DE CINZAS E DIAMANTES

e *Le théâtre comme auto-pénétration collective*, que continha também o importante artigo de Flaszen sobre *Akropolis,* e uma série de citações de artigos europeus sobre Grotowski.

Intelectual curioso e diretor teatral ousado, Schechner participou, em 1967, de um seminário que Grotowski dirigiu no Canadá, em Montreal. Em dezembro do mesmo ano contribuiu para que convidassem Grotowski à New York University, onde ensinava. Ele, Jacques Chwat, Theodore Hoffman e Mary Tierney fizeram uma longa entrevista coletiva com Grotowski, publicada no outono de 1968 na *Tulane Drama Review.* Com seu grupo de teatro, The Performance Group, Schechner inspirou-se na visão e no treinamento de Grotowski, teorizando um *environmental theatre* que teve uma grande difusão nos Estados Unidos. Durante todos esses anos, Schechner conservou um vivo interesse por Grotowski e por suas atividades, às quais muitas vezes dedicou um amplo espaço na *TDR*[1].

Depois da parada em Viena, minhas viagens podiam seguir três rumos: descer até a Itália, subir para Paris e à Polônia; ir diretamente para Paris através da Suíça; ou então dirigir-me ao norte, para a Dinamarca, a Suécia e a Noruega, onde os jornais compravam mais facilmente meus artigos e, sobretudo, pagavam-me imediatamente.

Em Roma eu ficava na casa da minha mãe, que alimentava o filho "artista" com sua pensão. Lá encontrei o pintor Achille Perilli, que tinha organizado alguns *happenings*, e ele me conduziu até Alfredo Giuliani, poeta do Grupo 63. Fui até a universidade para encontrar Angelo Maria Ripellino; era um prazer discutir com ele, conhecia tão bem o mundo eslavo, as mínimas alusões eram imediatamente compreendidas e saboreadas. Fiquei surpreso quando soube que existia um teatro laboratório dirigido por um ator que se chamava Carmelo Bene. Eu me preparava para visitá-lo, feliz em encontrar um "consanguíneo" na Itália, quando li que do palco ele tinha urinado sobre um espectador (ou um crítico?). Imaginei como teriam reagido as autoridades polonesas diante deste gesto típico de um artista de uma sociedade capitalista e decadente, e pensei então que era prudente não aproximá-lo do nome de Grotowski[2]. Entrei de penetra na cerimônia de apresentação de um livro sobre o teatro polonês e me lamentei com o autor, Lamberto Trezzini, por não ter feito nenhuma referência a Grotowski. Visitei as redações dos jornais *Paese Sera, L'Unità, Rinascita* e do semanário dos jovens comunistas *Nuova generazione*, que publicou, em março de 1964, um artigo meu

---

1. Em 1997, Richard Schechner ocupou-se, junto a Lisa Wolford, da edição de *The Grotowski Sourcebook*, London\New York: Routledge. Um livro de 514 páginas que reúne contribuições de vários lugares do mundo e ilustra as diversas fases do desenvolvimento de Grotowski.

2. Na verdade, Carmelo Bene nunca urinou sobre nenhum espectador. Mas a lenda, espalhada e repetida pelos jornais mais conformistas, baseando-se numa tempestuosa representação teatral, ficou valendo ainda por um bom tempo.

sob o pseudônimo Gösta Marcus[3]. Enviei materiais para Luigi Nono, o compositor interessado nas vanguardas teatrais, e para um professor de Florença, Ferruccio Masini (que publicou um artigo sobre Grotowski em *La regione*, em janeiro de 1963). Em junho de 1963 conheci pessoalmente Franco Quadri, diretor da *Sipario*, com o qual tinha mantido uma correspondência contínua para o número sobre o teatro polonês[4].

Na Suíça visitei o Instituto Jung de Zurique e deixei um embrulho cheio de materiais para o seu diretor James Hillman. Fiz o mesmo na Basileia, com Philip Wolff-Windegg, diretor da *Antaios*, uma revista de orientação junguiana. Em Genebra dei uma longa entrevista para a rádio do crítico Jo Excoffier e fui recebido calorosamente pelo escritor Walter Weideli. Ele redigia as páginas culturais do *Journal de Genève*, onde tinha escrito uma boa crítica sobre *Dziady*, que tinha visto em Cracóvia em 1961 (eu sempre levava uma cópia comigo para mostrar nos meus diversos encontros). Publicou imediatamente os meus artigos e foi ele quem escolheu um jovem ator, Eric Ducret, para estudar em Opole[5]. Em Lausanne encontrei Antoine Apotheloz, diretor do Teatro Municipal, Freddy Buache, que dirigia a Cinemateca, e René Berger, que dirigia a revista *Pour l'art*, onde Raymonde Temkine já tinha publicado um artigo sobre Grotowski. Onde quer que eu fosse, tinha como parada obrigatória as várias redações de jornais e revistas, com o objetivo de colocar um artigo ou dar entrevistas.

Minha obra de missionário concentrava-se em Paris. A casa de Raymonde e Valentin Temkine era o meu refúgio e, em seguida, também o de Grotowski, de Flaszen, de Ryszard Cieślak e de Erik Veaux.

Minhas peregrinações parisienses incluíam a elite das personalidades que contavam ou que podiam publicar informações. Comecei visitando Roger Caillois e Enrico Fulchignoni na Unesco, depois Claude Lévi-Strauss no seu escritório da Avenue d'Iéna. Naqueles tempos impressionava muito receber um mensageiro com informações quase

3. Às vezes eu escrevia sob pseudônimo para dar a sensação de que existiam mais pessoas interessadas pelo Teatr 13 Rzędów.

4. Indo para a Índia de carro, passei por Milão para receber o pagamento que financiaria minha viagem. Franco Quadri, com ar triste, disse-me que o dinheiro ainda não estava disponível, que o editor Bompiani não estava presente e outras mil argumentações. Minha raiva era tanta que, por pena ou por precaução, Franco Quadri me acalmou, antecipando do próprio bolso a metade da quantia. Deste tumultuado encontro nasceu uma amizade e um afeto que não foram lesados nem pelo tempo e nem pelas nossas escolhas. Franco tornou-se um crítico corajoso e independente. Continuou a publicar na *Sipario* os meus textos sobre Grotowski, convidou a mim e a três atores do Odin Teatret para o histórico congresso de Ivrea de 1967, em 1970 financiou do próprio bolso (perdendo dinheiro) a turnê de *Ferai* em Milão, e a sua editora publicou alguns dos meus livros.

5. O prefeito de Opole tinha me dado uma modesta bolsa de estudo que durava seis meses. Visto que eu já tinha aquela do governo italiano, eu e Grotowski pensamos em oferecê-la a um estagiário estrangeiro. Faria efeito ter outros estrangeiros, além de mim, que gravitassem em torno do Teatr 13 Rzędów.

62 A TERRA DE CINZAS E DIAMANTES

clandestinas que vinham do lado detrás da "cortina de ferro". Todos eram gentis, me dedicavam pouco tempo, mas alguns contribuíram, sem saber, para reforçar a posição do Grotowski na Polônia. O objetivo dessas visitas era duplo. De um lado, eu queria falar do método do Teatr-Laboratorium para as pessoas que tinham interesse pelo mundo dos "arquétipos". Do outro, pedir que escrevessem uma carta para Grotowski, na qual demonstrassem interesse pelas suas buscas e desejo de ulteriores informações.

Conversei algumas vezes com Jean Jacquot, do Centre National de Recherche Scientifique, e ele apresentou-me para Denis Bablet. Depois foi a vez de André Veinstein, da Bibliothèque de l'Arsénal, em cujo arquivo deixei materiais sobre o Teatr-Laboratorium. Encontrei o dramaturgo François Billetdoux, o especialista de teatro japonês René Sieffert, redatores de revistas como Louis Pauwels (*Planète*), Maurice Nadeau (*Les lettres nouvelles*) e Gaëtan Picon (*Mercure de France*).

Raymonde Temkine insistiu que eu encontrasse Roger Blin. Eu não tinha ideia de quem ele fosse e não me ajudou muito saber que era um extraordinário ator e diretor e que tinha colaborado com Artaud, nome que eu conhecia há pouco tempo. Ele me acolheu em sua casa, e fiquei imediatamente paralisado porque gaguejava. Tropeçava em várias palavras numa mesma frase, às vezes por tanto tempo e com tal esforço que parecia um ataque de epilepsia. Eu estava aterrorizado e não conseguia me explicar como ele podia recitar. E no entanto, no palco, disseram-me que falava normalmente, sem a menor dificuldade. Eu estava tão embaraçado que acho que não fui muito convincente.

Consegui dois resultados imediatos. Um com Jacques Poliéri, diretor e cenógrafo de vanguarda, que estava se ocupando de um número da *Architecture aujourd'hui* que falava das pesquisas sobre o espaço teatral do nosso século. Publicou uma página inteira de esboços e desenhos de Jerzy Gurawski sobre os espetáculos do Teatr-Laboratorium 13 Rzędów. Logo em seguida, Poliéri e Grotowski tentaram tecer projetos em comum que nunca foram realizados[6].

O outro foi o encontro com Jean Darcante, secretário geral do ITI, o Instituto Internacional do Teatro (o organismo da Unesco para o teatro e para a dança). Ele publicava uma revista internacional e aceitou um artigo meu. A secretária de Darcante, Lis Frederiksen, era dinamarquesa e, graças à minha identidade "norueguesa", nos tornamos amigos. Continuamos nos correspondendo e ela se transformou num eficaz cavalo de Troia, em Varsóvia, em junho de 1963, durante o Congresso Mundial do ITI.

Raymonde Temkine abriu-me muitos caminhos telefonando e apresentando-me às pessoas que conhecia: Guy Rétoré do Théâtre de l'Est de Paris, ou Antoine Bourseiller, do Studio des Champs-Elysées.

---

6. Ver carta 6 de Grotowski do dia 12 de maio de 1964, p. 134.

SER POMBA E COBRA 63

Bourseiller levou minha visita a sério, escreveu para Grotowski, encontrou com ele quando veio à França, propôs-lhe a direção do mistério medieval *Le miracle de Théophile* (que não aconteceu) e fez com que ele dirigisse dois seminários em Aix-en-Provence quando tornou-se diretor do teatro daquela cidade.

O rumo da Escandinávia não apresentava nomes prestigiosos. Eu podia encontrar, em Estocolmo, o pintor/autor de *happenings* Öyvind Fahlström ou K.G. Hultén, diretor do Moderna Museet e futuro diretor do Centre Pompidou em Paris (foi Achille Perilli que me deu o nome deles), poetas como Jess Ørnsbo em Copenhague ou, em Oslo, Jens Bjørneboe, escritor e meu querido amigo. Os encontros com os críticos e as revistas da Escandinávia inteira tiveram consequências inimagináveis quando fundei o Odin Teatret. A maior parte deles lembrava-se de mim pelo meu proselitismo grotovskiano.

Era maravilhoso voltar para Opole, rever Grotowski e mostrar para ele, com orgulho, os espólios da viagem: cartas, propostas, um artigo ou uma entrevista publicados. No meu quarto ou no restaurante da estação eu contava pra ele sobre cada pessoa que tinha encontrado, descrevia detalhadamente as reações, os comentários, a indiferença ou o interesse, as promessas ou as dúvidas. Sentíamos que o mundo se tornava maior. E depois, eu tinha o prazer de partilhar os livros comprados no exterior.

Quando hoje me perguntam qual é a coisa essencial que Grotowski me ensinou, digo que aprendi a resistir, a opor resistência ao espírito do tempo, a não deixar que me destruam e a manter viva a fagulha que, mesmo escondida numa distante província, teria feito pegar fogo dez, cem, mil outras pessoas.

E no entanto, quantos conhecimentos eu tinha absorvido observando por dias e meses, sentado numa cadeira, o trabalho do Teatr 13 Rzędów. Minha falta de experiência prática, de contato direto com os atores e de colaboração com músicos ou cenógrafos, parecia-me um obstáculo insuperável durante os primeiros passos com o Odin Teatret. Mas consegui funcionar com meus "atores", jovens sem experiência e com muitas expectativas. Eu me perguntava o que Grotowski teria feito naquele caso específico ou, então, simplesmente copiava o que tinha visto ele fazer durante os ensaios:

- como compor cada ação do ator;
- como fazer com que o ator interpretasse um personagem através de efeitos vocais e físicos em contínua relação com o texto;
- como usar cada palavra como uma ação vocal: não só um médium intelectual, mas também uma musicalidade capaz de suscitar associações no espectador;
- como cada sequência, mesmo a menor possível, deve ter sua composição e sua lógica;

- como o ator deve ser capaz de estabelecer sobre qual elemento formal deve-se concentrar a atenção do espectador, se sobre um efeito físico ou um efeito vocal, se sobre uma determinada parte do corpo ou uma outra, sobre si mesmo ou longe de si;
- como criar uma "polêmica" subvertendo o valor de uma ação física ou vocal a partir da introdução simultânea de elementos expressivos que contradigam tal ação;
- como fazer com que o ator realize uma composição múltipla passando rapidamente de um personagem a outro;
- como levar o ator a ser um Proteu multiforme, um xamã pronto a se transformar de ser vivo em objeto, a passar bruscamente de uma realidade à outra, a desaparecer ou a voar *sob os olhos do espectador*;
- como tratar os figurinos e os objetos de cena de maneira que tenham uma vida e um caráter próprios e se confrontem incessantemente com o ator e suas ações.

Aprendi que os aspectos formais são fundamentais, mas desembocam no virtuosismo e correm o risco de produzir um macaco adestrado, um ator marionete nas mãos do diretor. Somente o compromisso interior do ator pode impedir este perigo. O pólo oposto à técnica é aquele da disciplina psíquica e mental. No teatro, a motivação pessoal é uma confissão, consciente ou não, que nasce de regiões do artista muitas vezes desconhecidas a ele mesmo.

Os anos passados no Teatr 13 Rzędów fizeram com que eu incorporasse uma visão do teatro e um modo de vivê-lo intelectual e emotivamente como técnica e como aspiração. Deram-me uma terminologia com a qual eu conseguia dialogar comigo mesmo e com meus atores, uma língua que era minha, nossa, extremamente pessoal e fugaz, que ultrapassava as categorias habituais e óbvias dos discursos sobre o teatro. A sorte tinha batido à minha porta. Eu tinha encontrado um mestre e tinha-o devorado completamente. Mantinha-o dentro de mim, abraçava-o nos momentos de alegria, e ele me ajudava nos momentos de dificuldade e de perigo.

O teatro é constituído de raízes que brotam e crescem num lugar bem preciso, mas também é feito de sementes trazidas pelo vento, seguindo as rotas dos pássaros. Os sonhos, as ideias e as técnicas viajam com os indivíduos, e cada encontro deposita o pólen que fecunda. Os frutos amadurecem devido ao trabalho teimoso, à necessidade cega e ao espírito de improvisação, e contêm as sementes de novas verdades rebeldes.

O Valor de um Ônibus

O acaso salvou por trinta anos um cartão postal que ainda hoje decora a minha escrivaninha. Reproduz, em cores, o projeto cenográfico de Wincenty Drabik para *O Príncipe Constante*, dirigido por Juliusz Osterwa. Foi o correio polonês que os emitiu em ocasião do X Congresso Internacional do ITI, o Instituto Internacional do Teatro, que aconteceu em Varsóvia de 8 a 15 de junho de 1963. É uma daquelas imagens que evocam premonições e lembranças, porque Osterwa foi um exemplo importante para Grotowski, pois seu *Príncipe Constante*, poucos anos depois, será o espetáculo que o consagrará internacionalmente; porque exatamente no decorrer deste X Congresso do ITI seu espetáculo de então, *Dr Faustous*, teve pela primeira vez um eco internacional por meio de uns cinquenta estrangeiros que o viram na Polônia.

O ITI era uma organização prestigiosa, e os poloneses estavam muito orgulhosos da decisão de realizar o congresso ali em Varsóvia, vendo nisso um sinal de consideração pelo teatro deles. O responsável pela organização era Bohdan Korzeniewski, meu ex-professor da escola teatral, que era também o representante da Polônia no comitê internacional de Paris.

Os poloneses tinham preparado um ótimo programa para os duzentos ou mais delegados provenientes de todo o mundo. Mas quando o lemos, eu e Grotowski constatamos que o Teatr-Laboratorium 13 Rzędów não era nem citado. Era preciso remediar de alguma maneira.

O Teatr-Laboratorium 13 Rzędów não podia ir em turnê para Varsóvia, ninguém estaria disposto a recebê-lo. Era necessária uma outra solução.

Precisávamos acampar o mais perto possível da capital e desviar ao nosso teatro o maior número possível de delegados. Decidimos levar o *Dr Faustous* para Łódź, que era uns cem quilômetros fora de Varsóvia, longe o bastante para que não parecesse que grudávamos ao congresso. Łódź tinha uma boa vida cultural e, provavelmente, público suficiente para as dez representações programadas. Eu, ao contrário, teria ido à Varsóvia e me enfiado no congresso. Em que modo, seriam as circunstâncias a decidir.

O congresso acontecia no Palácio da Cultura, um gigantesco edifício de estilo stalinista que parecia um gigantesco bolo de casamento. No grande saguão de entrada me aproximo dos grupos dos participantes, escutando a língua que falavam. Consigo individuar os suecos, e depois os noruegueses, entro na conversa deles contando que estudo teatro na Polônia. Ostento meus conhecimentos com aparente casualidade, colocando-os à disposição deles: onde se compram os melhores *souvenirs*, em quais restaurantes come-se e bebe-se bem, quais são os espetáculos que É PRECISO absolutamente ver. Sou praticamente adotado por essa meia dúzia de escandinavos e me junto a eles como se fizesse parte de uma das suas delegações.

Eis que aparece Lis Frederiksen, a secretária de Jean Darcante, que eu tinha encontrado em Paris; ela chega toda sorridente junto a uma outra menina, também secretária no ITI, chama-se Judy Jones, é inglesa. Lis se lamenta pelos organizadores poloneses, tinham lhe prometido uma datilógrafa que falava inglês e francês, mas isso não aconteceu. "Se você tiver dinheiro eu procuro uma", disse pra ela. E telefono para Nora Salvagni, uma bolsista italiana que morava na minha Casa do Estudante. Nora (que em seguida fará carreira diplomática) chega e é contratada: o acesso à secretaria do ITI está garantido. De noite convido a Lis para dançar numa boate da cidade velha. Ela traz consigo a Judy, eu chego com uma amiga minha gráfica e com um cenógrafo. Era uma noite de confraternização, o trabalho começava no dia seguinte.

Batendo papo com as pessoas e ouvindo os debates do primeiro dia, me dei conta de que a pessoa que tinha que ver o *Dr Faustous* de qualquer maneira era Jean Julien. Ele era o diretor do Théâtre des Nations, o festival que todos os anos convidava a Paris os melhores espetáculos do mundo inteiro. Durante uma pausa me aproximei dele, que estava rodeado por outras pessoas, e como quem não quer nada disse duas palavras sobre o teatro polonês: pena que não podiam ver as coisas mais interessantes, o teatro no apartamento do poeta Miron Białoszewski, os espetáculos do Piwnica em Cracóvia, alguns teatros estudantis e o Teatr-Laboratorium 13 Rzędów de Grotowski. Sim, a Polônia era o país dos paradoxos, a oficialidade mais sombria e a criatividade mais audaz, o puritanismo socialista e a alegria de viver eslava. Propus a Julien ser o cicerone de sua visita a Varsóvia *by night* e mostrar-lhe os mistérios noturnos de uma capital socialista. Mas com

O VALOR DE UM ÔNIBUS 67

uma condição: que ele visse um espetáculo na periferia de Varsóvia, durava só uma horinha. Julian aceitou. Telefonei à Teresa Ziemska, uma amiga violoncelista. Expliquei-lhe que deveria absolutamente sair comigo e com o Julien. Expliquei-lhe meu acordo: Julien teria ido assistir a um espetáculo do Grotowski. Teresa, que tinha uma infinita paciência com a minha paixão pelo Teatr-Laboratorium, não se negou.

Naquela noite, depois das sessões do congresso, Julien chegou junto de Emile Biasini, o representante do Ministério da Cultura francês que financiava o Théâtre des Nations. Ele também queria entrar no acordo. Já estávamos indo quando encontramos Judy, a secretária inglesa do ITI, e Julian convidou-a. Aquilo que eu tinha projetado como um *tête-à-tête* entre mim e Julien sob a sombra de *une jeune fille en fleur* polonesa tinha se transformado numa comitiva turística!

Fomos para um restaurante popular em Mokotów, com uma orquestra endiabrada, onde todos bebiam, dançavam e cantavam em coro, uma atmosfera de final de ano e *après nous le déluge*. De repente, a orquestra começou a tocar "Czerwone Maki na Montecassino", a canção que lembrava o heroísmo dos soldados poloneses na conquista da posição fortificada dos alemães em Monte Casino ("passarão os anos e desaparecerão os séculos, permanecerão os rastros dos dias passados, e as papoulas de Monte Casino serão mais vermelhas porque florescerão do sangue polonês") e todos se puseram de pé, em silêncio, em sinal de respeito e de orgulho, e depois, logo em seguida, a dança e a música voltaram a tomar conta do lugar.

Continuamos passando por algumas boates estudantis, um clube de *jazz* e, enfim, fomos para o Kongresowa, um imenso restaurante que tinha um número grotesco de *striptease*. Uma noite verdadeiramente popular e socialista, com Teresa exemplar como Beatriz-Virgílio, com Jean Julien e Emile Biasini que, chocados, faziam comentários ou discutiam por causa da política e das finanças, e Judy Jones indisposta depois de dois copos de vodka. Não foi uma noitada chata, e quando os levei de volta ao Hotel Francuski, Julien agradeceu-me lembrando, ele mesmo, que a noite seguinte nós a passaríamos juntos no teatro.

Eu tinha falado com outros delegados e alguns deles quiseram ver este Grotowski. Eu precisava organizar um transporte rápido para chegar, em tempo, ao espetáculo. Eu tinha pensado em ir de táxi com o Julien para Łódż. Mas como transportar os outros, que já eram mais de uma dúzia? Telefonei para Jerzy Kotliński. Tinha-o encontrado junto de sua mulher Zofia, em Kołobrzeg, no mar Báltico, em setembro de 1962. Eu tinha passado uma semana lá, hóspede de uma organização estudantil, enquanto eles estavam de férias. Eram membros do Partido, comunistas leais e fiéis, sem o menor cinismo, de uma qualidade humana extraordinária. Ele era diretor de uma fábrica de geleias em Saska Kępa, um bairro do outro lado do Vístula. Expliquei a situação, eu precisava de um ônibus, para aquela mesma tarde, às cinco e meia,

68 A TERRA DE CINZAS E DIAMANTES

para transportar umas vinte pessoas. Podia me dar um da sua fábrica? Sim, podia, era só uma questão de dinheiro. Ele disse o preço. Era além das minhas possibilidades. Um longo silêncio no telefone e depois a voz consoladora de Jerzy Kotliński: não se preocupe, Eugeniusz, eu empresto pra você. Generosidade da amizade polonesa.

E assim às cinco da tarde aconteceu o milagre: um ônibus do Estado, que teoricamente nenhum particular podia usar, estava estacionado na frente do prédio onde acontecia o congresso. Embarquei nele umas vinte pessoas: Eduardo Manet, diretor do Teatro Nacional de Havana, que depois se tornará um escritor muito apreciado na França, Hubert Gignoux, diretor do Centre Dramatique de l'Est de Strasburg, a crítica finlandesa Kasja Krook, o crítico italiano Raul Radice (*Il tempo*), o jornalista americano Henry Popkin (*New York Times*), a jovem diretora finlandesa Kristin Olsoni, os dramaturgos flamengos Tone Brulin e Jan Christiaens, o dramaturgo e crítico Alan Seymour (*Plays and Plays*, Londres), os diretores suecos Ingrid Luterkort e Palle Brunius, o diretor islandês Sveinn Einarsson, o diretor canadense Jean Louis Roux, o ator e diretor belga René Hainaux, o crítico inglês Ossia Trilling. Esses são os nomes que lembro, pessoas que durante anos continuaram em contato comigo. Tinham, além dessas, umas outras dez pessoas, entre as quais Judy, que queria ver este teatro do qual eu não cansava de falar. Estavam todos dentro do ônibus e Julien não aparecia. Eu estava desesperado. Tínhamos que partir para poder chegar em tempo para o espetáculo. Corri até o Palácio da Cultura perguntando a todos por ele. Vi-o sair por uma porta. Desculpava-se, estava numa reunião importante com Jean Darcante, Michel Saint-Denis (o famoso diretor, aluno de Copeau, um dos Copiaus*), Bohdan Korzeniewski e outros. Não podia liberar-se em menos de meia hora. Eu tinha que tomar uma decisão imediata. Renunciar a Julien?

Fui até o motorista do ônibus, dei-lhe o endereço de Łódź, cumprimentei meus convidados: eu os alcançaria o mais rápido possível. Fiz um acordo com um taxista, e nós ficamos ali esperando pacientemente. Finalmente o Julien chegou junto de Michel Saint-Denis e sua mulher Suria, que tinham decidido acompanhá-lo para ver o espetáculo na "periferia". Prometi um extra ao taxista se ele chegasse a Łódź antes das oito. Duas horas de carro podem parecer uma eternidade. Julien e os Saint-Denis, primeiro, estavam perplexos, impacientes, depois claramente irritados. Onde os estava levando? Quando chegamos, o espetáculo já tinha começado e o técnico, que obviamente me conhecia muito bem, não nos deixou entrar. As ordens eram ordens para todos, para mim também. Estrangulá-lo? Arrastei meus convidados, que já tinham renunciado a opor-se àquele inflamado que os guiava, lá pra cima,

---

*. Copiaus: assim eram chamados os alunos mais fiéis de Copeau, aqueles que o seguiram em 1924 na Escola-retiro de Borgonha. (N. da T.)

O VALOR DE UM ÔNIBUS

subindo por uma escadinha, e fiz com que eles se debruçassem sobre um balcão que estava no alto da sala. Dali vimos o *Dr Faustous*. Depois do espetáculo, a cara do Julien tinha mudado, como também a de Michel Saint-Denis, do mesmo modo que a de todos os convidados estrangeiros: eram caras luminosas, maravilhadas, como a de crianças que viram a neve pela primeira vez. Fiz com que eles se acomodassem numa salinha onde logo depois chegaram Grotowski e os atores. Foram muitas as perguntas. No ônibus, de volta, reinava o silêncio, era tarde, eu estava exausto, apoiei-me sobre o ombro da Judy, talvez tenha dormido.

No dia seguinte, na primeira sessão do congresso, Jean Julien levantou-se e agradeceu aos anfitriões poloneses por terem lhe dado a oportunidade de ver um espetáculo extraordinário: o *Dr Faustous* do Teatr-Laboratorium 13 Rzędów. Surpresa de todos. Depois, levantou-se Eduardo Manet, suas palavras tinham um grande prestígio, vinha de Cuba, um país socialista e, além disso, lá dirigia o Teatro Nacional. Ele também fez vários elogios ao espetáculo. Os dramaturgos Tone Brulin e Jan Christiaens apresentaram oficialmente um assunto para ser discutido: "A delegação flamenga acredita que se encontrou ontem à noite, em Łódż, diante daquele tipo de teatro que contribuirá para a liberação e para a liberdade de uma arte por muito tempo dominada por um modo de pensar convencional"[1].

A sala do congresso, por um instante, transformou-se na torre de Babel. Os poloneses não entendiam o que tinha acontecido, os outros delegados perguntavam porque eles também não tinham sido convidados. Korzeniewski, como bom diplomata, fazia de conta que não sabia o que se passava. Foi impressionante a capacidade de Julien, Manet, Tone Brulin e Jan Christiaens de formular, na maneira "politicamente correta", para os comunistas tudo aquilo que eu tinha contado a eles sobre as dificuldades econômicas e políticas do teatro que tinham visto.

Aqueles trinta participantes do congresso do ITI representaram uma virada no destino do Grotowski. Quando retornaram ao próprio país, escreveram artigos longos e cheios de entusiasmo em revistas e jornais. A semente para uma turnê ao Théâtre des Nations tinha sido plantada. Com certeza Julien teria levado o Teatr-Laboratorium 13 Rzędów para Paris, mas infelizmente deixou a direção no final deste mesmo ano. Mas graças ao incansável trabalho de Raymonde e Valentin

---

1. Publicando em Amsterdã a inteira moção em que agradecem "Grotowski cujos esforços, juntos àqueles da sua companhia, são da maior importância para a Arte Dramática do mundo", Tone Brulin e Jan Christiaens comentam: "Aquilo que estes jovens atores fazem é a consequência de uma postura diante da vida e de uma consciência estética, e por outro lado de um treinamento de muitos meses, até mesmo de anos. O regime comunista maravilhou-nos pela sua política cultural que subvenciona generosamente este teatro, concretização direta das ideias de Craig, Meierhold e Artaud. Finalmente vimos estas teorias tornarem-se realidade, aquilo que parecia impossível aconteceu".

Temkine e aos comentários das novas "testemunhas", como Gignoux e Saint-Denis, Jean-Louis Barrault, que assumiu o encargo, continuaram os esforços para vencer as resistências das autoridades polonesas. Em junho de 1966, três anos depois do congresso de Varsóvia, Grotowski e seus atores apresentavam *O Príncipe Constante* em Paris.

Depois do congresso do ITI, fiquei em Varsóvia para regularizar o premente problema das minhas dívidas. O tipo de vida que tinha levado naquele período – viajar, convidar pessoas, "alugar" um ônibus, rodar de táxi – era insustentável com a minha bolsa de estudo. Vendi tudo o que era possível vender: minha trompa que tinha conhecido o conservatório Chopin, jeans ou camisas de nylon (objetos raros na Polônia de então). Meus amigos poloneses emprestaram-me quantias consideráveis e esperaram pacientemente que eu as devolvesse.

Eu estava com um estado de espírito muito particular; de um lado, a euforia da vitória apenas conquistada, a alegria de ver o entusiasmo de tantas pessoas importantes pelo 13 Rzędów. Do outro, a sensação de uma queda, uma desorientação e a incapacidade de ver ao longe. Minha bolsa de estudo tinha acabado e com ela vencia meu visto de permanência. Eu tinha que deixar a Polônia até o final de junho. Não tinha concluído meus estudos, não tinha a menor experiência como diretor, tinha passado dois anos e meio numa cadeira a observar o trabalho dos outros ou a agitar-me como um moinho de preces tibetanas cujos mantras eram as teorias do Grotowski.

Depois da turnê em Łódż, o Teatr-Laboratorium 13 Rzędów voltou para Opole. Eu também fui pra lá para despedir-me dos atores, de Flaszen e de Grotowski. A tristeza que me invadia tornou-se estupor. Grotowski não estava lá. Ninguém soube me dizer onde estava. Deixei a Polônia sem vê-lo.

Eu tinha contado para Judy Jones, a secretária do ITI que tinha me ajudado no congresso, do meu desejo de voltar à Índia. Eu já tinha estado lá em 1956 por mar, mas agora queria chegar por terra. Ela tinha um pequeno Seicento Fiat, e também a vontade de fazer essa viagem. Decidimos ir com seu carro, não pensamos no fato de que eu não sabia dirigir, aprenderia durante a viagem: eram muitos os desertos a serem atravessados.

Voltei a Oslo para preparar a viagem. Judy me escreveu dizendo que era impossível ir com o seu Fiat; todos a tinham desaconselhado. Então tinha comprado um Land Rover de segunda mão e vendendo-o, na volta, não teríamos perdido quase nada. Convenci um amigo meu, Hans Jacob Mørdre, a vir conosco; era um arquiteto, interessava-se por filosofia indiana e também sabia dirigir. Marcamos um encontro em Istambul. Fui à Inglaterra, eu e Judy pusemos nossos poucos pertences e muitas latas de conservas no Land Rover, atravessamos o Canal da Mancha e fomos até Milão para receber o pagamento da *Sipario*. *A passage to India*: a estrada abria-se diante de mim, era uma longa avenida do centro de Milão.

Primeiro Flashback

Em Oslo, em 1955, eu não tinha nem vinte anos, veio parar em minhas mãos um livro de Romain Rolland intitulado *Ramakrishna*. Descobri que no século passado tinha nascido, em Bengala, um filho de camponeses que, sendo devoto de Khali, tinha se feito monge e tido uma série de iluminações. Ele foi o renovador da devoção religiosa num momento que, em Bengala, estava acontecendo um grande despertar filosófico, literário, político e social, que tinha ao centro a figura de Ram Mohum Roy e três gerações da família Tagore. O último, Rabindranath, o poeta que ganhou o prêmio Nobel em 1913, era uns vinte anos mais jovem do que Ramakrishna.

Ramakrishna tinha permanecido quase toda a sua vida num templo que ficava a poucos quilômetros de Calcutá e, além do hinduísmo, tinha experimentado outras formas religiosas. Escandalizou porque mesmo sendo sacerdote de Khali tinha praticado, por um certo tempo, a religião muçulmana. Num outro período tinha se deixado penetrar pela religião de Cristo. Dizia que as diversas religiões são como pessoas de diferentes línguas que tiram água de um rio: cada uma usa uma palavra diferente para indicar aquilo que possui no seu recipiente; os recipientes também diferem, mas a substância é a mesma.

Eu não saberia dizer o porquê, mas senti um desejo pungente de ir para Dakshineswar, onde, à beira do Ganges, havia o templo que uma rica viúva de casta baixa construiu para Ramakrishna. Eu desejava ardentemente botar o pé naqueles degraus que todas as manhãs

– contava Romain Rolland – Ramakrishna descia para chegar até o rio e cumprir suas abluções.

Eu não tinha dinheiro. Em 1955, ir à Índia parecia impossível. Ainda não pensava em teatro. A Índia, para mim, era estas religiões e filosofias que tanto tinham me fascinado.

Não desisti e consegui embarcar como maquinista num navio mercantil norueguês. Chamava-se Talabot e seu rumo era o Oriente. Passamos Suez, chegamos em Aden, prosseguimos por Colombo, Cochin, Madras, Chittagong. Depois Calcutá. Uma manhã, muito cedo, fui para Dakshineswar, e vi aqueles degraus. Apoiei o pé neles. Eu também os desci até a beira do rio. Nada mais.

Depois voltei àquele trabalho sujo de gordura na ensurdecedora sala das máquinas do Talabot, e à náusea, durante o retorno, devido ao mar agitado pelas monções.

Em Busca de Teatro

Sete anos depois eu viajava novamente para a Índia num carro de segunda mão o qual não sabia dirigir. Desta vez queria aprender alguma coisa que fosse útil profissionalmente. Eu procurava o "teatro indiano". Em Nova Delhi, finalmente, poderia conhecê-lo.

Aconselharam-me a encontrar Ebrahim Alkazi na National School of Drama. Mas, para minha surpresa, eu ouvia dele as mesmas coisas que ensinavam na escola teatral de Varsóvia.

Alguém me disse: "Por que você não vai a Bombaim? O escritor Adi Marzban está lá e faz um teatro interessante". Mais outros dias de carro. Mas nem em Bombaim encontrei algo que não fossem as comédias retomadas da tradição inglesa e farsas populares.

Uma pessoa me sugeriu: "Por que você não vai ao sul? Ali sim é que existe qualquer coisa de verdadeiramente único!". Garantiu-me que o Kathakali não iria me desiludir. Esse homem era do Kerala.

E assim a Judy voltou à direção do Land Rover. Depois de atravessarmos a Índia inteira, chegamos em Kerala, em Cheruthuruthy, no Kathakali Kalamandalam.

Aquilo que vi no Kerala ficou gravado na minha memória pra sempre. As crianças eram admitidas na escola com uns nove ou dez anos. Começavam a treinar de madrugada, sozinhas, ainda tontas de sono, repetindo os passos da difícil maneira de caminhar do Kathakali. Eram gentis e curiosas. Tornaram-se minhas companheiras.

Mais ainda do que a beleza dos espetáculos, era a minha incapacidade de compreender que me surpreendia. Por que, como espectador europeu, eu ficava enfeitiçado por aqueles atores cuja história representada ou o sentido dela não conseguia entender nem a língua ou as convenções da recitação? O que é que me fazia seguir cada gesto, passo, dança ou diálogo de surdo-mudo desses atores? Era a técnica deles que me deixava imobilizado durante uma noite inteira, sentado no meio de um público que caía no sono ou se levantava em continuação para espreguiçar as pernas, comer ou beber?

Essas perguntas foram a verdadeira influência do Kathakali sobre mim. Durante anos e anos continuaram vivas, e depois reapareceram em outros contextos, guiando-me para uma tentativa de resposta que eu chamei de Antropologia Teatral.

No meio de dezembro, quando eu tinha voltado pra Roma, pra casa da minha mãe, descobri que pela quarta vez consecutiva as autoridades italianas tinham renovado a minha bolsa de estudo na Polônia. Mandei um telegrama pra Grotowski e fui correndo para Opole.

Hamlet sem Amigos

Tínhamos muitas coisas pra contar um para o outro. No meu quarto ou no restaurante da estação, Grotowski me colocou a par de tudo aquilo que tinha acontecido durante a minha ausência. Zbigniew Cynkutis, o ator que tinha sido o Kordian e depois o Faust, tinha deixado o teatro e dois novos atores tinham sido contratados. A situação não tinha melhorado, as pressões políticas, ao contrário, tinham se tornado insuportáveis e, além disso, a elas tinha se somado a falta de dinheiro, porque as subvenções tinham sido cortadas. Explicou-me a que ponto estava com os ensaios do novo espetáculo *Studium o Hamlecie* (Estudo sobre Hamlet), por quais razões tinha escolhido este texto, o que tinha feito para extrair dele o arquétipo e sobre o que se baseava a dialética de apoteose e derrisão. Eu descrevi a ele a minha viagem, os espetáculos que tinha visto, contei do Kathakali e das cerimônias religiosas que tinha assistido no Irã, no Paquistão e na Índia. Tinha começado a escrever minhas observações sobre o Kathakali e adaptado alguns "exercícios" para o treinamento dos atores do Teatr-Laboratorium. Eu tinha tirado uma série de fotografias com as crianças do Kathakali. Com certeza o fascínio deles era mais eloquente do que eu contava.

Grotowski dividia seu tempo entre os encontros com as autoridades, em Opole ou em Varsóvia, e os ensaios de *Studium o Hamlecie*, baseado no texto de Shakespeare e no ensaio crítico de Stanisław Wyspiański. Zygmunt Molik era o protagonista. Quando cheguei, o processo de trabalho já tinha sido encaminhado. Era possível intuir a estrutura dramatúrgica, a concepção do diretor e o trabalho dos atores.

76   A TERRA DE CINZAS E DIAMANTES

Sentei-me na minha cadeira de sempre, fiel ao meu dever de assistente-observador. Quando no meio de março o espetáculo foi apresentado publicamente, escrevi um artigo que nunca foi publicado, porque logo depois *Studium o Hamlecie* saiu do repertório. Como testemunho de um espetáculo que frequentemente é ignorado na trajetória artística de Grotowski, reproduzo este texto aqui por inteiro:

HAMLET NO TEATR-LABORATORIUM 13 RZĘDÓW (1964)

Quem é Hamlet? Um psicopata? Um cínico? Um intelectual medíocre? Um ingênuo? Ou uma espécie de Arturo Ui que aterroriza a corte? Talvez seja possuído por teorias éticas absolutas. Talvez seja o único que recusa o pragmatismo moral da sobrevivência cotidiana. Parece ter complexos freudianos e não consegue integrar-se. Mas é solitário por vocação ou por acaso? É capaz de agir ou simplesmente faz de conta? Parece enganar a si mesmo, mas possui igualmente a capacidade de enganar os outros. É levado por um impulso de autodestruição? Interpreta um papel para esconder o seu vazio? É tomado pela vingança? Ou é deslumbrado pelo próprio raciocínio?

Hamlet é sozinho, se isola, é isolado. Qualquer tentativa de contato fracassa. O simples fato de existir o condena a ser marginalizado. Mas como definir sua solidão, como confrontar seu isolamento na comunidade que o circunda? Que significado dar ao seu distanciamento de *outsider*? E quem são os *insiders*?

Hamlet é o "judeu", os outros são os *goim**. Ele é diferente, os outros normais. Ele raciocina, os outros vivem. Ele faz tentativas prudentes, os outros agem sem titubear. Ele desejaria, os outros podem. Entre o judeu e o grupo não existe nenhuma possibilidade de contato, nenhuma tolerância. Consideram-se reciprocamente um perigo. Hamlet é o "judeu" de uma comunidade, qualquer que seja o sentido dado a esta palavra: "judeu" ideológico, religioso, social, estético, moral, sexual. É diferente, logo, um risco. Cada grupo deve ter o seu "judeu", como necessidade para a sua autodefinição, para reforçar a consciência do próprio valor, para a higiene das próprias convicções.

Studium o Hamlecie é o título do último espetáculo dirigido por Jerzy Grotowski no seu Teatr-Laboratorium de Opole. Os textos de Shakespeare misturam-se com os comentários de Stanisław Wyspiański, o grande dramaturgo, poeta, diretor teatral e pintor do simbolismo polonês. Wyspiański, no seu livro que dá título ao espetáculo, chegava

---

*. *Goim*: plural de *goi*. Termo hebraico, que passou para o ídiche. Indica o não judeu. Por vezes pode ter um sentido depreciativo. (N. da E.)

à conclusão de que era impossível representar a história do príncipe dinamarquês por causa das múltiplas interpretações possíveis e, sobretudo, pela transformação radical que sofreria quando adaptado à história e aos costumes do país "atravessado pelo Vístula".

Grotowski retoma essa dupla afirmação fazendo dela o eixo em torno do qual o espetáculo se desenvolve. A impossibilidade de recitar *Hamlet* oferece a ocasião de desmascarar o comportamento de uma coletividade. Esta impossibilidade, porém, não depende da pluridimensionalidade interpretativa do drama, mas do sentimento de impotência inerente ao próprio caráter nacional. Este mesmo tema da "impotência nacional" tinha sido tratado, na literatura, por Wyspiański, *Wesele* (As Núpcias), por Gombrowicz, *Ferdydurke*, e por Mrożek, *Indyk* (O Peru). Assim, todas as peripécias do príncipe dinamarquês acontecem no país "atravessado pelo Vístula". "A ação se desenrola na Polônia, ou seja, em lugar nenhum". Os personagens são os camponeses de um rei Ubu invisível, mas encarnado em cada um deles. Hamlet tornou-se um drama rural, e o protagonista é o judeu da aldeia.

E cá estamos nós na taverna. Todos bebem e cantam em coro uma canção de bêbados. Às vezes os camponeses se esforçam para recitar o texto, esboçam cenas, mas depois dão pra trás dizendo que é impossível representá-lo. Recaem no próprio comportamento vital de base: beber e fornicar. Mesquinhos e brutais, estão sempre em grupo, prontos para devorarem-se uns aos outros. Os "prazeres elementares da vida", o álcool que dá o *enthousiasmos* e o amor *kalagathon* não são nada mais que um excesso contínuo para esses trogloditas. Hamlet assiste a orgia permanente deles, dissertando sobre o homem e a natureza. Tenta juntar-se a eles, aproximar-se de uma mulher, cantar em coro, em vão.

O rei precisa de soldados. Os astutos camponeses alistam o "judeu" deles no exército. Sempre raciocinando e projetando vingar a morte do pai, Hamlet/Ahasverus, é posto em coluna e marcha para a batalha. "Isaac Babel na Brigada de Cavalaria" poderia ser o título das suas peregrinações bélicas: o judeu de Odessa entre os cossacos especialistas de *pogrom**. Os verdadeiros guerreiros ridicularizam o intelectual pelos seus óculos, por sua falta de habilidade em cavalgar, por sua sensibilidade que o impede de dar o golpe de misericórdia num camarada agonizante e abreviar os seus sofrimentos.

Hamlet é adestrado, humilhado, forjado. Depois, por sua vez, adestra, humilha, forja. Chega o momento da ação. O sadismo, o ódio e a ameaça tomam conta da sala. Os soldados-camponeses partem pra cima dos inimigos imaginários com violência. O cheiro acre

---

*. *Pogrom*: termo russo. Movimento popular de violência contra os judeus. (N. da E.)

78 A TERRA DE CINZAS E DIAMANTES

do suor mistura-se com os gritos selvagens dos trucidadores e com os estertores dos agonizantes, corpos rolam pelo chão, levantam-se novamente para cair uma outra vez, contorcer-se, atormentar-se: estupro e tortura, crueldade e bestialidade revelam a cara do *homo miles*. Hamlet refugia-se num monólogo interminável: ser ou não ser? Assiste, distante testemunha, ao confronto onde cada ator enfrenta um adversário imaginário (escondido no seu subconsciente?) com uma veemência tão feroz que não poupa nem o próprio corpo. Quer ficar fora, não ceder à loucura coletiva. Os outros o agarram, o obrigam a torturar, a "agir", a participar da brutalidade e do desprezo que une a coletividade. A marcha recomeça, a "brigada de cavalaria" avança à procura de outras empreitadas.

Depois do batismo de fogo, Hamlet retorna à aldeia. Os camponeses estão lá, idênticos aos soldados que ele acabou de deixar. Bebem, cantam, fazem amor. Nenhum deles o reconhece, só um cachorro lhe dá as boas-vindas. O encontro com sua mãe termina com o assassinato de um camponês, Polônio. Arrastando o seu cadáver, Hamlet se refugia no banheiro público. Reunidos na sauna, os camponeses se batem e se contorcem como um monstro nojento ao qual a nudez dos atores oferece uma fisiologia bestial. Seus jogos eróticos são a imagem da desespiritualização do homem, da sua animalidade. Só Hamlet, completamente vestido, lava-se com uma meticulosidade sem par. A tragédia acontece como um relâmpago. O cadáver de Polônio é descoberto, Ofélia morre durante um jogo erótico. Estupor e terror dos camponeses diante do mistério da morte. A nudez deles torna-se o próprio símbolo da condição e da angústia do homem diante do limite extremo. As mesmas pessoas que se comportavam como animais no cio reencontram uma humanidade feita de orações e lamentações, de invocações e fervor religioso. Onde se esconde o verdadeiro perfil do homem? Qual é a sua verdade? Alguns momentos antes eram seres possuídos por instintos que observávamos com vergonha e desgosto.

Mais uma vez o rei chama, mais uma vez a guerra reclama. Hamlet reencontra a sua "armada de cavalaria", que a consciência da morte iminente abraça com uma auréola de nobreza. Eis que avançam os batalhões, impassíveis, contidos, transfigurados, na direção da tumba da História:

> Mãe de Deus, Virgem
> Bendita Maria
> Kyrie Eleyson

Esta litania religiosa, com a qual os guerreiros poloneses tinham invocado a proteção divina diante dos cavalheiros teutônicos em Grünwald e dos turcos em Viena, acompanha a marcha dos camponeses-soldados em direção ao campo de batalha.

HAMLET SEM AMIGOS

O rei é o coveiro. As tropas desfilam, ele reconhece seus soldados, mas fala deles no passado, já são cadáveres. Diante da ação que os chama, estes homens não hesitam, não argumentam: o raciocínio faz do homem um ser fraco. Agem e pagam com a morte a própria ação, o próprio impulso a ser. E Hamlet?

Recita monólogos, porque a crueldade e o horror da guerra oferecem muitos estímulos à sua matéria cerebral. Quer transmitir sua mensagem racional e humanista às falanges que marcham. Elas cospem na cara dele. "É preciso salvar", ele grita, jogando-se aos pés deles para detê-los. Pisam nele. Ele grita, invoca, esconjura, chora, coloca questões enquanto os batalhões

> Mãe de Deus, Virgem
> Bendita Maria
> Kyrie Eleyson

atacam indo em direção ao próprio destino de grandeza. Sua razão quer sufocar o mito que dá vida a essas pessoas. Quer despi-los dos impulsos que lhes são próprios, da vontade que eles têm de subordinar-se, de dar-se e de agir desta maneira.

Hamlet tem razão: tal morte é insensata, a guerra é uma barbaridade, é o eclipse de qualquer valor e dignidade. Hamlet não tem razão: não é possível discutir quando a única saída é a ação. O campo de batalha está coberto de mortos. Os soldados-camponeses preferiram ser cadáveres do que viver como cadáveres. Hamlet, após seus esforços para deter a hecatombe, se isola. Com voz infantil, põe-se a cantarolar uma canção ídiche. Geme como uma criança: lamenta sua incapacidade de salvar os outros ou seu pavor de marchar com eles? Uma canção de bêbados eleva-se dos cadáveres como que para zombar dele. O rei-coveiro ajoelha-se entre os corpos dos seus soldados e entoa o Kyrie Eleyson. Apagam-se as luzes sobre o drama de Hamlet, e o país "atravessado pelo Vístula" volta às trevas.

Imaginemos uma chaga em putrefação, fétida e purulenta, escondida por uma cândida atadura. De repente a atadura se rasga, a casca é arrancada, a dor se mistura com o desgosto do pus e do sangue. Assim é o *Studium o Hamlecie* de Grotowski. Ele rasgou a faixa que enfeita e regula a higiene da nossa consciência e pôs a nu o Eros e o Thanatos ,enraizados no subconsciente do indivíduo e na imaginação coletiva. Uma dissecação terrificante, horrível, que fede a suor, sangue e esperma, visão sem piedade do indivíduo e do grupo levados pelas pulsões do instinto. É uma transfiguração da essência shakespeariana. A violência, a paixão e a mesquinharia do homem nos são reveladas por trechos e visões que fazem apelo à nossa memória coletiva.

A recitação dos atores é uma chantagem; não é uma maneira de ser cotidiana, mas uma fisiologia dos estados extraordinários: clímax sexual,

80 A TERRA DE CINZAS E DIAMANTES

agon, tortura, estupro. Gritos inarticulados e vozes roucas aberrantes jorram, com controle e liberdade, de uma psicotécnica que permeia todos os elementos na composição de cada ator. A recitação deles não convence: aterroriza, devasta, sacode brutalmente o indefeso espectador. A nudez e o suor, as caras contorcidas e a convulsão dos corpos nos lembram uma realidade tão próxima, tão inerente a nós mesmos. Um único indício de luz: na última cena, a violência e a bestialidade dos camponeses-soldados sublimam-se numa incandescente força espiritual. Hamlet continua a vomitar reflexões sobre a necessidade da ação, diz que quer ficar ao lado dos camponeses, compartilhar a impotência deles e não sobreviver a eles. Como sentir-se vítima se os carrascos não estão mais ali? Mas sua forma de impotência consiste na incapacidade de sentir, viver e morrer com os outros. Porque não pode e porque os outros não querem.

Entre essas duas atitudes, o espectador mergulha numa terceira forma de impotência: aquela míope e pragmática dos humanistas, que se recusam a reconhecer o que os camponeses do rei Ubu e do Hamlet-judeu desmascararam: o *miles*, o soldado, adormecido em cada um de nós.

Studium o Hamlecie, tão transbordante de excessos de ator e de fulgurações de direção, de revolta existencial e de dissidências políticas, parece conter os germes dos diversos aspectos do futuro teatro europeu. Mas em março de 1964, essa erupção era um tapa na cara de todos, amigos e inimigos; fugia à compreensão e à sensibilidade dos defensores do Teatr-Laboratorium 13 Rzędów e balançava os critérios e as normas do socialismo polonês. Reapareciam, levados ao extremo limite, os temas dos espetáculos anteriores de Grotowski, todos de subtexto explicitamente político e ligados à história da Polônia: o intelectual que gostaria de agir (*Dziady* e *Kordian*), que se opõe a uma vontade mais potente (*Dr Faustous*), a coletividade que enlouquece contra o *outsider* que permanece leal aos seus próprios princípios. São temas que reaparecerão em *O Príncipe Constante*, onde a intensidade da negação de uma sociedade e dos seus valores será encarnada de maneira surpreendente pelos atores, sobretudo por Ryszard Cieślak.

É bastante compreensível que as autoridades polonesas ficassem irritadas. Até mesmo os aliados do teatro levantaram objeções alegando argumentos estéticos, técnicos ou dramatúrgicos, confrontando de maneira desfavorável o *Studium o Hamlecie* com *Akropolis* ou *Dr Faustous*. Eu amei esse espetáculo como um tio é capaz de amar um sobrinho que nasceu morto. Eu não tinha estado presente no período de gestação, e quando veio à luz eu reagi desorientado diante de tanta violência. Faltavam-me os momentos de comoção, de ferida pessoal. E, no entanto, ainda hoje, pedaços daquelas cenas e fragmentos daquelas canções habitam minha memória e me visitam na sala de trabalho do Odin.

HAMLET SEM AMIGOS 81

Até mesmo em Grotowski esse espetáculo tinha que despertar reações opostas. Hoje ele afirma que foi uma etapa fundamental do seu método para chegar ao "ato total" do ator, assim como o encarnou Ryszard Cieślak no papel de príncipe constante. Mas acredito que naquele tempo, e nos anos imediatamente seguintes, Grotowski tenha considerado *Studium o Hamlecie* um espetáculo que não deu certo. Na última página do programa de *O Príncipe Constante*, de abril de 1965, há uma lista com os espetáculos mais importantes apresentados pelo Teatr-Laboratorium 13 Rzędów: *Caino* (1960), *Mistério Buffo* (1960), *Shakuntala* (1961), *Dziady* (1961), *Kordian* (1962), *Akropolis* (1963), *Dr Faustous* (1963). *Studium o Hamlecie*, o "judeu" da família, não é mencionado.

O jogo de gato e rato estava chegando ao fim. A situação não era mais aquela de um conflito ideológico ou estético, ou então de uma incompreensão da parte do ambiente teatral ou dos críticos. Estávamos praticamente em estado de sítio com a premente ameaça das autoridades de fechar o Teatr-Laboratorium 13 Rzędów. Mais uma vez era preciso demonstrar que tal decisão teria sido um erro, e que teria comportado lamentáveis repercussões no exterior. Era preciso agir com nossos contatos estrangeiros, criar outros novos e assim consolidar a imagem pública do valor e da influência do Grotowski.

Passei dias e noites trabalhando. O resultado foi um opúsculo de umas cinquenta páginas, com o presunçoso título: *Le théâtre-laboratoire "13 Rzędów" d'Opole ou le théâtre comme auto-pénétration collective*. Continha dois longos artigos meus assinados e uma outra dezena, sempre meus, não assinados; e ainda textos de Ludwik Flaszen, Raymonde Temkine, Kristin Olsoni e Roland Grünberg que somavam-se aos trechos dos artigos dos delegados que tinham visto o *Dr Faustous* em Łódż. Retomei a laboriosa caça ao dinheiro. Até mesmo esse livrinho podia ser impresso e fugir ao controle da censura graças aos amigos e às gorjetas. Lembro-me particularmente de uma manhã ,bem cedo, em Cracóvia, em que Tadeusz Jackowski, um artista gráfico amigo meu, bateu à porta do quarto do meu hotel para emprestar-me o dinheiro que ainda precisava[1].

Enchi minha mala de opúsculos e fui a Paris para uma visita-relâmpago.

No meio tempo, o Ministério da Cultura polonês decidiu mandar para Opole uma comissão que julgasse a atividade do Teatr-Laboratorium 13 Rzędów e decidisse seu futuro. Bohdan Korzeniewski e Zbigniew Raszewski, o diretor da revista *Pamiętnik Teatralny*, entre outros, faziam parte da comissão. Eu me pergunto o que terão pensado vendo *Studio*

---

1. Em 1967, Tadeusz Jackowski veio para Holstebro, onde o Odin Teatret tinha organizado uma exposição dos seus trabalhos no Museu de Arte. Naquela ocasião fez o cartaz de *Kaspariana*, nosso segundo espetáculo, e a capa de um livro que a editora do nosso teatro estava publicando: *Em Busca de um Teatro Pobre*.

82 A TERRA DE CINZAS E DIAMANTES

o Hamlecie, no qual o protagonista é um intelectual que fala um polonês com acentos de judeu e que se move no meio de camponeses que cospem em cima dele cantando canções patrióticas da Armia Krajowa[2]. Raszewski, que tinha pertencido à Armia Krajowa, com certeza estava transtornado.

Mas na comissão havia também muitos amigos de Grotowski, e até mesmo Korzeniewski não deu pra trás quando teve que defendê-lo. O Ministério da Cultura foi informado de que o teatro de Opole possuía grandes qualidades e que merecia ser subsidiado.

E assim afastou-se, por um momento, a ameaça do fechamento do teatro[3].

2. A Armia Krajowa (Exército Nacional) era o movimento de resistência contra os alemães comandado pelo governo polonês que estava em exílio em Londres. Existia também um outro movimento de resistência, o Armia Ludowa (Exército Popular), comandado pelos comunistas, que depois da guerra tomou o poder graças à presença do exército soviético na Polônia. *Cinzas e Diamantes*, o filme de Wajda que eu tinha visto em 1959 em Oslo, tratava exatamente da guerra civil entre os componentes desses dois movimentos.

3. Bohdan Korzeniewski, em *Sława i Infamia* (Fama e Infâmia) – Cracóvia: Widawnictwo Literackie, 1989 –, numa densa entrevista de mais de trezentas páginas que Małgorzata Szejnert lhe fez, cita Grotowski uma única vez (p. 201): "Queriam livrar-se de Grotowski, não me lembro se completamente ou só mandando-o embora de Opole. Então ele telefonou para a *Pamiętnik Teatralny*, que tinha sempre estado ao seu lado – em 1964 Raszewski já tinha até publicado um artigo sobre o Teatr 13 Rzędów. Grotowski telefonou dizendo que uma comissão do Ministério da Cultura polonês estava indo para Opole e que ele esperava o pior. Tivemos problemas para receber as diárias, mas no final Rusinek ordenou que elas nos fossem dadas. Peguei o carro e levei Raszewski, Timoszewicz, Wysiński. Chegamos em tempo para o debate. Chegaram também Konstanty Puzyna e outras pessoas que se propunham a defender o teatro. Jerzy Jasieński, diretor dos Negócios Teatrais do Ministério da Cultura, chefiava a comissão ministerial. Grotowski defendeu-se de maneira desastrada, estava se afundando. Pedi que fosse feita uma pausa e procurei o representante do partido comunista da região. Disse-lhe que naquela sala estavam acontecendo coisas imensamente importantes. Opole, quando era alemã, era realmente uma cidade de província perdida nos confins da nação, um lugar sem uma cultura própria. Mas agora possuía um teatro que tinha conquistado uma ressonância internacional. A perda deste teatro, o desaparecimento desta polonização evidente, teria sido um grande erro político. Deste modo Grotowski ganhou um pouco de tempo e, mais tarde, o sensato e independente presidente de Wrocław, o professor Iwaszkiewicz, convidou-o para a sua cidade junto do seu *ensemble*. Sim, ajudei Grotowski, que eu admirava, mas a mim pessoalmente não interessavam os experimentos que não pertencessem ao teatro tradicional. Perguntei a Grotowski: 'Tudo bem, *Pan*, desta vez você conseguiu, mas o que o *Pan* fará daqui a sete anos?'. Maravilhou-se: 'Por que sete?'. 'Porque todos os teatros com ideias novas – respondi – tem a vida de um cachorro. Um cachorro de raça, um pequinês. Vivem pouco. Depois transformam-se na caricatura de si mesmos'". A história de Korzeniewski é interessante por várias razões. Mostra como só em 1964 uma revista amiga como a *Pamiętnik Teatralny* publicou materiais sobre Grotowski; como o destino do Teatr-Laboratorium 13 Rzędów foi decidido na base de argumentos políticos; e também como a reconstrução do passado é profundamente subjetiva. Efetivamente, Grotowski dá a Konstanty Puzyna o papel de "salvador" do seu teatro. Ver nota 10, carta 6, p. 135.

Persona non Grata

Ainda assim a situação continuava grave. Recém-chegado de Paris, eu tinha seguido o trabalho da comissão à distância. Era necessário partir novamente, conseguir o impossível no exterior: convites ou manifestações de pessoas influentes. Poderiam ser importantes, sobretudo, as reações dos intelectuais comunistas, particularmente dos italianos, que gozavam de grande prestígio. Assim, suas favoráveis opiniões poderiam ser usadas contra os "duros" poloneses. Também incluí a Escandinávia nessa viagem.

Mas estava começando a ficar difícil publicar outros artigos sobre Grotowski. Procurei novas soluções. Em Copenhague apresentei-me à revista *Vindrosen* e propus um número dedicado inteiramente à cultura polonesa. Um dos seus diretores, Jess Ørnsbo, famoso poeta de vanguarda, conhecia bem o polonês e era um especialista de Witkacy. Foi fácil concordar sobre a qualidade da vida artística polonesa, mas diante da minha proposta de dedicar-lhe um número da revista, e ainda mais com a colaboração da revista norueguesa *Vinduet* e da sueca *Bonniers Litterära Magasin*, Jess Ørnsbo começou a rir e considerou-me pior que ingênuo. Cada uma destas revistas – explicou-me – queria distinguir-se das outras e nunca teriam confraternizado em nome da cultura polonesa.

Pediu-me algumas notícias sobre mim. Comecei a falar sobre Grotowski, suas teorias, seus espetáculos. Eu tinha até escrito um livro, e levava comigo o texto datilografado em francês: *Le théâtre psico-dynamique* (que em italiano foi chamado *Em Busca de um*

84 A TERRA DE CINZAS E DIAMANTES

Teatro Perdido[1]). Pediu-me o texto emprestado, ele o teria mandado de volta pra mim dois dias depois, para Oslo. Inseguro, entreguei-lhe minha única cópia. Em Oslo, recebi o texto datilografado junto com uma carta de Jess Ørnsbo, que me pedia a permissão para publicar alguns dos seus fragmentos no próximo número da *Vindrosen*. O texto foi publicado, com oito páginas de fotos. O impacto na Dinamarca foi forte, tanto que alguns artistas e estudiosos de teatro ficaram tão impressionados que tornaram-se defensores imediatos do Odin Teatret quando o grupo transferiu-se para Holstebro em 1966.

Como de costume, eu tinha perguntado a Jess Ørnsbo quem, segundo ele, poderia estar interessado neste tipo de teatro. Ele me deu alguns nomes, um desses era o de Christian Ludvigsen, um jovem estudioso de teatro que tinha traduzido Ionesco e Beckett em dinamarquês e que tinha sido um dos fundadores do Fiolteatret, um teatrinho que apresentava textos de autores "experimentais" dinamarqueses e estrangeiros. Foi assim que conheci Christian Ludvigsen e sua mulher Silvia, também estudiosa de teatro, que me acolheram em sua casa e que depois tiveram uma grande importância em minha vida[2].

Para poder voltar à Polônia, eu precisava de um visto: uma pura formalidade já que eu tinha uma bolsa de estudo. Foi um choque quando o Consulado polonês de Oslo negou-me o visto, alegando como motivo que eu era *persona non grata*. Não me deram nenhuma outra explicação. Eu não conseguia entender. Completamente atordoado, escrevi para Grotowski contando o que tinha acontecido. De repente, e sem que eu esperasse, de um dia pro outro, meu profundo e cotidiano contato com Grotowski e com seu teatro tinha sido interrompido. Tudo aquilo que eu possuía tinha ficado em Opole: livros, discos, anotações de trabalho, roupas.

1. As mudanças do título espelham o flutuar daquilo que, para mim e para Grotowski, era essencial focalizar no Novo Testamento do Teatro. Primeiro ele foi chamado *O Teatro Psicodinâmico*, para indicar o efeito dilacerante que tinha sobre a psique do espectador (eram ressaltados, sobretudo, o arquétipo e a dialética de apoteose e derrisão). Em seguida, *Em Busca de um Teatro Perdido*, alusão ao teatro como um ritual, como uma cerimônia que comprometia uma comunidade e que era vital para a sua vida espiritual.

2. Depois da minha visita, continuamos com o contato epistolar. Christian tinha ido ensinar na Universidade de Århus, no Instituto de Dramaturgia, onde já ensinava Tage Hind, também interessado em Grotowski e, em seguida, no Odin Teatret. Quando comecei a publicar a revista *Teatrets Teori og Teknikk* em Oslo, em 1965, Christian fez uma crítica sobre ela e, em novembro do mesmo ano, organizou uma turnê pela Dinamarca de *Ornitofilene*, o primeiro espetáculo do Odin Teatret. Quando o Odin Teatret transferiu-se para a Dinamarca, para Holstebro, ele fez de tudo para nos ajudar, seja entrando em contato com o Ministério da Cultura dinamarquês seja também com autores conhecidos. Foi por mérito dele que Ole Sarvig e Peter Seberg escreveram textos para o nosso teatro. Christian foi conselheiro literário e membro do conselho de administração do Odin Teatret durante mais de vinte anos.

Eu estava na Noruega com uma passagem de trem para a Polônia que não servia mais pra nada, com dinheiro suficiente para alguns dias e com a metade da mala cheia de opúsculos sobre o teatro como auto-penetração coletiva. Era o final de abril de 1964, ainda havia neve nas ruas de Oslo. Eu as percorria prostrado, mas ao mesmo tempo invadido pela doçura do regresso à cidade que tinha deixado quatro anos antes e que considerava a minha casa.

Segundo Flashback

São muitos os países que admirei, que me fascinaram, onde poderia ter vivido. Mas deles só dois eu amei, abandonando-me a este amor como só é possível quando se é tomado pela paixão: a Noruega e a Polônia.

Foi Knut Hamsun quem decidiu pela minha vida. Com dezessete anos, em 1954, depois de ter acabado o segundo grau na escola militar de Nápoles, eu tinha ido de carona para Copenhague e, em seguida, para Estocolmo. Trabalhava lavando pratos, recolhendo jornais velhos ou ajudando os camponeses no campo. Numa fazenda fora de Estocolmo li *Sob a Estrela de Outono*, um comovente romance de Hamsun sobre o vagabundo August. As descrições do norte da Noruega encheram-me de desejos desconhecidos. Em vez de voltar para a Itália e estudar na Faculdade, dirigi-me para o norte, para Kiruna, na Lapônia, para trabalhar numa mina de carvão. Não fiquei muito tempo lá, a polícia descobriu logo que eu não tinha a permissão para trabalhar e escoltou-me imediatamente até a fronteira, jogando-me do outro lado, na Noruega. Eu estava em Narvik, região onde vagueavam os vagabundos de Hamsun. Viajei dois mil quilômetros de carona em direção ao sul. Era final de outubro, a neve caía, e eu congelava em cima dos caminhões com minhas roupas de verão. Cheguei em Oslo no dia do meu aniversário. Eu fazia dezoito anos.

Consegui emprego como aprendiz numa oficina de latoeiro. Trabalhávamos todos os tipos de metal fino e construíamos canais de ventilação para grandes edifícios; pegávamos largas folhas de zinco e as transformávamos em calhas que montávamos nas cornijas das casas; no

SEGUNDO *FLASHBACK*

verão e no inverno escalávamos os telhados para consertá-los, e quando tinha nevado muito, tirávamos com uma pá a neve que podia romper os tetos. Eigil Winnje, o dono da oficina, tinha participado da Resistência contra os alemães e tinha sido preso em Sachsenhausen. Ele me tratava como um filho. Ensinou-me, com indulgência e humor, a soldar.

Fridtjov Lehne tinha dez anos a mais do que eu. Ele também tinha estado na Resistência. De dia era jornalista no diário comunista *Friheten*, que não podia lhe pagar. Ganhava a vida como guarda noturno num asilo de velhos. Sua mulher, Sonja, esperava o primeiro filho deles. Acolheram-me e adotaram-me, dividindo comigo tudo aquilo que possuíam. Tornaram-se a minha família. Fridtjov me mostrou o que significa acreditar em uma ideia e estar pronto para pagar o seu preço.

Depois do trabalho eu ia à biblioteca ler os livros em italiano. Kalle Orstad, um pintor que de dia pintava e de noite trabalhava como bibliotecário, perguntou-me se eu queria posar como modelo, sendo pago, para um amigo dele. Aceitei. Eu estava guardando dinheiro para uma longa viagem de carona pelo Mediterrâneo. Depois eu iria voltar a Roma para estudar Direito.

Willi Midelfart era um pintor bastante conhecido. Tinha morado em Paris nos anos de 1920 e me falava de Salmon e de Mac Orlan, do guarda-fiscal Rousseau e de Gertrude Stein, de Max Jacob e das modelos que tinham se tornado artistas famosas, como Marie Laurencin ou Suzanne Valadon, a mãe de Utrillo. Nos anos trinta tinha se comprometido politicamente. Na Galeria Nacional de Oslo tinha um quadro seu que mostrava a polícia atacando os grevistas. Não tinha nada melhor do que ser modelo de Willi. Em seu espaçoso ateliê, com as paredes cobertas de livros e quadros, eu posava lendo, olhando fotos e reproduções, fazendo perguntas. Willi entrava em comunicação, explicava, esclarecia. Se Fridtjov contagiou-me com seu sonho de uma sociedade justa e sem pessoas exploradas, Willi transmitiu-me seu prazer pelo supérfluo necessário – a arte. Graças a ele, em nome de Ramakrishna, embarquei no Talabot, o barco que me levou para a Índia.

Talabot, por sua vez, me fez descobrir o caráter concreto dos princípios filosóficos de Marx e de Heráclito: a luta de classes e a *enantiodromia**, a corrida dos contrários. Os portos eram diferentes de como eu os tinha imaginado, podia até acontecer que os negros fedessem e que os cristãos vivessem santamente. Eu estava fazendo experiência da generosidade dos marinheiros e do racismo deles. Chega o dia em

---

*. *Enantiodromia*: Palavra grega composta por *enantio* (oposto) e *dromia* (corrida). Literalmente, significa "passar para o lado oposto, correndo em sentido contrário". Para Heráclito, filósofo da Antiga Grécia que utilizou a palavra pela primeira vez, os contrários não se eliminam nem se conciliam, mas permanecem ligados de forma indissolúvel em uma tensão contínua, em uma guerra que gera harmonia. Jung retomou o uso desta palavra ao descrever sua "teoria psíquica da compensação". (N. da T.)

que você é obrigado a se definir em relação aos outros: *dago*, "porco italiano". Aceitar que chamem e que tratem você assim ou então recusar? Algumas pequenas cicatrizes me lembram as divergências com os marinheiros mais exaltados.

Para ir das cabines, na popa, até o lugar onde trabalhávamos, tínhamos que escalar algumas das locomotivas destinadas à Índia. Um dia, um marinheiro escorregou e quebrou uma perna. O representante da equipagem pediu ao comandante que construísse uma passarela de madeira para que a passagem fosse mais segura. "O companheiro de vocês estava bêbado" – respondeu o comandante, e recusou. A equipagem inteira interrompeu o trabalho e declarou greve. Depois de uma hora, o comandante ordenou a construção da passarela.

Desembarquei em 1957. Eu pensava em voltar para a Itália e estudar Direito. Foi o Fridtjov que sugeriu que eu me matriculasse na Universidade de Oslo para cursar um semestre: "Assim você conhecerá um outro ambiente norueguês". Passei nas provas preliminares: filosofia, psicologia, lógica, linguística e latim. De dia eu trabalhava como soldador e de noite seguia os cursos da faculdade. Conheci um grupo formado por filhos e filhas de intelectuais que nos anos trinta tinham criado o *Mot Dag* (Em Direção ao Dia), um movimento de orientação marxista. Os filhos desses intelectuais, que tinham feito carreira no Estado social-democrata, perguntavam-se como rebelar-se contra os próprios pais sem se tornarem reacionários. Tornei-me muito popular entre eles, pois tinha vários requisitos favoráveis da minha parte: eu era um operário, e além do mais estrangeiro (naquele tempo não havia muitos em Oslo), muito mais de esquerda do que eles, e tinha o costume de oferecer flores às meninas.

Este grupo, chamado Husbygrenda por causa do bairro onde morava, era ativo no SOSTUD, Socialistisk Studentlag, a organização estudantil do partido socialdemocrata. Eu me distinguia pela minha fé na arte como instrumento de evolução dos operários. E conseguia, graças a Willi Midelfart, fazer com que ele e os seus amigos pintores me dessem ou emprestassem quadros, e preparava exposições nos refeitórios das fábricas (era o Fridtjov que me colocava em contato com os representantes dos sindicatos, quase todos comunistas).

Depois das provas preliminares, continuei com literatura francesa. Em seguida, passei quatro meses na Grécia e na Turquia viajando a pé ou de carona com Ole Daniel Bruun, um jovem pedreiro que queria se tornar arquiteto. Comecei a estudar literatura norueguesa e terminei em 1959. Faltava somente uma terceira matéria para que eu me formasse. Já tinha dificuldades em levar a sério minha intenção: "No próximo ano volto para a Itália e me torno um advogado".

Em todos esses anos passados na Noruega, muitas vezes me encontrei diante de um dilema: como me comportar? Como um italiano, e assim distinguir-me dos outros; ou cobrir com uma pátina nórdica a minha mediterrânea maneira de ser e de pensar? Eu tinha inventado, por exemplo, uma complicada encenação quando gostava de alguma menina. Para impressioná-la, eu não a convidava para o cinema ou dançar, mas para ir ao teatro. Eu comprava os bilhetes de galeria e, visto que os teatros estavam praticamente sempre vazios, a levava para a primeira fila da plateia. Fazia um grande efeito, e na saída a menina retribuía me convidando para jantar. Mas os espetáculos eram uma chateação terrível. Eu não conseguia entender porque o que um ator estava por fazer ou o modo como estava prestes a reagir ou pronunciar uma frase tinham que ser sempre tão previsíveis.

Eu já tinha tentado escrever alguns contos, mas em que língua? Norueguês? Italiano? Inspirado por Willi, comecei a pintar. Minhas ilusões de tornar-me um pintor esvaíram-se logo. Tentei me tornar um pianista, ia às aulas uma vez por semana, mas meus dedos de soldador eram rígidos como as varetas que os orientais usam para comer o arroz. Comprei uma trompa para desafogar minhas aspirações artísticas (a trompa que depois venderei para afrontar minhas dívidas na Polônia). Indo ao teatro, descobri que existe uma profissão, a de diretor, onde quem a exerce está sentado com um cigarro na mão, dá ordens para todo mundo e é considerado um artista. Era a solução para os meus problemas de identidade de emigrante. Eu poderia fazer tudo aquilo que queria e ser diferente, e todos teriam dito que eu era "original". Decidi estudar direção. Onde? Na Noruega não havia escolas para diretores teatrais.

Foi então que vi *Cinzas e Diamantes*, o filme de Andrzej Wajda. Como italiano, não podia pedir à Noruega uma bolsa de estudo para ir à Polônia, e eu já estava fora da Itália há seis anos. Eu tinha pedido à minha mãe para se informar em Roma, no Ministério do Exterior, e assim soube que estavam disponíveis bolsas de especialização para quem já tivesse se formado. Eu ainda não tinha me formado, mas consegui que me dessem, escritos em norueguês, os atestados dos meus exames; aleguei-os como prova da minha formatura e fiz o pedido de uma bolsa de estudo. Fiz as malas, coloquei dentro de uma delas a trompa que eu queria aprender a tocar no Conservatório Chopin em Varsóvia e parti para Israel, para passar duas semanas sob o sol. Esperei mais de seis meses, no final a notícia chegou: eu tinha conseguido a bolsa de estudo. Nos primeiros dias de janeiro de 1961 desembarquei na Polônia, na terra prometida, na terra de cinzas e diamantes.

Os Famintos de Teatro

Em abril de 1964, expulso da Polônia, eu estava de novo em Oslo, a Kristiania* de Knut Hamsun, onde ele tinha perambulado, morrendo de fome, com a intenção de se tornar um escritor. Eu não tinha dinheiro, mas mesmo assim tomei a decisão de trabalhar o menos possível. Cada hora tinha que ser consagrada ao meu objetivo de tornar-me um diretor. Deste modo, cada dia eu fazia experiência da generosidade dos meus amigos. Sonya e Fridtjov Lehne, a família comunista que tinha me adotado em 1954, Guri e Ole Daniel Bruun, o pedreiro que tinha se tornado um arquiteto, Erling Lægreid, colega da faculdade e jornalista principiante, o pintor Willi Midelfart, Knut Kristiansen, professor de sânscrito da faculdade, o escritor Jens Børneboe e Tone, sua mulher atriz, ajudaram-me, aceitando, sem perguntas, minha obsessão. A situação melhorou quando me casei com a Judy, a menina inglesa que eu tinha conhecido nos dias cruciais do ITI em Varsóvia e com quem tinha ido pra Índia. Ela trabalhava como secretária e mantinha a família.

Para ser tido em consideração eu precisava ter alguns atestados. Resolvi terminar a faculdade, faltavam poucas provas. Escolhi sânscrito e filosofia indiana, o sistema Samkhya. Um ano e meio depois eu me formava em história das religiões com uma tese sobre o sufismo.

Apresentei-me a todos os teatros de Oslo oferecendo-me como diretor. Mas eu não tinha nenhum diploma e o nome de Grotowski era totalmente desconhecido. Entrei em contato com atores que eu sabia

---

*. Kristiania: o antigo nome da atual cidade de Oslo. (N. da T.)

OS FAMINTOS DE TEATRO 91

não estarem contentes com a própria situação de trabalho, jovens, velhos, homens, mulheres. Propus-lhes que criássemos juntos um teatro
de arte e experimentação. Foram gentis, mas céticos. Eu tinha lido
que muitos dos reformadores do nosso século tinham trabalhado com
diletantes: Stanislávski, Meierhold, Brecht, Garcia Lorca. Era incrível
a quantidade de grupos amadores que existia em Oslo, mas nenhum
deles estava disposto a abandonar a gratificação e o prazer do diletante
em troca da disciplina do teatro "psicodinâmico" que eu apresentava.

Do que realmente eu precisava? Antes de mais nada, de atores.
Mas os "verdadeiros" atores não estavam interessados em trabalhar
comigo. Por isso eu tinha que procurar pessoas que estivessem nas
mesmas condições que a minhas: famintas de teatro e impossibilitadas
de saciar esta fome. Tinha umas cem pessoas como essas em Oslo: os
jovens recusados pela Escola Nacional de Teatro. Consegui os endereços deles, convoquei-os, fiz relampejar neles a perspectiva de serem
os escolhidos para a futura revolução artística. Criamos o Odin Teatret
no dia primeiro de outubro de 1964.

Eu também queria publicar uma revista que contivesse o "essencial" para um ator ou um diretor, aquilo que eu gostaria de ter lido,
evitando as frustrações e as horas perdidas com medíocres manuais.
Consegui convencer Tore Giljane, o diretor da revista de decoração
Bonytt, a fazer um suplemento dedicado ao teatro. Assim nasceu a *TTT*,
Teatrets Teori og Teknikk. Era outubro de 1965. Dois terços do primeiro
número eram dedicados a Grotowski.

Em fevereiro do mesmo ano tinha sido publicado na Itália o *Em
Busca de um Teatro Perdido*. Eu tinha começado a escrevê-lo em
1962 quando Ferenc Hont, diretor do Centro de Estudos Teatrais de
Budapeste, tinha visitado Grotowski em Opole e dito que estava disposto a publicar suas teorias. Sorrindo, ele tinha dito: "Evidentemente
aquilo que o senhor faz é formalismo, suas teorias são ideologicamente
condenáveis. Poderíamos publicá-las em uma coleção especial, dedicada exatamente a práticas teatrais reprováveis". A Hungria também
estava sob o regime comunista, mas lá não faltavam inteligências refi-
nadas. Assim, comecei a escrever em francês a descrição de tudo aquilo
que sabia e que tinha visto, e em abril de 1963 enviei para Budapeste
o texto datilografado, com o título *O Teatro Psicodinâmico*. Eu batia
à máquina continuamente, fazendo novas cópias para as pessoas que
vinham nos visitar ou que no exterior precisavam de informações mais
detalhadas para poder escrever sobre o teatro de Opole.

Giampiero Bozzolato era professor de italiano na Universidade de
Cracóvia. Tínhamos boas relações e nos víamos todas as vezes que eu
ia à sua cidade. Ele veio me visitar em Opole e leu meu *opus* psicodinâmico. Dirigia a coleção Sarmatica da editora Marsilio, de Pádua. Estava
disposto a publicar meu livro, se o traduzisse em italiano. Combinamos
que com meus direitos de autor a Marsilio convidaria Grotowski para ir

à Itália, organizando-lhe algumas conferências. Assim, matávamos três coelhos com uma cajadada só: publicava-se um livro sobre Grotowski; as autoridades polonesas teriam que reconhecer que ele era conhecido no exterior, dando-lhe então o passaporte para que fizesse as conferências; e ele teria difundido pessoalmente suas ideias.

Bozzolato pediu-me para mudar o título; *O Teatro Psicodinâmico* não teria feito vender muitos exemplares. Escolhi *Em Busca de um Teatro Perdido* que, além da associação proustiana, evocava a visão que guiava Grotowski naquele momento: o teatro como um ritual "laico".

Depois de muitos tormentos, a edição italiana saiu no mesmo período daquela "reprovável" húngara. Grotowski, junto com Ryszard Cieślak, foi convidado pela Marsilio para ir à Itália em maio de 1965. Fez conferências em Pádua, Milão e Roma. Sua visita, mal organizada, não foi um sucesso. Seu nome era praticamente desconhecido e ali não existia nenhuma Raymonde Temkine para fazer contatos, guiá-lo e criar uma ressonância no mundo artístico.

Enquanto isso, o Odin Teatret[1], que trabalhava na mais absoluta obscuridade, pensou que era hora de levar o Teatr-Laboratorium de Grotowski para Oslo. Estabelecemos uma colaboração com a Fylkingen, uma organização cultural sueca, e com o teatro estudantil da Universidade de Copenhague. O Ministério do Exterior norueguês deu uma pequena subvenção. Meus amigos noruegueses garantiram o resto do dinheiro.

Um problema quase insuperável foi encontrar o lugar certo: o espetáculo de Grotowski precisava de uma sala grande e vazia, que tivesse piso de madeira, e que pudesse ser completamente escurecida. Impossível fazer com que entendessem que servia para um espetáculo. Naquele tempo, quando se falava em teatro, todo mundo pensava num palco e numa plateia. No final, alugamos a sala da associação dos industriais noruegueses, ampla, suntuosa, e com um piso de madeira digno do "teatro pobre". Os componentes do Teatr-Laboratorium ficaram hospedados nas casas dos atores do Odin ou de amigos.

Em fevereiro de 1966, o Teatr-Laboratorium saía da Polônia pela primeira vez e levava um espetáculo seu para o exterior.

Há momentos de uma felicidade tão intensa que algumas pessoas têm até medo. Mas eu não tinha medo, sentia-me estonteado por *O Príncipe Constante*. Nunca um espetáculo tinha me transtornado tanto, fazendo-me voar e aterrisar no mesmo lugar de antes, mas totalmente diferente. Meus alicerces estavam de pernas para o ar, não conseguia entender o que tinha acontecido com aqueles atores que eu conhecia tão bem. Nos espetáculos do 13 Rzędów que eu tinha visto, Ryszard Cieślak era um ator secundário, os protagonistas foram sempre os

---

1. O Odin Teatret possuía então quatro atores, todos com menos de vinte anos: Anne Trine Grimnes, Else Marie Laukvik, Tor Sannum e Torgeir Wethal.

maravilhosos Zygmunt Molik (*Dziady, Kordian, Akropolis, Studium o Hamlecie*) e Zbigniew Cynkutis (*Kordian, Dr Faustous*). Agora eu via o Cieślak no papel do protagonista: um espírito e ao mesmo tempo um leão que dançavam sobre a ponta de uma agulha. Uma visão que marcou minha alma. Ainda hoje o meu sonho de diretor é que cada um dos meus atores tome posse de cada um dos seus espectadores do mesmo modo que Ryszard Cieślak fez comigo. Ryszard e eu nunca nos tornamos realmente amigos. Mas seu Príncipe Constante me acompanha e estará sempre ao meu lado até o final da minha vida.

A imprensa norueguesa, desconcertada, formulou as objeções que em seguida teriam acompanhado e alimentado a "lenda" grotovskiana: era possível usar a sua técnica num texto contemporâneo? Por que tão poucos espectadores? Por que tanto misticismo? Parecia uma paráfrase suavizada das críticas polonesas. Quatro meses depois, em junho, o Teatr-Laboratorium participou do Teatro das Nações, que era dirigido por Jean-Louis Barrault. Mais uma vez, Paris se prestava ao seu papel de caixa de ressonância; no decorrer de uns dez dias, entre perplexidade, estupor, rejeição e entusiasmo, foram reconhecidas as extraordinárias qualidades de Grotowski, dos atores e dos colaboradores do *ensemble* que ele soube criar.

Holstebro

Em junho de 1966 o Odin Teatret deixou Oslo e, com exceção de um ator, seus componentes transferiram-se para Holstebro, na Dinamarca, uma cidadezinha de dezoito mil habitantes na Jutlândia ocidental. A prefeitura tinha nos dado uma fazenda vazia fora da cidade e uma subvenção que correspondia a uns quinze mil dólares por ano. Em troca prometemos dar vida a um "teatro laboratório".

Depois de apenas um mês, em julho, nossa primeira iniciativa foi um seminário de quinze dias com Grotowski, Ryszard Cieślak e Stanisław Brzozowski, o ator principal do teatro de pantomima de Henryk Tomaszewski em Wrocław. Eram trinta os participantes, e vinham de toda a Escandinávia. Eu estava surpreso vendo atores famosos do Teatro Real de Copenhague ou de teatros estáveis de grandes cidades esforçarem-se em tarefas essencialmente "físicas". Tudo isso era completamente novo naquela época. Não só o treinamento, os exercícios físicos e vocais ou o trabalho que não começava da interpretação de um texto, mas também a própria ideia de organizar um seminário que não era uma mesa redonda ou um debate, porém uma situação prática que enfrentava o trabalho do ator sobre si mesmo.

Inauguramos, assim, uma tradição que durou até a metade dos anos de 1970. O Odin Teatret organizava dois seminários por ano: um de uma semana, na primavera, em torno de um tema específico (*Commedia dell'Arte*, a linguagem cênica, o escritor e o teatro de grupo, teatro indonesiano, teatro japonês); o outro, de duas a três semanas, em julho, sobre o treinamento. Em 1966, 1967, 1968 e 1969 Grotowski participou dos seminários junto com outros artistas. Em 1966, nós, do Odin Teatret, também ensinamos ali. Mas nos anos seguintes, nos dedicamos exclusivamente à organização. Para nós, os seminários eram uma possibilidade de conhecer o trabalho de artistas que nos interessavam e, ao mesmo tempo, uma maneira de ganhar algum dinheiro. Os componentes do Odin se encarregavam de todos os trabalhos práticos: administração, tradução, limpeza, cozinhar, lavar pratos, transporte. Assim, as despesas eram menores, e com a cota dos participantes pagávamos os artistas convidados e também separávamos um pouco de dinheiro. Além disso, promovíamos uma atividade que nenhuma outra instituição realizava naquele tempo na Dinamarca, justificando a nossa denominação de "laboratório".

Os seminários eram também ocasiões para reunir amigos e simpatizantes. Vieram Erik Veaux e Marc Fumaroli, especialista de retórica e de barroco, futuro professor do Collège de France e hoje um membro da Académie Française. Vieram o poeta dinamarquês Ole Sarvig, o designer Jakob Jensen, amigos noruegueses, suecos, poloneses. Os participantes ficavam em casas particulares, colocadas gratuitamente à disposição pelas famílias de Holstebro, ou numa escola agrária, em quartos com duas ou mais camas. Para a realização do seminário, usávamos o ginásio e as salas de aula de uma escola que a prefeitura tinha colocado à nossa disposição. Normalmente, Grotowski ficava no minúsculo apartamento da Else Marie Laukvik, uma das atrizes do Odin. Dizia-lhe sempre que seu quarto era cheio de aranhas que o mordiam enquanto dormia, fazendo com que ela se sentisse culpada. De noite, nos encontrávamos neste quartinho para discutir, ou então saíamos para nos distrair. Uma vez entramos no quarto onde o Fumaroli dormia, na escola agrária, e o acordamos gritando nos seus ouvidos: POLÍCIA! O Fumaroli, não acreditando, não conseguia voltar a si diante de mim e de Grotowski que morríamos de rir. Acabamos indo beber, todos os três, no quartinho das aranhas invisíveis.

Em 1967 o seminário durou três semanas. Junto com Grotowski, Cieślak e Brzozowski, convidamos Charles Marowitz, o diretor americano que tinha colaborado com Peter Brook na temporada do teatro da crueldade na Royal Shakespeare Company em 1963; convidamos também a crítica Renée Saurel e Ellen Stewart, La Mama, que apresentou um espetáculo.

Naquele ano eu tinha pensado em reunir os vários "métodos" teatrais surgidos nos países socialistas, e tinha convidado Helene Weigel, Barbara Schall, Ekkehard Schall (respectivamente a mulher, a filha e o genro de Bertold Brecht), Joachim Tenschert (*Dramaturg*) e Manfred Wekweerth (diretor) do Berliner Ensemble. Judy e Agnete Strøm, nossa administradora, tinham ido a Berlim Oriental para falar com Helene Weigel, que mostrou-se entusiasmada em voltar à Dinamarca, país que lembrava com prazer e para onde não ia há mais de vinte anos. Na Dinamarca tínhamos entrado em contato com Fredrik Martner, um jornalista socialdemocrata que nos anos trinta tinha sido amigo de Brecht, escrito um livro sobre ele e continuado a ter uma ótima relação com sua família. Martner tinha escrito para Helene Weigel em Berlim e nos dado uma carta de apresentação. Estávamos felicíssimos pelo projeto: ter os melhores nomes da tradição de Brecht e, ao mesmo tempo, Grotowski e Cieślak.

No início correu tudo bem. Depois, silêncio. Nenhuma resposta às nossas cartas normais, àquelas registradas ou aos telegramas. Telefonamos, mas Helene Weigel estava sempre ocupada. No final, Martner nos fez entender que eles não viriam. Helen Weigel tinha descoberto que o Odin Teatret não era uma instituição famosa, e além do mais estava numa província. Não teria estado à altura do Berliner Ensemble. Martner comentou: "Esta é a maneira de pensar que salvou Brecht, aprendam!". Aprendemos, mas não conseguimos fazer com que o Berliner Ensemble encontrasse o Teatr-Laboratorium.

Sem medo do balde de água fria do ano anterior, em 1968 pensamos num encontro entre Ingmar Bergman e Grotowski. Bergman respondeu-nos imediatamente com uma carta gentil e muito breve: estava ocupado. Mais tarde vim a saber que ele não estimava Grotowski[1].

Em 1968, além dos veteranos Grotowski, Cieślak e Brzozowski, estavam presentes Jolanda Rodio, uma cantora de ópera e pedagoga da voz, e Carlo, Alfredo e Romano Colombaioni, palhaços e atores que tinham participado do nosso seminário na primavera junto com Dario Fo e Franca Rame.

Os seminários de Holstebro eram, naquele tempo, um dos mais longos dirigidos por Grotowski. Como de costume, eram trinta os participantes, e naquele ano a maioria era composta por americanos. Eles transformaram o seminário num cantinho EUA e todos os dias exultavam as proezas do primeiro astronauta (americano) na lua, e contestavam a intransigência de Grotowski. Tiveram até discussões violentas. Grotowski prosseguia impassível, e eu tentava recompor os cacos quebrados.

Em 1969 Grotowski veio sem Cieślak[2]. Observou e comentou os espetáculos e o treinamento dos participantes, entre os quais encontravam-se inúmeros grupos teatrais completos.

Desde o início, Grotowski preferiu trabalhar ao final da tarde ou à noite. Já no seminário de 1966, os participantes trabalhavam com os outros artistas convidados de manhã e de tarde. A partir do final da tarde começava o turno de Cieślak e de Grotowski, que entravam na sala sem o relógio e sem saber quando terminariam. Às vezes também continuavam depois do jantar. Coisa que podia ser desagradável e até mesmo irritante para os outros artistas e participantes, que recomeçavam o trabalho no dia seguinte de manhã bem cedo. As portas eram fechadas à chave e ninguém mais podia entrar depois que o trabalho já tivesse

---

1. No entanto, participou do nosso seminário Donya Feuer, uma coreógrafa americana que se tornou uma íntima colaboradora de Bergman, tanto no teatro como no cinema.

2. Os outros convidados foram Joe Chaikin, ator/diretor e fundador do Open Theatre, e mais uma vez Jolanda Rodio.

começado. Grotowski falava em francês, no primeiro ano fui eu que o traduzi, nos anos sucessivos foi Ulf Ekeram, um pedagogo e diretor teatral sueco. Os comentários, as reflexões e os discursos de Grotowski podiam durar horas. Não era permitido tomar notas. As pessoas morriam de cansaço, algumas deitavam-se ou pegavam no sono, o que evidentemente irritava Grotowski.

Ele se apresentava como um concentrado de intolerância: uma figura toda vestida de preto, os olhos escondidos atrás dos óculos de sol, sentado a uma mesa que às vezes ficava no alto, em cima de um palco. Se alguém rebatia uma de suas afirmações (o que podia acontecer, com os atores famosos do teatro tradicional ou com os críticos ali presentes), ele rapidamente abria fogo sobre o pobre infeliz. Visto que o organizador era eu, todas as queixas e os desacordos desabavam sobre a minha cabeça. Alguns participantes até abandonaram o seminário dizendo-me, aos berros, que o tempo dos campos de concentração já tinha passado. Outros atacaram com raiva o Odin Teatret que, contrariamente à democrática tradição dinamarquesa, aceitava passivamente os caprichos de ditador de Grotowski – o qual ficava alojado sozinho e não se juntava aos outros artistas, mas apresentava-se fresco e bem disposto à tarde, pronto para se prodigalizar durante várias horas. Eu dava o melhor de mim para estar à altura de Grotowski, e recusei o acesso a uma jovem diretora francesa, Arianne Mnouchkine, que chegou em Holstebro quando o seminário já tinha começado.

Em 1966, além de fazer comentários e intervenções durante as sessões de treinamento conduzidas por Ryszard Cieślak, que ensinava os exercícios físicos e plásticos, Grotowski dirigiu uma improvisação com todos os participantes. Os protagonistas eram Torgeir Wethal, ator do Odin Teatret, e Marta Westin, diretora e atriz de um grupo sueco. Tratava-se de uma festa de casamento, nós todos éramos os convidados. Sentados ao redor de mesas, tínhamos que improvisar em voz baixa uma canção enquanto Torgeir e Marta seguiam as indicações que Grotowski sussurrava. Num determinado momento recebemos a ordem de apoiar a cabeça sobre a mesa e de *não olhar*, continuando, porém, a cantar. Grotowski trabalhou com Marta e Torgeir por um bom tempo. No final, quando saímos deste universo solitário e coletivo, vimos resplandecerem os rostos de Torgeir e de Marta como se a Graça os tivesse tocado.

Às vezes Grotowski trabalhava com um único participante diante da presença de todos. Por mais de uma hora éramos testemunhas de como o estimulava com imagens, abrindo-o à variedade das caixas de ressonância e introduzindo-o no território da sua voz secreta e mais profunda. Eram momentos excepcionais, e o que comovia era a delicadeza e a proteção com as quais Grotowski era capaz de acompanhar o ator, que se entregava completamente em suas mãos. Era um contraste flagrante com seu comportamento de quando falava *ex cathedra*.

Cieślak, que dirigia o treinamento, tinha a capacidade de nos surpreender a cada ano, mudando tudo aquilo que tinha ensinado no ano

98 A TERRA DE CINZAS E DIAMANTES

anterior. Houve um ano em que cada exercício tinha que ser baseado em imagens ou motivações pessoais, segundo um ritmo calmo, quase onírico. No ano seguinte, os exercícios tinham que ser realizados em relação àqueles dos outros participantes que se exercitavam ao mesmo tempo no mesmo espaço, com uma atitude lúdica, como uma incessante série de encontros e fugas em busca de outros estímulos. No último ano, era preciso ir além dos próprios limites e liberar-se com ímpeto num furacão disciplinado de forças e tensões. Às vezes os participantes que não cediam irradiavam uma particular qualidade de energia; outras vezes havia somente o cansaço e alguns acidentes[3].

Cieślak era incansável, encorajava os participantes a superar os próprios limites, a ultrapassar as fronteiras das próprias possibilidades, incitava-os mesmo que ficassem extenuados. Ele mesmo dava o exemplo dedicando-se ao máximo a cada um dos participantes. Fazia cada exercício com uma gama impensável de variações, de sutilezas rítmicas, com uma qualidade indescritível de vigor e vulnerabilidade. Cada vez mais, porém, emergiam as características expressivas do "príncipe constante". Muitas vezes me perguntei se aquele papel o aprisionava ou se, ao contrário, tinha feito com que ele descobrisse sua identidade íntima, presente então em cada ação.

Depois do seminário de 1969 ficou claro que Grotowski não teria feito outros. Ele tinha ido sozinho, como se, de uma hora pra outra, as possibilidades de renovação do treinamento do Cieślak tivessem se esgotado. O próprio Grotowski, em 69, não foi um elemento estimulador, mas reativo, observando e comentando. Tinham se passado três anos depois do sucesso de Paris, e seu nome despertava expectativas no mundo inteiro. Somente na Polônia a situação era a mesma. Grotowski tinha que considerar os jogos políticos do regime socialista e dependia dos convites oficiais para poder viajar ao exterior. Dei a ele um dinheiro que eu tinha para que pudesse visitar a Índia. Ele deixou Holstebro para ir em direção a terra de Maharishi, onde permaneceu por um mês[4].

---

3. Existem algumas descrições dessas sessões de trabalho. Uma das mais detalhadas e fascinantes encontra-se no romance de Marianne Ahrne, *Katarina Horowitz Drömmar* (Os Sonhos de K.H.), Estocolmo: Nordstedts Forlag, 1990, que em páginas e mais páginas conta sobre esta experiência, concentrando-se nas consequências subjetivas, num nível profundo e pessoal, das improvisações e dos exercícios guiados por Cieślak e Grotowski.

4. Os seminários de Holstebro deixaram rastros duradouros na memória e na experiência de quem participou deles. Tiveram consequências imprevisíveis e até extremas para alguns. Nos arquivos do Odin ficaram os textos dos discursos de Grotowski que Marianne Ahrne, diretora de cinema e escritora sueca ainda principiante, anotava pacientemente no final dos seminários ouvindo um velho magnetofone que tinha sido escondido sem que Grotowski soubesse. Depois do primeiro seminário coloquei-o a par do meu subterfúgio, e ele aprovou. Em seguida corrigia as transcrições e, às vezes, as transformava em textos "canônicos".

Em Busca de um Teatro Pobre

O primeiro número de *Teatrets Teori og Teknikk*, abreviado *TTT*, de outubro de 1965, tinha sido dedicado em sua maior parte a Grotowski, e o restante a Jacques Poliéri, cenógrafo e diretor francês de vanguarda que inventou, em 1960, o "teatro móvel anular", onde o espetáculo circundava os espectadores. O Odin Teatret publicou vinte e três números desta revista, até maio de 1975, alternando-os com "clássicos" como *O Teatro Político* de Piscator, *A Tradição Secreta do Teatro Nô* de Zeami, *O Teatro Teatral* de Meierhold ou *Escritos sobre a Direção* de Eisenstein. Textos de Grotowski ou sobre ele foram publicados nos números 8 e 20, enquanto dois números, o 7 e o 18 , foram inteiramente dedicados a ele. O número 18 incluía os seus artigos "Exercícios Físicos", "Exercícios Vocais", "Não Ator, mas Filho de Homem"; e ainda "Grotowski e a Tradição Indiana" de Maria Krzysztof Byrski, uma grande carta aberta para Grotowski da parte de Eric Bentley e uma entrevista com Ryszard Cieślak. O número 7, em 1968, constituiu um evento que ia além do limitado círculo escandinavo e não saiu como revista, em dinamarquês, mas como livro, e em inglês. Seu título era: *Towards a Poor Theatre* (Em Busca de um Teatro Pobre).

Eu tinha pensado em dedicar-lhe uma *TTT* inteira, em ocasião do seminário anual de verão no Odin Teatret, onde Grotowski era um dos pedagogos. Incluía três longas entrevistas de 1967 e todos os artigos que ele tinha escrito até então, ou seja, quatro artigos; em seguida os textos de Flaszen sobre *Akropolis* e *O Príncipe Constante* e alguns capítulos do *Em Busca de um Teatro Perdido*. Grotowski, que estava muito interessado em documentar o desenvolvimento do treinamento, propôs o balanço final que o diretor Frans Marijnen fez sobre um seminário que ele tinha realizado em Bruxelas.

Eu tinha tido a ideia de publicar a revista em inglês para vendê-la aos participantes estrangeiros do seminário. Os custos não teriam aumentado visto que Judy era inglesa e tinha trabalhado como tradutora no ITI. Pensei então em não imprimir todos aqueles materiais heterogêneos como uma revista, mas como um livro. Não pensei em um título.

Este projeto tornou-se árduo e complicado. Grotowski começou a reelaborar seus textos já traduzidos, acrescentando ou cortando informações. O texto de Marijnen existia somente em flamengo, tive que encontrar alguém que ajudasse Judy a traduzi-lo para o inglês. A revisão final de cada texto era o que determinava a maior perda de tempo. Grotowski controlava minuciosamente cada uma das palavras; embora ainda não falasse inglês, insistia em manter certas construções de frases que eram típicas do francês (língua que naquele tempo ele conseguia ler e na qual se exprimia), mesmo se em inglês elas adquiriam outros significados ou tornavam-se simplesmente sem sentido. Judy, que estava grávida, sentia-se irritada e exausta, mas igualmente obstinada em defender a sintaxe e o bom senso da própria língua. Eu tentava mediar. Conhecia a falta de escrúpulos de Grotowski em relação à língua e sua maníaca teimosia nas traduções, mas também tinha consciência de como uma desagradável e forçada prosa em inglês podia diminuir o valor do livro. Tudo isso, que explicado assim pode parecer uma evidência incontestável, na prática, era uma luta. Podíamos perder uma noite inteira decidindo como traduzir uma única frase.

Era óbvio que as prioridades de Grotowski tinham mudado. Em Opole a sua atenção estava concentrada no espetáculo como um ritual "laico" e nas consequências psíquicas ou emotivas que devia ter no espectador. Orientava-se pelo arquétipo como um substrato comum e um ponto de encontro entre atores e espectadores, e pela dialética de apoteose e derrisão como um instrumento para revitalizar um concentrado de experiências. Falava de "magia teatral", do ator-xamã, capaz de executar ações extraordinárias. A supremacia do ator tinha sido acentuada com a introdução do treinamento.

Depois da minha partida de Opole, depois da transferência para Wrocław e do trabalho em *O Príncipe Constante* com Ryszard Cieślak, alguma coisa tinha mudado. Agora tinha se tornado central o "ato total" do ator e o processo para se chegar até ele. Inclusive para Grotowski, os resultados alcançados por Cieślak em *O Príncipe Constante* devem ter sido uma surpresa e até mesmo um choque tão grandes, a ponto de passar explicitamente para o primeiro plano aquilo que sempre tinha sido o objetivo de fundo, a essência do seu trabalho: a "técnica 2", o momento da transcendência individual, que acontecia através da "técnica 1", o ofício do ator.

EM BUSCA DE UM TEATRO POBRE 101

Neste período Grotowski falava menos de arquétipos e de dialética de apoteose e derrisão, e mais de "teatro pobre" e de *via negativa*. Essa definição tinha que aparecer de qualquer maneira no título do livro. Além do mais, era preciso acentuar que não se tratava de uma estética, de uma técnica, de um sistema, mas de alguma coisa em aberto, em movimento: um processo. Chamá-lo "O Teatro Pobre"[1]? Não, muito estático, parecia um manifesto. Fomos salvos pela preposição inglesa, *towards*, que imediatamente fez funcionar a associação com o livro de Craig, *Towards a New Theatre*. Além disso, retomava o título polonês do seu artigo publicado em *Odra*: "Ku Teatrowi Ubogiemu"[2]. Foi assim que o número dessa revista dinamarquesa tornou-se, primeiro, uma antologia em inglês de textos de vários autores e, no final, o *Em Busca de um Teatro Pobre* de Grotowski.

Minha experiência editorial resumia-se àquela com a TTT, cuja tiragem nunca superou os mil exemplares. Eu estava tão confiante no sucesso do livro – o primeiro do meu mestre e, além disso, numa língua internacional – que decidi imprimir cinco mil cópias. Tadeusz Jackowski, o gráfico polonês que tinha me ajudado na Polônia, desenhou a capa: o Mar da Tranquilidade da lua ou o panorama de um deserto, com as várias densidades e gradações da cor terra de Siena. Olhando para ela eu pensava no Himalaia imaginário da alma, e também em manchas de sangue que o tempo enxugou e transformou em musgo. Uma sobrecapa de papel brilhante retomava o símbolo gráfico de *O Príncipe Constante* e o seu mote: "Porque a terra é a morada dessa nossa longa viagem". O livro tinha que estar pronto em junho. Nos primeiros dias de julho começaria o seminário dirigido por Grotowski e Cieślak.

Quando o caminhão chegou e começou a descarregar pacotes e mais pacotes com as cópias do *Em Busca de um Teatro Pobre*, a alegria de ter nas mãos o primeiro livro da editora do Odin foi submergida por uma avalanche de cinco mil volumes. Todos os cantos e os espaços livres do nosso teatro estavam invadidos por pilhas de livros. Seguiram-se outros dois choques: a conta a ser paga, muito mais alta do que a do orçamento[3], e a constatação deprimente de que ninguém comprava o livro. Sua edição não foi acolhida com nenhuma reação entusiástica. E era loucura pensar numa distribuição mundial organizada pelo nosso teatro.

Christian Ludvigsen, nosso conselheiro literário, apresentou-me para Martin Berg, um escritor que era dono de uma pequena editora para

1. Com este título tinha sido publicado o homônimo artigo na *TDR – Tulane Drama Review*, na primavera de 1967.

2. Ver cartas 18 e 19 de Grotowski, respectivamente de 5 e de 27 de setembro de 1965, p. 160 e 163.

3. Naquela época, eu e Grotowski não sabíamos que as correções do autor nas provas de impressão tinham custos salgados. O número de fotos também era muito maior do que tínhamos previsto.

autores de vanguarda e para livros de criança. Martin aceitou se tornar o nosso agente, escreveu para as pessoas com quem tinha contato no exterior e apresentou o *Em Busca de um Teatro Pobre* nas feiras de livro internacionais. Também fez de tudo para resolver a crítica situação em que o Odin Teatret se encontrava, visto que não tinha o dinheiro para pagar a conta da tipografia. Esta insolvência ameaçava a sobrevivência do teatro, mas Martin, depois de negociações sem fim, conseguiu que o tipógrafo aceitasse o pagamento da conta em três parcelas[4].

Só depois de um ano começamos a vender os direitos de tradução em outros países; na França, graças à incansável Raymonde Temkine e na Itália, graças a Ferruccio Marotti, que tinha se ligado ao Odin Teatret após ter visto *Ferai* na Bienal de Veneza. Lembro-me dos primeiros meses depois da publicação. Os amigos estrangeiros que vinham nos visitar em Holstebro colocavam nas malas cinco, dez exemplares e os vendiam nos próprios países, mandando-nos depois o dinheiro. Foram necessários mais de vinte anos para que o Odin Teatret esgotasse suas cinco mil cópias inglesas.

Nenhum livro sobre o teatro teve, na história do nosso século, o impacto fulminante do *Em Busca de um Teatro Pobre*. O livro *On the Art of the Theatre* de Craig, de 1905, referia-se, na sua absoluta originalidade, a uma revolução teatral cujos centros de irradiação já estavam espalhados em vários lugares da Europa, a partir de Stanislávski e de Meierhold. Mas o livro de Grotowski chegava num momento particular e possuía características que o distinguia dos outros livros-base do nosso século.

Novas necessidades agitavam o teatro euro-americano. Os primeiros a exprimi-las tinham sido os dramaturgos. Ionesco, Beckett, Adamov, Mrożek, Arrabal, Weiss tinham introduzido temas que dificultavam o modo de contar uma história e tinham constringido os atores à uma recitação que não era a da "verossimilhança" da cena oficial.

Maio de 1968 tinha acabado de passar, vivíamos a necessidade de um compromisso, de uma renovação, queríamos reencontrar no teatro aquele sentido político, ético ou social que tinha caracterizado a busca dos reformadores teatrais dos primeiros trinta anos deste século.

O livro de Grotowski aparece quando a lenda dos seus espetáculos já tinha sido difundida. No fundo, pouquíssimas pessoas tinham visto *Akropolis* e *O Príncipe Constante*. Tantas coisas foram decisivas: o que foi escrito sobre ele, o modo como falou-se do seu teatro, os prejuízos, os mal-entendidos, as fofocas, as piadas, o entusiasmo, as fantasias sobre seus espetáculos, sobre a recitação dos seus atores e sobre o treinamento.

---

4. Esta difícil situação deu origem a uma profunda amizade com Martin Berg, que tornou-se um eficaz colaborador e um membro do conselho de administração do Odin Teatret durante mais de vinte e cinco anos.

EM BUSCA DE UM TEATRO POBRE 103

Em Busca de um Teatro Pobre enfrenta os problemas principais com os quais um diretor ou um ator se debatem. Começa pelo primeiro passo, a preparação técnica, com páginas e páginas de descrições de exercícios. Abre radicais e, até aquele momento, impensáveis perspectivas dramatúrgicas sobre a maneira de se confrontar com os textos que a tradição transmitiu. Apresenta a visão de um teatro que, superando seu caráter de espetáculo artístico ou de diversão, reforça sua vocação de ritual coletivo, sagrado e laico ao mesmo tempo. Há nele uma negação intransigente do "velho" teatro, explicitada através da comparação entre um "ator cortesão" e um "ator santo". A diferença entre eles é a mesma que existe entre a habilidade de uma cortesã e a disposição de um amor verdadeiro em dar e receber: em outras palavras, autosacrifício. É uma visão que, de um lado, dá novamente ao ator e ao diretor a possibilidade de um compromisso absoluto, e do outro, permite que eles reencontrem uma liberdade, fora do círculo dos vendedores, dos ideólogos e das modas. Um livro como esse nunca tinha sido escrito antes, onde houvesse lugar tanto para as grandes obsessões quanto para os aspectos concretos do ofício. Era realmente o Novo Testamento do Teatro. Cada frase falava a cada um de seus leitores com uma língua diferente: íntima, técnica, dramatúrgica, social, esotérica, política, moral. Mas era sempre uma língua que queimava.

Eu poderia descrever os tortuosos percursos feitos por este livro até chegar nas mãos de um peruano, um belga, um australiano, um japonês. Como este livro abalou a vida deles e os induziu a interromper uma prática teatral que parecia o único destino que possuíam. Eu não tinha consciência de tudo isso naqueles meses de 1968, enquanto na minha cidadezinha de província lia jornais de revoltas estudantis e estava ocupado com problemas tipográficos.

E mesmo assim eu encontrava na história daqueles dias o exemplo concreto da visão de Grotowski. Estava encarnada em Jan Palach, o estudante de teatrologia que tinha se queimado vivo em Praga em 1968 para protestar contra a invasão russa de seu país. No gesto extremo e solitário deste jovem de vinte anos eu via o arquétipo encarnado, reencontrava Kordian, Prometeu, Winkelried, o Cristo, aquele que assumindo a responsabilidade dos seus semelhantes sobre si mesmo realiza *realmente* aquele ato de sacrifício que se exigia do ator. Enquanto tentava encontrar o dinheiro para pagar a conta do livro do meu irmão mais velho, e Martin Berg e Christian Ludvigsen tentavam defender-me dos advogados da tipografia, eu refletia sobre Jan Palach, meu irmão mais novo. E os dois irmãos me acompanhavam nos ensaios de *Ferai*, o espetáculo do Odin Teatret.

O Último Espetáculo

Em fevereiro de 1969 estreou *Apocalypsis cum Figuris*, o último espetáculo encenado por Grotowski. O processo de preparação tinha durado quase quatro anos. Tinha começado no outono de 1965, a partir de um texto de Słowacki chamado *Samuel Zborowski*; depois, no decorrer de 1966, tinha se concentrado nos *Evangelhos*, para terminar com uma montagem de textos da *Bíblia*, de T.S. Eliot, de Dostoiévski e de Simone Weil.

Eu e Grotowski tínhamos organizado três semanas do Teatr-Laboratorium no Odin Teatret com espetáculos, encontros e entrevistas na televisão. Na metade de agosto de 1971 Grotowski chegou com todos os seus atores, com Ludwik Flaszen, Zbigniew Osiński e com alguns representantes oficiais de Wrocław e da PAGART, a agência governativa polonesa que funcionava como agente de qualquer *ensemble* teatral que fosse para o exterior. Depois de Londres e de Nova York, era a terceira vez que *Apocalypsis cum Figuris* viajava. Apresentamos o espetáculo doze vezes, organizando uma ponte aérea para os espectadores que vinham de Copenhague.

O Odin Teatret interrompeu os ensaios de *Min Fars Hus* (A Casa do Pai) e dedicou-se ao acolhimento dos convidados. Fazendo alusão ao sucesso de *Ferai*, nosso espetáculo anterior, mas também a si mesmo e ao novo espetáculo que levava ao exterior, Grotowski gozava de mim contando-me a história de Bilbolbú, o diretor que veio lá do fundo da África, convidado para ir a Paris com seu teatro. Triunfo imediato, todos o aclamam, os críticos o consagram como um gênio. Um ano depois,

O ÚLTIMO ESPETÁCULO 105

Bilbulbá, um outro diretor de uma parte ainda mais escondida da África, chega a Paris com um espetáculo seu. Entusiasmo do público, orgasmo dos críticos, entrevistas e prêmios. Saindo do seu hotel, Bilbulbá, contente e cheio de si, vê um pedinte que lhe pede uma esmola: "Me dá um franco, eu também era famoso no ano passado – sussurra-lhe o mendigo – Eu sou Bilbolbú".

Apocalypsis cum Figuris era apresentado em duas versões: uma para uns quarenta espectadores sentados sobre bancos, e outra para uns cem espectadores, que ficavam em pé ou se sentavam no chão. Essa última versão era só para os jovens e Grotowski apresentou quatro desses espetáculos em Holstebro. Falamos muito sobre isso: um espetáculo só para os jovens parecia-me uma discriminação e um render-se àquele culto à juventude que estava se propagando na civilização euro-americana. Grotowski afirmava que ver o espetáculo de pé ou sentado no chão era desconfortável para os espectadores que não eram jovens. Eu rebatia dizendo que era uma injustiça pôr os ingressos à venda perguntando, antes de tudo, a idade das pessoas, para depois negá-los se o comprador tivesse mais de trinta anos. A solução foi anunciar somente os espetáculos "sentados", e as entradas só poderiam ser compradas através de um pedido escrito junto ao qual deveria ser anexado um *curriculum vitae*. Dessa maneira seriam selecionados os jovens.

Entre as pessoas que vieram de Copenhague para ver *Apocalypsis cum Figuris* estava Janka Katz, a poeta judia de Cracóvia que tinha sido a primeira a mencionar o nome do Grotowski e a mandar-me para Opole. Ela tinha se refugiado na Dinamarca depois do antisemitismo que varreu a Polônia em 1968. Depois do espetáculo, pediu-me para encontrar seu velho amigo. Com um imperceptível aceno de cabeça, Grotowski indicou-me o acompanhante da PAGART que o seguia em todo lugar. Expliquei a Janka que não era prudente para um polonês falar com alguém que tinha "escolhido a liberdade" no exterior. Janka ficou muito mal, e desde então nossas relações se interromperam.

No Odin Teatret tínhamos uma sala completamente preta, incluindo o teto e o chão. Desde o início ela tinha sido pensada assim, e ali tinham visto a luz os nossos espetáculos *Kaspariana* e *Ferai*. Para *Apocalypsis cum Figuris* era necessário um teto branco que reverberasse a luz dos refletores apontados para o alto, e um chão com a cor natural da madeira. Modificamos assim o aspecto da nossa sala preta que, até hoje, vinte e cinco anos depois, continuou igual. Eu não quis mudá-la para poder lembrar da última visita do teatro que era a minha origem.

Grotowski tinha anunciado que não faria mais espetáculos, mas continuou uma atividade à qual deu diversos nomes. Nos anos seguintes ele me falava sobre ela, delineando o contexto político polonês, o impacto da nova atividade sobre a geração jovem, seus novos colaboradores, as dificuldades e as iniciativas dos atores que eu conhecia desde os tempos de Opole. O centro das suas tensões mais íntimas e

106 A TERRA DE CINZAS E DIAMANTES

dos seus discursos era idêntico àquele que estava por debaixo dos seus discursos de Opole. Antes a terminologia era teatral, neste período era diferente, mas eu não achava isso estranho, o essencial era o mesmo, como nos velhos tempos.

Eu, ao contrário, embrenhava-me cada vez mais no teatro, percorrendo regiões sem teatro, "trocando"* teatro, esbanjando-o em tumultuadas ou solitárias paradas. As turnês do Odin Teatret na Europa e na América Latina nos fizeram encontrar "consanguíneos" enfiados em toda parte, o "Terceiro Teatro"**. Eu me perguntava, procurando uma resposta ativa, como fazer um teatro profundamente individualista, enraizado nas necessidades mais íntimas, que ao mesmo tempo representasse uma forma de rejeição das normas circunstantes. Era possível, através do teatro, seguir o exemplo do Cristo niilista de Renan?

*. "Trocando": Refere-se à "Troca", experiência de troca de patrimônios culturais que faz parte da história do Odin Teatret. Chegam em uma cidade ou em uma comunidade e em troca das danças e das músicas locais (ou de outras manifestações artísticas) oferecem as próprias, junto a breves cenas e esquetes improvisados. (N. da T.)

**. Terceiro Teatro: "O Terceiro Teatro não é um estilo teatral, nem uma aliança entre grupos, e muito menos um movimento ou uma associação internacional; não é nem mesmo uma estética ou uma orientação técnica, nem uma daquelas 'novas tendências' que associamos aos anos de 1970. Os grupos que chamamos de Terceiro Teatro são descriminados, pessoalmente ou profissionalmente, economicamente ou politicamente. Críticos, historiadores de teatro e políticos podem considerá-los com interesse e paixão, ou ignorá-los completamente: o Terceiro Teatro continua a existir de qualquer maneira. É um elemento permanente da ecologia teatral. Mesmo que o nome seja uma invenção recente, a condição que denomina não é recente". Texto escrito por Eugenio Barba. (N. da T.).

O Mestre Invisível

Éramos seis quando o Odin Teatret começou: quatro atores, eu e Grotowski, que, invisível num canto da sala, observava cada detalhe do meu trabalho. Com ele eu não podia trapacear. Quando estava na dúvida, começava a andar pra frente e pra trás; na verdade eu me aproximava do canto onde ele estava para pedir um conselho. Percebia claramente dentro de mim as indicações que ele me dava e as colocava imediatamente em prática, mas camuflando-as de modo que ninguém pudesse reconhecê-las. Eu não queria ser chamado de epígono. Não tanto por uma vaidade pessoal; eu queria que dissessem que o seu teatro e as suas ideias eram capazes de inspirar iniciativas originais.

O mestre estava sempre lá, durante todos os anos de 1970, naquele canto da sala do qual eu me aproximava; não se limitava a me ajudar a resolver enigmas e problemas, indicava-me também novos campos do conhecimento e da consciência, como um oráculo délfico. Tornou-se claro para mim que a tarefa mais difícil do diretor não consiste em resolver, mas em construir problemas para si mesmo, para os atores e para os espectadores.

Naqueles anos o mestre invisível tornou-se ainda mais importante para mim.

Eu intuía que cada nova fase ou desenvolvimento da relação de Grotowski com seus atores antecipava de dois ou três anos uma situação análoga no Odin. Seu caminho "parateatral" mostrava relações de trabalho que não se baseavam mais na fusão de individualismos para dar vida a uma obra coletiva, o espetáculo. Para mim, o teatro continuava a ser uma aventura essencialmente solitária que afirmava e ao mesmo tempo negava a si mesma através do trabalho com as *mesmas pessoas*, os meus atores. Os novos interesses de Grotowski tinham mudado profundamente o vínculo que ele tinha com seus atores. Outros colaboradores, jovens e levados por outras necessidades, tinham ocupado o lugar dos velhos. Estar ao corrente daquilo que acontecia no grupo de Grotowski, pensar sobre isso com ele durante os nossos encontros, refletir sobre as consequências profissionais e humanas – todo esse conhecimento me ajudava a identificar tentações e sintomas potenciais parecidos no Odin Teatret.

Grotowski me colocava continuamente e sem escapatória diante de uma realidade: um grupo teatral, como qualquer organismo, envelhece. A necessidade de novas relações, novos estímulos, novos desafios, levam cada indivíduo a procurar o próprio caminho e a satisfazer os próprios desejos pessoais. É o que nos conta a história do teatro, desde Copeau ou Stanislávski. Grotowski estava me assinalando essa tendência, e eu discutia incessantemente com o mestre invisível no canto da sala de trabalho. Eu também devia deixar que tudo aquilo acontecesse no Odin? Podia deixar escapar das minhas mãos os companheiros de tantos anos, de experiências tão importantes da minha vida, descarregar-me da responsabilidade e encontrar-me novamente livre e sozinho, diretor unicamente de mim mesmo? Podia viver a minha "aventura" a partir do momento que eu tinha uma posição, era aceito e poderia ter dado um jeito mesmo sem os atores?

Naqueles anos setenta meus colóquios com o mestre aumentaram. Era como nos tempos em que Grotowski e eu bebíamos uma xícara de chá depois da outra na estação de Opole, e um de nós falava, colocava questões, se interrogava, e o outro permanecia calado como um espelho. As mil decisões, questões simples mas fundamentais, que eu tomei nos anos setenta, eram o resultado desse *corps à corps* com o mestre, invisível e imaterial.

Era uma simbiose de energias, pensamentos, soluções e decisões com um parceiro que eu chamava de Grotowski, mas que era o Mestre. O Mestre me sugeria não seguir Grotowski e ir para outro lugar. Ou melhor, de permanecer em outro lugar, ao lado dos meus atores.

Em 1982, eu voltava de Colônia, na Alemanha, onde tinha assistido à montagem do filme *Come! And The Day Will Be Ours*, um espetáculo do Odin Teatret. De repente o avião perdeu altitude, foi uma queda inesperada que durou um instante de eternidade. Dei-me conta de que estava completamente molhado de suor debaixo do braço e com uma ideia na cabeça: tenho que desaparecer. Alguns dias depois reuni meus atores e anunciei que partia por trezentos e sessenta e cinco dias. Chamei-o ano sabático.

Foi um período luminoso, de uma beleza diferente daquela que eu experimentava quando estava com meus atores. O prazer de aprender japonês em Tóquio por semanas e mais semanas, as viagens de vagabundo sem dinheiro na ferrovia transiberiana, no Osoresan ou

O MESTRE INVISÍVEL

na Índia. As caminhadas até a última aldeia ao norte de Quebec e as intermináveis leituras ao lado de um aquecedor na minha casa de campo circundado pela família.

Neste período Holstebro e o Odin Teatret eram para Grotowski um refúgio, ficava ali por muito tempo, especialmente depois do golpe de estado do general Jaruzelski em 1981. Ele se alojava no teatro, num quartinho que a nossa atriz Else Marie Laukvik tinha tentado enfeitar com um tapete de lã branco. Quando nos víamos, trocávamos impressões sobre a sensação de liberdade do viajante solitário e daquele que se dedica às Índias que estão "diante dos olhos da nossa alma". Grotowski sofria por aquilo que acontecia na Polônia, pelos seus colaboradores à mercê das circunstâncias, pela sua impossibilidade de fazer alguma coisa por eles, pelo medo que qualquer decisão sua acabasse por prejudicá-los.

Quando em outubro de 1983 eu voltei ao Odin Teatret, comecei a preparar um espetáculo. Descobri que Grotowski não estava mais no canto da sala. Eu estava sozinho, com Iben Nagel Rasmussen e César Brie, os dois atores com os quais eu ensaiava.

Eu não sentia nem desgosto nem apreensão mas, em vez disso, curiosidade. Alguma coisa tinha mudado profundamente, mesmo continuando igual. De que modo? Eu tentava decifrar o que o mestre queria me dizer com seu desaparecimento. Quem é esse mestre distante e invisível? O superego profissional? A pessoa, ou o conjunto das pessoas, que consciente ou inconscientemente nos levaram a incorporar algumas das tensões que se tornam o leme dos nossos mais secretos impulsos, das nossas decisões mais extremas, das nossas realizações mais teimosas? Por que o mestre desaparece? Para nos dizer que já podemos viver sem ele, que agora somos ele, ou que o essencial se esconde por *detrás* da sua imagem?

Eu me concentrava no trabalho. Reencontrava o prazer artesanal do detalhe bem acabado, da qualidade do ritmo, da descoberta da melodia de uma frase. Faltava-me, porém, aquela presença no canto da sala, aquele *Sunyata*, aquele vazio cheio de voz que dialogava com o cavalo cego que está dentro de mim.

Iben e César tinham me pedido para trabalhar num espetáculo sobre Nijinski e sua mulher, Romola Pulszki. Tinham me trazido uma foto do casal: entre as árvores, no quintal de uma casa, um homem calvo e corpulento segura uma mulher de meia idade com os braços levantados e na ponta dos pés, como uma bailarina. Uma imagem cruel e patética fotografada em Schloss Mittersill, na Áustria, em 1946. Esta foto era a semente que estava gerando o espetáculo *Matrimônio com Deus, ou seja, o Amor Impossível*.

Eu procurava textos que dessem voz à aventura humana de Nijinski e de Romola Pulszki. Ele tinha sido chamado de deus da dança e percorrido o calvário da dor do corpo e da mente; ela tinha defendido e mantido vivo o amor deles. Eu tinha a sensação que, mais uma vez, o trabalho sobre o espetáculo consistia em dar vida a uma Esfinge que colocava a mim mesmo diante de um enigma: em que altura da sua vida você está?

Eu escolhia alguns textos:

Às vezes, ao entardecer, um rosto
nos observa do fundo de um espelho.
Você é aquele espelho rachado
que me revela o meu próprio rosto.

Cada separação promete
somente um encontro futuro

Não corra. Vá devagar
porque somente em sua direção você deve ir.
Vá devagar. Não corra.
Porque a criança do seu eu,
eterno recém-nascido,
não pode segui-lo.

Se você não souber onde me procurar
não vagueie pelos montes ou pelas florestas.
Se realmente você quiser me encontrar
procure-me em você, dentro do seu próprio coração.

A maior inspiração vinha de Jalal ad-Din Rumi, o respeitado ulemá de Konya, que encontrou Shams, um dervixe sufi. Deixando de lado os rituais e as obrigações religiosas, Rumi começou a exprimir seu fervor místico dançando e cantando, entre o escândalo dos ortodoxos. Muitos deles atacaram Shams, era ele o responsável pelo comportamento reprovável, quase insano, de Rumi. Shams inesperadamente sumiu. Desapareceu por sua própria vontade para ajudar o discípulo? Foi assassinado? Rumi, enlouquecido pela dor, fechou-se numa sala, girando em redor de si, como se quisesse esconder-se dentro de si mesmo. E escrevia poemas que gritavam seu desejo por Shams, aquele que o tinha guiado em direção à Experiência. E eis que um dia Rumi viu o Mestre novamente, e o reconheceu. Mas não era Shams. Eram os discípulos que o tinham seguido na solidão por tanto tempo. Rumi voltou à luz do sol e deixou-se guiar por eles.

Quando terminei *Matrimônio com Deus, ou seja, o Amor Impossível*, dediquei-o a J. e a S. Atrás dessas iniciais se escondiam Jerzy e Shams.

Assim, o mestre não está, silencioso e invisível, num canto da sala. Como uma divindade hindu, possui numerosas caras, olhares apontados para direções divergentes, gestos contrastantes, vozes que negam-se reciprocamente: são os meus atores, as pessoas que por 33, 30, 25, 20 anos, acompanharam-me até o limite extremo além do qual não é possível avançar senão sozinho. E é com gratidão e amor que encontro Grotowski que, de longe e sem saber, guiou-me todos os dias até o *meu* Mestre.

Uma Pergunta sem Resposta

Grotowski desata a rir quando conto para ele as reações de alguns amigos e colaboradores mais próximos a quem eu tinha pedido para ler o texto do meu livro ainda datilografado.

Estamos em Pontedera, em maio de 1997. Grotowski tem 63 anos, eu completei 60 alguns meses antes. Falo com ele das críticas que os primeiros leitores dessas páginas inacabadas me fizeram. Seus comentários tinham me indicado dois perigos e uma pergunta fundamental, diante da qual fiquei bloqueado durante vários meses. Os dois perigos consistiam numa presença exagerada da minha pessoa e numa indesejada interpretação redutiva da personalidade de Grotowski.

A exigência de contar os fatos, como se eu estivesse batendo papo com velhos amigos ou com pessoas jovens, tinha me levado a dar um tom picaresco às minhas ações, fazendo com que elas passassem para o primeiro plano. Meus leitores de pré-estreia tinham assinalado que eu encontrava sempre pessoas extraordinárias, fantásticas, generosas. E acrescentavam: "É como se você quisesse insinuar que foram as circunstâncias, o acaso e os colaboradores a fazer de Grotowski um grande".

Desse modo, voltava-se contra mim o meu desejo de iluminar o valor de pessoas que hoje são esquecidas, que são ignoradas ou pouco mencionadas nos livros que falam sobre a grande aventura do Teatr-Laboratorium 13 Rzędów. Se eu falei dos lados humanos de Grotowski que conheci nos primeiros anos de 1960, quando estava bem longe de ser um mito e quando ele mesmo não imaginava que teria se tornado um, era porque eu queria devolver o sentido daquela época, e a coragem de um jovem sem nome, solitário e cheio de dificuldades, que combatia sozinho contra todo o teatro do seu país, contra os princípios fundamentais do ofício, contra a normal maneira de conceber a cultura e sobretudo contra um regime socialista que freava cada tentativa de sair das normas impostas.

Não era difícil encontrar o modo de contornar os dois perigos. O difícil era encontrar uma resposta para a pergunta que me faziam, de diversas maneiras, todos os leitores do texto datilografado:

> Mas qual era o vínculo que ligava você e Grotowski? Não dá pra entender a partir do que você conta. Você nunca fala sobre isso. Devia ser muito forte. A diferença de idade de vocês é muito pequena, e mesmo assim ele chama você de Kim e você o chama de Lama. Tudo bem que isso tudo é uma brincadeira. Mas dá pra ver através das cartas que ele é muito afeiçoado e preocupado com você, e que você, daquele encontro, saiu diferente. Do que se tratava? O que existia entre vocês que manteve vivo esse vínculo até os dias de hoje?

Alguns dos meus amigos, brincando, chegaram a perguntar: "Mas vocês formavam um casal homossexual?".

Neste momento Grotowski desata a rir dizendo que era mesmo uma pena que isto nunca tivesse passado antes pelas nossas cabeças, porque teríamos até nos divertido. Voltamos à seriedade. Pergunto a ele como definiria a nossa ligação daqueles anos. Foi diante desta pergunta que eu tinha ficado bloqueado. Compreendi que se eu não a respondesse, tudo aquilo que tinha escrito não funcionaria. Mas não encontrei a resposta.

Grotowski reflete e entreabre os olhos. Está muito cansado, doente. Hoje de manhã foi à prefeitura de Pontedera porque me davam a cidadania honorária. Ele a recebera alguns anos atrás. O prefeito disse que quer constituir, com estas cidadanias honorárias, um grupo de "senadores sábios" em torno dos administradores da cidadezinha toscana onde existe o teatro de Roberto Bacci. E assim – eu e Grotowski ironizávamos – somos concidadãos, finalmente temos um país em comum. Ele está exausto, seus gestos são ainda mais lentos do que de costume. Eu me pergunto como ele poderá partir para Paris daqui a alguns dias e dar as suas aulas no Collège de France, onde foi nomeado professor de Antropologia Teatral.

O resultado da sua reflexão parece ser mais uma consideração geral sobre o nosso tempo do que uma verdadeira resposta: na nossa cultura, uma relação como aquela que nos unia na Polônia, é completamente incompreensível. Seria-o muito menos em algumas culturas asiáticas ou em outras épocas.

Faço com que ele perceba que essa não é uma resposta adequada para aqueles que, justamente, querem entender e dizem que sou evasivo. O que ele pensa sobre isso? Por que a nossa relação nasceu? Por que ela durou tanto apesar dos anos e dos diferentes caminhos?

Grotowski fala por muito tempo: dos nossos caráteres que são complementares não só nos aspectos práticos, visíveis, eu extrovertido, ele introvertido, e assim por diante. Também descreve essa complementariedade do ponto de vista daquilo que tanto ele como eu consideramos a nossa missão. Nós dois procuramos alguma coisa que está além, e que dá valor àquilo que fazemos. Nosso agir não possui um valor em si. Nós dois sentimos isso de maneira muito aguda. Mas para ele existe alguma coisa de superior, além do mundo que conhecemos. Ele sempre acreditou nisso. Para mim não, ele sabe que não acredito nisso. O caminho que escolhi para transcender esta realidade é a ação, o ioga da ação – o Carma Ioga.

Tenho minhas dúvidas se isto é suficiente para explicar.

Grotowski continua: é preciso considerar o peso das circunstâncias em Opole, a pressão do ambiente externo. Nós sabíamos muito bem que haviam microfones escondidos que vigiavam as nossas conversas. Então falávamos em uma língua alusiva. Usávamos as situações e os personagens de Gombrowicz para falar das pessoas e dos acontecimentos ao nosso redor, misturando grumos de informações essenciais com frases absurdas e idiotas, com neologismos e deformações linguísticas. Não era somente uma língua em código. Era o sentido de uma forte cumplicidade, de uma íntima proximidade. Tínhamos uma língua em comum, que nos isolava dos outros, que permitia que nós nos entendêssemos sem que os outros nos descobrissem. Podíamos impunemente tomar cuidado com certas pessoas que nos vigiavam. Podíamos dizer um ao outro como se comportar, em quem podíamos confiar, em quem não, como era Fulano, que tipo de pessoa era Beltrano…

Penso nos *krasnoludki*, os gnomos. Era assim que Grotowski chamava os penetras, os agentes da polícia secreta, os colaboradores deles, os delatores e os espiões profissionais. Em cada lugar havia alguém que estava ali para dar informações à polícia. Eram onipresentes, nas escolas, nos restaurantes, nas fábricas, em cada lugar de trabalho. Nos teatros também.

Grotowski sorri. Parece que sente prazer em lembrar das astúcias de um tempo. La Mère de Pondicherry, quando algumas pessoas criticavam Madame Blavatsky e a teosofia, dizia que Deus utiliza tudo, até a estupidez. Em Opole, a língua romanesca e paradoxal que usávamos, com o decorrer do tempo, tornou-se muito mais do que um código secreto ou uma cumplicidade. Era o sinal de que pertencíamos a algo, de uma adesão profunda.

Constato que com tudo isso não encontramos uma resposta à pergunta dos meus amigos.

Grotowski, ecoando-me, diz: talvez não exista uma resposta.

Parte da resposta talvez esteja nesse diálogo, diante de um prato de salada e de uma mozarela, num bar de Pontedera que na hora do almoço prepara lanches para os funcionários e para as pessoas do teatro ao lado.

Na mesa ao lado, os amigos italianos comem, brincam e gozam uns dos outros. Onde estaríamos, todos nós, nesta segunda-feira do dia 27 de maio, se aquele jovem Dom Quixote do teatro de Opole não tivesse dado um pouco de oxigênio ao jovem italiano vindo da Noruega?

Cada reconstrução do passado, cujas lembranças não são compartilhadas por quem lê, corre o risco de se tornar incompreensível. Existem experiências que só podemos viver através do nosso corpo, enraizadas em nossos sentidos, únicas na própria irrevogável materialidade de tempo e de espaço, de histórias, circunstâncias, casos. Quando estas experiências são contadas dez, vinte, trinta anos depois àqueles que não as viveram, compreendem-se as palavras, mas é difícil colher delas suas implicações.

Numa manhã de inverno de 1964, a secretária do Teatr-Laboratorium 13 Rzędów informou-me que a Milicja, a polícia, tinha me convocado. Fui pra lá na mesma hora e me levaram para uma sala onde dois homens, vestidos à paisana, estavam sentados atrás de uma escrivaninha, disseram-me gentilmente para sentar-me na cadeira diante deles.

"*Pan* Barba, o senhor tem muitos amigos em Varsóvia?".

A pergunta me pegou de surpresa, imaginei imediatamente aquilo que eles me perguntariam em seguida. Meu cérebro começou a funcionar freneticamente: o que responder, como proteger quem eu conhecia. Eu sentia no estômago uma sensação desagradável, sabia que era medo.

"Tenho, conheço muitas pessoas, agora não as vejo tanto, trabalho aqui em Opole".

"O senhor pode nos dizer quem conhece?".

Falei de meninas que moravam na Casa do Estudante, de amizades afastadas, de amigos que eram membros do partido comunista: nenhuma pessoa que cheirasse à heresia ou que pudesse ser prejudicada pela amizade com um estrangeiro suspeito. Por que me interrogavam agora e nunca tinham me importunado antes? Que passo em falso eu tinha dado? Do que eu podia ser acusado? Ou quem eles queriam incriminar através de mim? Eu respondia lentamente para ganhar tempo, não estava preparado, quebrava a cabeça para me lembrar das pessoas mais "seguras".

"E quem mais conhece?".

Um outro esforço, mencionei atores que eu tinha encontrado no Clube SPATIF, os meus professores da escola de teatro e alguns estrangeiros que tinham deixado a Polônia. Longo silêncio. Os dois homens me olhavam como se o interrogatório tivesse terminado.

"Conhece A.B.?".

"Ah, conheço".

"Por que não o mencionou?".

"Eu tinha esquecido".

"Conhece C.D.?".

"Sim, conheço".

"Parece que a sua memória não é muito boa. E S.T., G.H., E.E.? Lembra-se deles?".

Dei-me conta de que eles SABIAM tudo, cada pessoa que eu conhecia, quando as tinha encontrado, do que falamos.

"*Pan* Barba, não temos nenhuma intenção de criar problemas ao senhor ou aos seus amigos. É só um controle de rotina. Conhece P.G.?".

"Conheço".

"Quando o viu pela última vez?".

Eu fiquei impressionado por me lembrar perfeitamente do lugar e do momento. E respondi.

"Por acaso ele não estava junto a N.P.?"

Às cinco da tarde, quando saí dali, tinha respondido a todas as perguntas deles. Durante sete horas. Voltando para o Teatr-Laboratorium 13 Rzędów, eu tornava a percorrê-las com o pensamento. Eu me encorajava garantindo-me que as respostas que tinha dado eram inofensivas. Mas o que é inofensivo e o que pode destruir você ou a pessoa que você mais gosta, no reino dos gnomos?

Nos anos de 1950, quando eu era um emigrante na Noruega, tinha sempre um sonho. Era de noite, eu me arrastava no chão junto a Eigil, o latoeiro que tinha me dado emprego, nos ajudávamos reciprocamente para passar por debaixo do arame farpado sem ficarmos presos pelos nossos uniformes de prisioneiros. Estávamos escapando de um campo de concentração alemão. Depois os cachorros começavam a latir e os refletores nos surpreendiam. Eu acordava e a pergunta que me perseguia naquele tempo voltava a se apresentar: o que eu teria feito em Auschwitz? Teria colaborado sobrevivendo como kapó*? Teria acabado como um "muçulmano"? Teria me unido à rede de resistência clandestina?

O interrogatório na Milicja de Opole não teve trágicas consequências. É verdade, logo depois não me deram mais o visto para voltar à Polônia, mas a vida e a dignidade estavam intactas. No entanto, meu corpo lembrava-se das condições em que viviam homens e mulheres que defendiam o essencial. E o essencial, às vezes, reduzia-se a não colaborar com os gnomos.

Isso também me foi ensinado pela Polônia, isso também pertence às minhas origens e à memória que guia o Odin Teatret. Como explicar isso tudo para quem vagueia nas feiras da arte e do teatro, para quem é atingido pela amnésia, para quem só conhece o mundo sem fronteiras do mercado livre? Penso nas palavras de Tadeusz Borowski que Grotowski tinha escolhido como mote de *Akropolis*: "Depois de nós restarão as sucatas e a surda risada sarcástica das gerações".

Mas aquilo que você deve fazer, deve fazê-lo, e não faça perguntas.

---

*. Kapó: nos campos de concentração nazistas, prisioneiro que tinha a função de vigiar e de manter a ordem (*ka*, de *kamerad*, camarada, companheiro; e *pó*, de *polizei*, polícia). (N. da T.)

Poucos é o Número Certo

Somos todos filhos do trabalho de alguém. Podemos nos iludir de não ter tido mestres, de que nenhuma personalidade nos influenciou, e afirmar com orgulho que nossa originalidade nutriu-se do ensinamento anônimo e democrático das escolas da nossa civilização industrial. Ou então podemos reconhecer em algumas pessoas a origem daquele caminho que nos levou até nós mesmos e que os outros chamam de "biografia profissional".

Muitos dos meus mestres nunca me conheceram, não me escolheram como discípulo, estavam já mortos quando eu comecei; aquilo que tinham feito e escrito não era dirigido a mim. No entanto, apesar de ser objetivamente controlável, isso não é verdade. Toda a sua vida e o seu agir foram a compilação de uma enigmática mensagem endereçada exclusivamente a mim. Eu passo a minha vida tentando decifrar essa mensagem que mora no meu corpo e na minha alma e que os mantêm vivos.

Todas as minhas viagens e os meus encontros foram desvios para levar-me a Opole.

Quando hoje em dia vou visitar Grotowski em Pontedera naquele seu quarto modesto e cinzento, impregnado de um cheiro velho de tabaco de cachimbo, as paredes cobertas pelos livros que sempre amou, quando o vejo, mergulhado, na sua cadeira de balanço, penso no verso de Góngora: "Quem me dirá se no arquivo secreto de Deus estão as letras do meu nome?".

Conversamos como dois personagens de Gombrowicz, ou como dois velhos idosos que já estão com um pé num outro universo. Lá fora é noite, e o tempo passa com a mesma velocidade e lentidão de quando estávamos em Opole. Como antigamente, comentamos os acontecimentos da época, um livro que tínhamos lido, o encontro com um amigo. Trocamos reflexões, histórias edificantes, paradoxos e gozações, silêncios. As Mil e Uma Noites continuam. As duas Sherazades continuam imperturbáveis enquanto lá fora o mundo muda.

Da próxima vez falarei pra ele do homem que todos os dias, para ir ao trabalho, atravessava um parque, onde, no centro, tinha uma árvore alta e em cima dela uma maçã de ouro. Todos os dias o homem ria de si mesmo, dos próprios sentidos que o enganavam, da sua vontade de subir na árvore e colher a fruta que não era mais do que uma miragem. Como as pessoas que passavam teriam zombado dele... Todos os dias atravessava o parque e a maçã balançava sempre ali, no galho mais alto. Depois leu no jornal que alguém tinha encontrado uma maçã de ouro maciço em cima de uma árvore, no próprio centro da cidade. O jornalista não tinha acreditado nisso até quando não a tinha segurado nas próprias mãos. Fechava o artigo dizendo: algumas pessoas têm mesmo sorte.

Começaremos a rir, tomaremos aos goles um pouco do Armagnac que terei levado pra ele, sentirei intacta a ternura e a vontade de protegê-lo como se fosse um adolescente inexperiente ou um velho feito de cristal que pode se rachar a qualquer momento. Encontraremos de novo o humor descontraído de quando pedíamos carona e o carro do secretário do partido comunista nos apanhou. Isso também me deixa ligado ao Jurek: o prazer do caminho que se faz quando se foge do caminho.

Penso de novo naqueles trinta meses passados em Opole com Grotowski, Flaszen, Gurawski, Krygier, Szajna, Molik, Mirecka, Jahołkowski, Cynkutis, Bielski, Cieślak, Komorowska, naquela sala de oitenta metros quadrados que se tornou a minha pátria. Penso de novo nos amigos poloneses, aqueles íntimos e aqueles ocasionais, que estiveram ao meu lado com sua generosidade, força de ânimo e ironia. Penso de novo naquele filme, *Cinzas e Diamantes*, que fui ver por acaso, e nos versos de Cyprian Norwid que inspiravam o seu título:

Como uma chama alcatroada que queima
expandes em torno fagulhas crepitantes.
Sabes, ao menos, se ardendo, tornas-te livre,
ou se apressas o desastre de tudo aquilo que foi teu?
Se de ti restará somente um punhado de cinzas
levadas embora pela tempestade, ou encontrar-se-á
no mais profundo das cinzas um diamante estrelado
promessa e penhor de vitória eterna?

Bastam poucos anos para um homem nascer, morrer e renascer. Poucos, às vezes, é o número certo.

Figura 1. Ramana Maharishi (? – 1950).

Figura 2. Ramakrishna (1834 – 1886).

Figura 3. Da esquerda à direita: Ludwik Flaszen, Jerzy Gurawski e Jerzy Grotowski. Esta foto foi feita por Mike Elster na primavera de 1963 durante as tomadas do seu filme List z Opola *(Carta de Opole), um documentário sobre o Teatr-Laboratorium 13 Rzędów.*

Figura 4. Zbigniew Cybulski na última cena do filme Cinzas e Diamantes *(1958) de Andrzej Wajda.*

Parte II

Querido Kim

26 CARTAS DE JERZY GROTOWSKI
A EUGENIO BARBA

Carta 1

Carta manuscrita, em papel timbrado "Teatr-Laboratorium 13 Rzędów", endereçada a "Damfaret 60, Oslo, Noruega".

Opole, 10 de julho de 1963

Querido Kim[1],

Eis aqui o seu Lama a escrever, com mão trêmula, uma carta a abençoar o Chela[2] em estradas longínquas. Que a Índia lhe seja benigna, e que aquela terra de segredos escolha desvelá-los, entre os vagabundos, todos a ti[3].

As Índias de Nagarjuna[4] e dos Tantra[5] estão em tua alma, querido Chela, em tua alma que busca – isto queria dizer-te o velho Lama, que aqui está, atordoado, no meio da abundante colheita conseguida em sua própria viagem.

E agora, querido Chela, por que não me despedi de ti quando, com a alma sacudida pelo vento, deixaste o ermitério[6]? Por dois motivos.

1. Kim, o protagonista do homônimo romance de Kipling, acompanha e protege nas ruas da Índia um velho Lama tibetano. Mas Kim, durante esta peregrinação em busca do rio da salvação, também pega informações e leva mensagens para o serviço secreto britânico. Lama e Kim eram dois entre tantos outros nomes que eu e Grotowski nos dávamos reciprocamente nas nossas conversas. Em 1963, quando me escrevia esta carta, Grotowski tinha vinte e nove anos, e eu vinte e seis.

2. Chela, discípulo em sânscrito.

3. Eu tinha ido para a Índia em julho de 1963, para uma viagem que durou seis meses. Ver p.48-49.

4. Nagarjuna, monge budista que viveu por volta de 150 d.C., foi o fundador da Nova Escola de Sabedoria (Madhyamika), cuja doutrina gira em torno do conceito do *Sunyata*, do Vazio. O *Sunyata* é a não dualidade, a síntese da afirmação e da negação. Esta Perfeita Sabedoria não pode ser alcançada racionalmente, mas somente por uma via mística, através da experiência. A visão de Nagarjuna influenciou o sistema hinduísta do Advaita Vedanta de Shankara e, difundindo-se na China e no Japão, deu vida ao Ch'an e ao Zen.

5. Técnicas rituais do hinduísmo, ligadas à transmutação das energias do nível biológico àquele espiritual. Nas diversas correntes do tantrismo se encontra o uso dos mantras, fórmulas sagradas, e dos *yantras*, representações simbólicas das divindades e de suas forças cósmicas. Grotowski se refere àquela corrente do tantrismo que é definida "da mão esquerda".

6. Era assim que eu e Grotowski chamávamos o seu teatro. Quando eu tinha deixado a Polônia, no final de junho de 1963, minha bolsa de estudo tinha acabado e meu visto de permanência tinha vencido. Mas depois, inesperadamente, pude voltar de novo para Opole no final de dezembro de 1963.

126 A TERRA DE CINZAS E DIAMANTES

Primeiro, porque, como bom ceifeiro, eu devia ocupar-me das colheitas, do duro trabalho cotidiano, antes que o sol se pusesse. Tal é na verdade o estoicismo dos anciãos, e o modo no qual eles pensam no trabalho. Segundo, e principal: porque doía-me o coração, que via e entendia tudo, e sabia que o senhor[7]* deixava o velho Lama por muito tempo, talvez para sempre. E o Lama, pela idade e pelo modo no qual se comporta, não deve fazer transparecer a dor. Que me seja perdoado, porém, se lhe digo, querido Kim, que o senhor esteve perto como um filho e como um Chela deste velho que lhe diz adeus.

Lama

P.S. Incluo uma carta que chegou-lhe da Inglaterra. Eu a abri para inserí-la no meu envelope. Escreva-me, de qualquer maneira, se o senhor receber esta carta; "à Dieu" e "adieu"[8].

7. Como já disse, eu e Grotowski nos tratávamos por "o senhor", apesar de nos conhecermos há três anos. Foi só no início dos anos de 1980 que começamos a nos tratar por "tu". No decorrer desta carta, ao contrário, há uma grande exceção com o "tu", para depois voltar ao "senhor" habitual.

*. Em todas as 26 cartas da tradução brasileira deste livro, conforme o texto original escrito em italiano, o pronome de tratamento "tu" foi utilizado segundo o português de Portugal, onde é empregado como forma própria da intimidade. Essa escolha foi feita para que houvesse a distinção necessária com as várias flexões verbais decorrentes da utilização do pronome de tratamento "o senhor", que é uma forma de respeito e cortesia que usa as mesmas flexões verbais do informal "você" utilizado no Brasil. (N. da T.)

8. Jogos de palavras que também serviam para evitar mencionar Deus diretamente, por causa da censura.

Carta 2

Carta manuscrita, em papel timbrado "Teatr-Laboratorium 13 Rzędów", endereçada a "Poste Restante Cheruthuruthy, Índia".

Opole, 15 de setembro de 1963

Queridíssimo Geni[1],

Com certeza não é preciso que eu lhe diga o que penso de seu último projeto (um outro período de trabalho na Polônia). O senhor será bem-vindo a Opole assim como foi em Cracóvia[2], esperado e predileto Chela, cuja presença aquece o coração de um velho.

Mas a questão da bolsa de estudo pode ser complicada. Recebi de seu irmão uma carta (pouco clara), na qual escreve que seria necessário um atestado do prof. Kott, mas ele não diz de que tipo. De qualquer forma, irei encontrar Kott em Varsóvia, caso já tenha voltado para a Polônia[3].

Em todo caso, se fosse necessário tentar uma nova bolsa de estudo seria melhor pedir uma geral (quer dizer, para estudar o teatro polonês em geral, não para se especializar em um determinado teatro). Em seguida, após a sua chegada, o senhor poderia escolher aquilo que lhe convém[4].

Estou recapitulando minhas investigações deste último período: acredito que agora eu poderia tentar – na medida da minha ignorância, naturalmente – iniciar-lhe (prática e individualmente) nos "exercícios psíquicos", na "anatomia do subconsciente"[5], na psicanálise "não privada",

---

1. Diminutivo de Eugenio.

2. A mãe do Grotowski morava em Cracóvia.

3. Jan Kott era o professor de quem eu dependia para renovar minha bolsa de estudo já vencida. Naquela época, eu tinha lhe proposto uma tese sobre o teatro de Grotowski, mas ele tinha recusado dizendo que o tema era pouco interessante. Muito tempo depois, quando tanto Kott como Grotowski estavam vivendo fora da Polônia, num artigo sobre o filme *Ran* de Akira Kurosawa, Kott definiu Grotowski como "o último Rei Lear no deserto da Califórnia" (*Theater Heute*, maio de 1986).

4. Mostrar abertamente meu interesse por Grotowski e por seu teatro no meu programa de estudos na Polônia poderia levar as autoridades polonesas a recusarem-me o visto.

5. O termo "subconsciente" já era aceito na Polônia socialista e não era mais associado ao significado idealista que os soviéticos atribuíam a Freud e a Jung. O mérito tinha sido, sobretudo, da *Euhemer*, uma revista de história das religiões que também tinha publicado textos de Freud, Jung, Durkheim e Lévy-Bruhl. Grotowski fala do teatro como uma espécie de ioga que alcança uma dimensão espiritual através de percursos físicos (como Patanjali tinha escrito), através de um trabalho nos centros energéticos do organismo (*chakra*).

128 A TERRA DE CINZAS E DIAMANTES

resumindo, em todo o "Patanjali"[6] do teatro (direção, recitação, percepção[7])
assim como foi-me revelado. Uma experiência fora do comum, na qual
é preciso entregar-se até que o próprio limite seja alcançado. Verdadeira
aventura do velho Pimko[8]...

Falando em Pimko... eu tinha lhe escrito duas cartas fantásticas!
Exatamente de Pimko a Syfon[9]. A primeira carta, Pimko sentimental,
eu a tinha enviado à Noruega; a segunda, Pimko solene, a Teerã[10] – mas
devem ter cruzado com o senhor pelo caminho, porque pela sua carta
de Teerã parece que não foram lidas. O senhor perdeu muito!

Mas sou também um Pimko zeloso, que se preocupa e espera que o
senhor não vá se arrebentar em algum lugar com aquela lata velha que
chama de carro e com a qual está se precipitando em direção às Índias,
e ainda mais em direção às falsas Índias, se se acredita que as únicas
verdadeiras estejam – onde? "Diante dos olhos de minha alma"[11].

Mandei uma carta ao Instituto do Teatro de Budapeste, pedindo
notícias de seu livro[12], inserindo muitas fotos (sobretudo do *Faust*).
Até o momento não tive resposta.

Na *Combat* e no *Times* apareceram dois artigos sobre o *Faust*[13].
Aquele do *Times* é muito interessante, tenho o recorte, que me foi enviado pela redação. Dá uma certa satisfação, mesmo se puramente abstrata.
O que acontece com seu livro na França[14]? Escrevi aos Temkine, mas
a carta voltou (ainda devem estar de férias).

---

6. Patanjali era a figura central de um dos *darsana* (pontos de vista) do hinduísmo,
e o autor de *Krya Yoga* e *Kaivalya Yoga*, o Hatha-Yoga. Grotowski o menciona como se
fosse o título de um livro sobre as técnicas teatrais para se desviar dos problemas da censura, e põe entre aspas toda aquela terminologia herética que poderia alertar os censores
marxistas.

7. "Percepção" é uma maneira para indicar a experiência interior.

8. Pimko era o professor idoso e pedante de *Ferdydurke*, romance de Witold
Gombrowicz, e um dos tantos apelidos que nos dávamos.

9. Outro personagem de *Ferdydurke*, um jovem estudante disciplinado e cheio de
boa vontade.

10. A carta enviada para a Noruega é, naturalmente, a carta 1. Mas aquela enviada
para Teerã, eu nunca recebi.

11. É a definição de Adam Mickiewicz, o vate nacional polonês do século XIX,
para a experiência mística. Era uma citação que frequentemente retornava nas minhas
conversas com Grotowski.

12. *Em Busca do Teatro Perdido*, que será publicado em 1965 na Hungria e na
Itália. Ver p. 91-92.

13. O artigo para a *Combat* era de Olga Obry, e aquele para o *Times* era de Ned
Chaillet, que tinha participado do congresso do ITI em Varsóvia em junho de 1963, e
tinha visto o *Dr Faustous* em Łódż. Ver p. 65-70.

14. Raymonde Temkine estava tentando fazer com que *Les lettres nouvelles* de
Maurice Nadeau, que era uma revista importante e também uma pequena, mas prestigiosa editora, se interessasse pelo *Em Busca do Teatro Perdido*, originalmente escrito
em francês. Nadeau não se deixou convencer. Mas aceitará publicar em sua revista
(maio, junho e outubro de 1965) um ensaio que eu tinha escrito sobre o Kathakali.

Lembre-se de que em Adjar, perto de Madras, mora a Sr. Wanda Dynowska (conhecida na Índia pelo nome de Uma Devi), que é a responsável pela Biblioteca polonesa-indiana. É uma senhora muito gentil, mesmo sendo uma devota no estilo da Blavatsky[15]. Na época, tinha se interessado pelo nosso *Shakuntala*.

E agora um outro endereço, muito mais importante. O filho do famoso diretor polonês Byrski estuda teatro clássico indiano em Benares. Com certeza o senhor pode extrair dele conselhos e informações especializadas (com as quais recheia fascinantes cartas aos pais).

O seu endereço é:
(Benares)
Varanasi 5
Benares Hindu University
International House
Maria Byrski

Tente também localizar o Swami Shivananda (exercícios para a concentração, exercícios respiratórios etc., segundo o sistema *hatha*).

Tenho a impressão de que seu aniversário esteja se aproximando. Que o bom Shiva possa estar dentro do senhor e com o senhor, não somente em sua forma feminina de *Shakti*, e possa trazer-lhe o mais rápido possível para o seu velho guru aflito.

Grotowski

---

15. Helena Petrovna Blavatsky (1831-1891), de origem russa, foi uma das fundadoras da sociedade teosófica. Praticava o espiritismo. Tinha permanecido muito tempo na Europa, na Índia e nos EUA.

Carta 3

Carta manuscrita, em papel timbrado "Teatr-Laboratorium 13 Rzędów", endereçada a "Poste Restante, Madras, Índia".

Opole, 21 de setembro de 1963

O senhor recebeu minhas três cartas precedentes, ou seus caminhos se cruzaram? Suas observações sobre o Kathakali me parecem muito importantes (trabalho com os músculos do corpo, do rosto, trabalho com os olhos, massagens, respiração)[1].

Nossos exercícios vocais e respiratórios estão indo mais ou menos, mas os de plástica são aqueles que mostram a maior deficiência de método (com exceção das máscaras, faciais e do corpo)[2]: os ensinamentos do Kathakali poderiam ser resolutivos.

De resto, fiz uma reforma radical dos exercícios, baseada:

1) na individualização dos exercícios a partir de um defeito não eliminável, de erros elimináveis e dos dotes próprios de uma determinada pessoa em qualquer setor dos exercícios. *Cada um torna-se instrutor de si mesmo.*

2) *na introdução do fator imaginativo em todos os exercícios* (estimulação do subconsciente).

A mudança concreta dos exercícios já salta aos olhos.

Acredito que as investigações deste último período (autoexploração, anatomia psíquica, psicanálise do "não privado"), se desenvolvidas, possam abrir inesgotáveis possibilidades e perspectivas.

Mesmo nesta fase sinto que posso afirmar que o "patanjali do teatro" (método)[3], percorrendo este caminho, é tangível e verificável.

Se realmente o senhor conseguisse voltar à Polônia por algumas semanas (como projetava na carta anterior) eu tentaria iniciar-lhe, na

---

1. Grotowski faz alusão a uma carta que mandei de Cheruthuruthy, na qual eu contava as minhas impressões sobre o Kathakali que tinha visto no Kerala Kalamandalam. Essas observações tornaram-se a base para o meu artigo sobre o teatro Kathakali que será publicado na França por *Les lettres nouvelles* (maio-novembro de 1965), nos EUA por *Tulane Drama Review* (verão de 1967) e, na Itália, por *Teatro* (outono/inverno de 1967/1968).

2. Os exercícios sobre as máscaras faciais tinham começado durante os ensaios de *Akropolis*, em 1962, também inspirados (como Grotowski contou-me em 1994, em Holstebro) no texto de Rilke sobre Rodin, no qual vem descrito o intenso e continuado trabalho das rugas que esculpem a face humana. Foram eliminados do trabalho do Teatr-Laboratorium em 1964.

3. Ver nota 6, carta 2, p. 128.

QUERIDO KIM: 26 CARTAS DE J. GROTOWSKI A E. BARBA   131

prática, em tudo isso. É um conhecimento totalmente concreto *que pode ser estudado e verificado no próprio organismo.*
Não sei, porém, se o seu projeto poderá ser realizado. Seu irmão escreveu que para o processo da bolsa de estudo é necessária a intervenção do prof. Kott, o qual, entretanto, ainda não voltou para a Polônia e por isso não posso fazer nada. No pior dos casos, quando o senhor voltar à Europa, lhe farei um curso por correspondência sobre o meu peculiar artesanato. Mas preferiria ensinar-lhe tudo pessoalmente – parece-lhe talvez estranho da parte de Ramakrishna[4]?
O senhor escreveu dizendo que desejaria ver os resultados concretos do seu trabalho. Pois bem, permita-me que lhe diga: resultados concretos não se veem nunca. Os resultados concretos (sobretudo em uma arte fugaz como o teatro) nascem e morrem num abrir e fechar de olhos, e penso que seja errado ligar-se a eles. Acredite em mim, tenho o direito moral de falar-lhe desta maneira. Possui-se de verdade somente aquilo *de que se fez experiência,* sendo assim (no teatro), aquilo que se sabe e que pode ser verificado no próprio organismo, na própria individualidade, concreta e cotidiana.
É exatamente aqui que se encontra a semente de nossas últimas investigações: o artesanato (direção? arte do teatro?) construído e experimentado no próprio organismo vivente que, com relativa certeza, nos acompanha.
Por isso repito: o senhor não encontra a Índia, nas Índias? Bah! É porque a Índia está em outro lugar. Onde? "Diante dos olhos da nossa alma". Mas apesar disso eu também veria de muita boa vontade essas Índias inferiores, geográficas...[5]
Fico aqui à espera do seu "opus graphomanicum"[6].
Abençoo Vivekananda.

G.

P.S. Todos lhe mandam lembranças.

---

4. Ramakrishna (ver p. 71-72) – o mestre – e seu discípulo Vivekananda – ativo, escritor e extrovertido – estavam entre os personagens dos quais eu e Grotowski nos servíamos para falar de maneira lúdica da nossa relação. Grotowski identificava-se com Ramakrishna, o revitalizador de uma tradição, e eu com Vivekananda, o propagador. Grotowski tinha lido o livro de Romain Rolland na Rússia, em 1956, enquanto seguia os cursos de direção teatral em Moscou. Roman Rolland era um autor bem-visto pelas autoridades soviéticas e todas as suas obras tinham sido traduzidas em russo.
5. Mais uma vez é preciso lembrar das condições em que viviam os cidadãos da Polônia socialista e das enormes dificuldades que encontravam para viajar. Só podiam sair do país se tinham um convite do exterior que garantia todas as despesas da viagem e da permanência. Quando voltavam para a Polônia tinham que devolver o passaporte. Na Polônia daqueles anos não era possível ter moeda estrangeira.
6. Grotowski me gozava chamando-me de "grafomaníaco" porque eu escrevia artigos, ensaios e até mesmo um livro sobre ele. Aqui faz alusão ao meu projeto de escrever minhas observações sobre o Kathakali.

Carta 4

Carta manuscrita, em papel timbrado "Teatr-Laboratorium 13 Rzędów",
endereçada à casa da minha mãe na Itália, em Roma.

Opole, s.d. 1963 [provavelmente fim de novembro]

Querido Talponcino[1],

Mando a carta pedida[2]. Ela deveria ser enviada sem falta junto às
cartas do editor e àquelas de algum ilustre professor italiano que seja
de uma escola ligada a Lévi-Strauss (se quisermos realmente obter
algum resultado).

E agora a propósito da obra [*Em Busca do Teatro Perdido*]. No
final da descrição dos exercícios é necessária uma *Nota* concebida desta
maneira: "os exercícios de um determinado setor deveriam ser feitos
contemporaneamente àqueles de um outro setor (por exemplo, aqueles
físicos e vocais ao mesmo tempo)[3], para desenvolverem-se, depois,
em estudos de recitação sobre um tema – cena ou improvisação –,
utilizando o elemento físico, plástico ou vocal que se tem vontade de
exercitar naquele dia".

O senhor não vai acreditar, mas é verdade:

1) Estou aprendendo a andar a cavalo (ontem cavalguei sozinho
nas montanhas durante oito horas).

2) Hoje me aventuro em viagens de carona.

Verá que me tornarei inclusive um campeão europeu de boxe,
panta rei

Talpone

---

1. No nosso léxico particular eu era Talponcino (Toupeirinha), jovem e sem experiência, e Grotowski era o velho e astuto Talpone (Grande Toupeira). Nós nos conside-
rávamos conspiradores ocupados em cavar caminhos subterrâneos.

2. Nem eu nem Grotowski conseguimos nos lembrar de que carta se tratava.

3. Estes exercícios "mistos" não funcionaram, e foram eliminados. Nos exercícios
físicos, realmente, é utilizada uma série de músculos que não ajudam a emissão da voz.

Carta 5

Carta manuscrita, endereçada a "Grand Hotel, Cracóvia, Polônia".

Opole, s.d.
[provavelmente do fim de dezembro de 1963
ou do início de janeiro de 1964]

Excelentíssimo Senhor[1],

Mas como, o senhor sente alegria pela esterilidade do velho guru, e quer convidar uma série de pessoas para assistir à sua desonra? Bah! Alguns dias atrás o guru teve uma iluminação. E *Hamlet* veio à luz! Talvez não seja compreendido. Talvez não entre em órbita do ponto de vista dos atores. Talvez se torne a minha Waterloo. Mas diante de Paracleto[2] eu não me envergonho.

O senhor pode convidar quem quiser. Melhor *muitas* do que poucas pessoas. Comunique-me logo quantos lugares devo reservar[3].

O espetáculo é dia 16 às 19 horas. "E que Deus proteja a nós e aos nossos inimigos".

Grot.

P.S. Imploro-lhe que me envie imediatamente, *urgente*, o artigo de Ludwik [Flaszen] sobre *Akropolis*.

---

1. A inscrição é menos irônica do que pode parecer: em polonês é, realmente, o modo normal de começar uma carta entre pessoas que se tratem por "o senhor".

2. O Espírito Santo, no Evangelho segundo João. Mais uma vez uma circunlocução para a censura.

3. Grotowski faz, assim, com que eu perceba que devo reunir o maior número possível de espectadores, sobretudo entre os estudantes estrangeiros. Depois de algumas apresentações *Studium o Hamlecie* foi proibido. Sobre a difícil, quer dizer, desesperada situação do Teatr-Laboratorium naqueles dias, ver p. 81-82.

Carta 6

Carta manuscrita, em papel timbrado "Teatr-Laboratorium 13 Rzędów", endereçada a "Damfaret 60, Oslo, Noruega".

Opole, 12 de maio de 1964

Pan[1] Eugeniusz,

Escrevo-lhe do trem Paris-Varsóvia.

Ontem enviei-lhe de Paris uma breve carta junto à parte que ainda não tinha lhe devolvido de seu texto sobre o teatro Kathakali. Hoje reli suas duas cartas e preocupei-me. O que o senhor entende por um "resfriado nos rins"? Talvez uma inflamação dos rins (albuminose)? Porque se é assim, esta é a doença de quem aqui te escreve, muito grave se for *crônica*, e que de qualquer forma torna impossível seu atual estilo de vida. De todas as possíveis doenças renais a "dita cuja" é simplesmente mortal. Caso não tenha a possibilidade de curar-se devidamente, volte à Polônia para fazer uma cura, encontrarei um médico e ajudas econômicas para o senhor. Se, ao contrário, o senhor puder se curar também em Oslo, seria melhor que permanecesse aí, e que tentasse começar seu trabalho no teatro. Caso exista alguma possibilidade.

Escreva-me se posso ajudar de alguma maneira (o que me parece pouco realístico). Estou elaborando um projeto teatral ao lado de J. Poliéri[2] (com o qual, imagine, fiz uma grande amizade), que poderia lhe procurar para uma base de trabalho em Oslo. Mas parece que o projeto será realizado somente no próximo ano. Trata-se de um Instituto de Pesquisas Teatrais do tipo do ITI.

No meio tempo, o senhor não poderia organizar alguma coisa tipo Actor's Studio? Quer dizer, um centro de treinamento para atores desocupados, ou com pouco trabalho? O senhor teria a vantagem de não ter que pagar salários; e aos atores, se daria a possibilidade de arranjar algum contrato através dos espetáculos-demonstração e dos estudos. E visto que a condição do ator é, no final das contas, um problema social, não poderia pedir uma ajuda ao Partido Comunista Norueguês, ou ao

---

1. Senhor, em polonês.
2. Jacques Poliéri, diretor e criador de espaços cênicos não tradicionais que eu tinha conhecido em 1962, havia publicado artigos sobre o Teatr-Laboratorium na *Aujourd'hui – art et architecture*, dedicada à nova cenografia (1963, n. 42-43, p. 170-171).

QUERIDO KIM: 26 CARTAS DE J. GROTOWSKI A E. BARBA 135

Sindicato dos atores profissionais? Parece-me que um projeto como este deveria ser mais viável do que um verdadeiro teatro. A estadia na França me fez entender o quanto são trágicas as dificuldades econômicas para iniciativas como esta no Ocidente[3].

Correu tudo muito bem na minha permanência na França. Três conferências sobre o ofício em Nancy[4], uma em Estrasburgo, na escola do Gignoux, e três em Paris, todas conduzidas por mim, com demonstrações para os atores locais[5], na presença de "verdadeiros especialistas" (especialistas?) e de "personalidades da cultura".

Na Sorbonne, encontrei com Caillois, Lévi-Strauss (que prometeu vir nos encontrar), Goldman e outros professores. Pimko no papel de Pimko.

Erik Veaux[6] prometeu enviar-lhe dentro de poucos dias a tradução da conversa que o senhor teve comigo ["O Novo Testamento do Teatro"].

Envio-lhe a *Bhakti*[7], naturalmente destinada às pessoas do ofício que o senhor tenha em consideração. Quanto ao resto, me adequarei ao momento. Além disso, daqui a três semanas estarei novamente longe de Opole e do reino de Alfred Jarry[8]. Não entreguei a carta à sua Alma[9] porque não a encontrei. Em Nancy, Roland valia por duas, e até três pessoas, em seu esforço por tudo aquilo que se refere à organização e para que a nossa empresa se torne conhecida.

Puzyna[10]pagou suas dívidas.

3. Na linguagem corrente dos países socialistas, "Ocidente" queria dizer "países capitalistas".

4. No Festival de Nancy, organizado por Jack Lang. O intermediário tinha sido o artista gráfico francês Roland Grünberg.

5. As demonstrações eram feitas pela Rena Mirecka e pelo Ryszard Cieślak, que tinham acompanhado Grotowski na França. Hubert Gignoux tinha participado do congresso do ITI em Varsóvia e visto o *Dr Faustous* em Łódź.

6. Erik Veaux, que tinha visitado o Teatr 13 Rzędów em 1963, era o tradutor do Grotowski. Tinha traduzido, além de várias *pièces* de Witkacy, *Mundo de Pedra*, de Tadeusz Borowski, um livro sobre Auschwitz que tinha sido uma das fontes de *Akropolis*.

7. *Bhakti*, em sânscrito, é "devoção". Mas nem eu nem Grotowski conseguimos nos lembrar do que se tratava neste caso.

8. Isto é, a Polônia, o reino onde se desenrola o *Ubu Roi* de Alfred Jarry (a frase inicial diz: "a ação se desenrola na Polônia, quer dizer, em lugar nenhum").

9. Grotowski chamava assim, segundo a terminologia junguiana, a Judy, a menina inglesa com quem eu tinha ido para a Índia, e com quem casarei em 1965.

10. Konstanty Puzyna, crítico de grande valor, redator da importante revista *Dialog*, amigo e defensor do teatro de Grotowski. Puzyna tinha conseguido intervir num momento crítico da vida do Teatr-Laboratorium, influenciando a escolha dos membros de uma Comissão do Ministério da Cultura que deveria avaliar se o Teatr-Laboratorium tinha que ser fechado (ver p. 81-82). Em 1994, Grotowski me contou qual tinha sido a tática de Puzyna nesta ocasião: tinha pedido a algumas personalidades do meio teatral para falar mal de Grotowski. Assim elas foram escolhidas para fazer parte da Comissão e, naturalmente, depois de ter visitado o teatro em Opole, disseram que tratava-se de um fenômeno excepcional que tinha que ter o máximo apoio.

136 A TERRA DE CINZAS E DIAMANTES

Ainda não se sabe nada sobre a publicação do seu livro através da Madame Saurel[11]. Parecia naufragada, mas talvez minha viagem a Paris tenha mudado muitas coisas, e pode ser que o publiquem. Madame Temkine, que em julho estará em Oslo para o congresso do clube PEN, deveria dar ao senhor uma resposta definitiva.

A opinião de Nowicki é justa[12]. E daí? O senhor não estava com vontade de publicar o seu fragmento na *Euhemer*?

Com certeza lhe mandarei as cartas de volta[13]. Agora tenho na cabeça mais os seus problemas do que os Moi[14]. Neste instante seu problema é *existir* – a qualquer custo. Faça mais um esforço, claramente *nos limites do possível*, mas faça-o, por Deus. Espero isto do senhor, cheio de preocupações e inquietações,

Pimko

11. Renée Saurel, a crítica teatral de *Les temps modernes*, tentou em vão fazer com que publicassem na França o *Em Busca do Teatro Perdido*.

12. O adjetivo "justo" (*słuszne*) usado por Grotowski corresponde ao atual "politicamente correto". Nowicki era redator da *Euhemer*, a revista polonesa de história das religiões. Tinha prometido publicar um texto meu sobre o teatro de Grotowski, depois deu pra trás por causa da censura.

13. Não conseguimos nos lembrar de que cartas se tratavam.

14. Na nossa língua particular, os Moi (uma tribo do Camboja que rende prisioneiros, cegando-os, e protagonistas de *La voie royale* de André Malraux) eram as autoridades polonesas.

Carta 7

Carta manuscrita, em papel timbrado "Teatr-Laboratorium 13 Rzędów", endereçada a "Damfaret 60, Oslo, Noruega".

Opole, 4 de julho de 1964

Pan Eugeniusz,

Recebi com bastante atraso a tradução francesa da transcrição de nossa conversa sobre o ofício do ator ["O Novo Testamento do Teatro"] e pude corrigi-la somente há pouco tempo.

Aqui incluo uma cópia da minha carta ao tradutor[1], de maneira que o senhor possa eventualmente citar estas correções no livro ou no primeiro número da revista teatral[2]. É muito importante para mim que todas as correções sejam citadas com precisão, pois delas, realmente, depende o sentido correto do texto. São absolutamente necessárias.

Agora algumas questões práticas: ficarei em Opole até o dia 10 de julho, depois estarei em Cracóvia. Por favor, assim que o senhor receber esta carta mande-me um telegrama para comunicar-me quando chegará, de maneira que eu possa estabelecer, consequentemente, meus projetos para as férias. Resumindo, espero: ou o telegrama ou o senhor pessoalmente.

Grotowski

---

1. Erik Veaux. A carta que Grotowski lhe manda são duas páginas extremamente densas, que começam assim: "Caro Senhor Erik, agradeço-lhe pela carta e pela tradução. Parece-me que é muito bonita e que paira sobre o senhor o espírito de Artaud". Segue uma lista de correções, coloco aqui as mais significativas: "p. 6, l. 7 do alto: o senhor traduz *widowiska buntownicze* como *spectacles revolutionnaires*; deveria ser rebeldes (*rebelianckie*), não revolucionários (*revolucyne*). P. 9, l. 3 do alto: não é necessário acrescentar a palavra *sémantique*. A atriz e a cortesã não possuem um campo semântico comum, mas de vida, de costumes. Em vários momentos eu falo de "excesso", e entendo-o de forma absolutamente literal e brutal. O senhor às vezes usa a palavra "cume". *Teria que permanecer "excesso" de qualquer maneira.*

2. O livro era naturalmente o *Em Busca do Teatro Perdido*. A revista era *Teatrets Teori og Teknikk*, que eu estava tentando publicar em Oslo. Consegui publicá-la em outubro de 1965 (ver p. 91 e 99-103).

Carta 8

Carta datilografada[1], em papel timbrado "Teatr-Laboratorium 13 Rzędów", endereçada a "Damfaret 60, Oslo, Noruega".

Opole, 1º de setembro de 1964

Pan Eugeniusz,

Assim estão as coisas:

1) Enviei uma carta a Christine[2], estou esperando uma resposta.
2) Não recebi nenhuma carta sobre o assunto de Pádua [*Em Busca do Teatro Perdido*], escreverei imediatamente.
3) Gurawski está correndo atrás[3]. Promete terminar tudo até o dia 1º ou 2 de setembro. Se ele mantém a promessa envio tudo para o senhor o mais rápido possível (estão quase prontos, envio-lhe amanhã, dia 2 de setembro).
4) Envio *amanhã* para a Noruega as fotos dos espetáculos e dos exercícios (uma série).
5) Recebi o artigo francês ["O Novo Testamento do Teatro"], mas pela data vejo que o mandou para mim antes de receber meu telegrama. Quer dizer então que não lhe é mais necessário?
   Dia 8 de setembro chegam aqui dois professores [da escola] de Gignoux[4].
6) Vou lhe enviar as revistas polonesas assim que tiver arrumado mais algumas – não me esqueci.

1. Grotowski não sabia usar máquina de escrever, pedia para uma secretária bater suas cartas, o que às vezes fazia com que elas se tornassem mais formais (veja por exemplo a carta 11, p.143.).

2. Kristin Olsoni, diretora teatral e pedagoga finlandesa, tinha participado do Congresso do ITI em Varsóvia e visto o *Dr Faustous* em Łódź. Logo em seguida tornou-se diretora do Teatro de Vasa, na Finlândia, e fez de tudo para mandar a Grotowski convites da Finlândia. Muitas vezes os convites eram falsos, mas o objetivo deles era fazer com que as autoridades polonesas compreendessem que Grotowski era bastante conhecido no exterior e que o fechamento do seu teatro não passaria despercebido.

3. Trata-se, provavelmente, dos desenhos e dos esboços de espetáculos do Teatr-Laboratorium que deveriam servir tanto para o *Em Busca do Teatro Perdido* como para o primeiro número da revista *Teatrets Teori og Teknikk*.

4. Hubert Gignoux, diretor da escola teatral e do Teatro de Estrasburgo. Ver nota 5, carta 6, p. 135.

QUERIDO KIM: 26 CARTAS DE J. GROTOWSKI A E. BARBA   139

7) Hei de satisfazer qualquer outro desejo seu, tanto quanto o meu
    frágil caráter e a minha preguiça me permitirem. Até agora corre
    tudo bem no que diz respeito à sua bolsa de estudo[5].

8) Posso lhe enviar um livro em russo sobre o teatro Kathakali
    – desenhos de mudras e fotos da posição dos olhos. Há algumas
    coisas interessantes no texto, como, por exemplo, sobre a Escola
    Mandalam em Cheruthuruthy, no Kerala, perto de Shorapura;
    sobre a relação entre o estudante e o seu guru (guia espiritual);
    sobre o estudo do sânscrito e sobre a leitura dos textos sagrados
    da parte do estudante; sobre a relação – que chega até um "ex-
    travasamento" de personalidade – entre ator que dança e ator que
    canta; isso é tudo. Pode lhe servir? O livro é em russo, língua que
    o senhor conhece profundamente (visto que fala corretamente
    todas as línguas).

9) Minha tendência à individuação[6] aumenta, quase todas as semanas
    me traz uma nova iluminação sobre o ofício. Estranhas experiên-
    cias: mudei os exercícios e, se devo ser sincero, fiz uma revisão
    de todo o método. Não tem nada de diferente nele, nem existem
    novas letras para este alfabeto, mas agora defino como orgânico
    tanto aquilo que antes era "orgânico" (para mim), como aquilo
    que eu considerava dependente do intelecto. E tudo me aparece
    sob uma nova luz. Como isso pode acontecer? Parece-me uma tal
    mudança que provavelmente terei que *reaprender* todo o ofício,
    quer dizer, estudar tendo como base esta nova "consciência orgâ-
    nica" dos elementos[7]. Desde que o "Bem-Amado"[8] não abandone
    o seu *bhakti*[9] no meio do caminho – ficaria como um idiota.

10) Ensaios de *O Príncipe Constante* em andamento. As perspectivas
    para o nosso instituto são concretas, na medida em que todas as
    perspectivas podem ser concretas.

11) Recebi uma carta de Budapeste, do Dr. Hont: em outubro impri-
    mem e publicam o livro, isso é certo. Então, se o senhor ainda

---

5. Mesmo não tendo mais a permissão de voltar à Polônia, minha bolsa de estudo
durava até outubro de 1964, e tinha chegado para mim em Opole. Por isso eu tinha pedido a Grotowski que retirasse o dinheiro e que o usasse com os viajantes e os estagiários
estrangeiros que iam ao 13 Rzędów.

6. Termo de Jung que designa o desenvolvimento mental.

7. Acredito que este trecho pode ser explicado assim: existe sempre um momento
particular, para um diretor interessado nos problemas do treinamento e da presença
orgânica do ator, no qual as categorias que antes ajudavam a explicar, a justificar e a
dar ordem, parecem retirar-se, sem desaparecer, mas deixando o espaço livre para uma
visão reativa dos processos pré-expressivos. Esta visão se deixa guiar pelos impulsos
da ação do ator, sem se preocupar, nesta fase, em defini-los.

8. Cristo, para Juan de la Cruz. Naquele período Grotowski estava relendo este
autor junto ao Cieślak, como preparação para *O Príncipe Constante*.

9. O fervor em relação ao divino, em sânscrito, e também quem segue este caminho.

140 A TERRA DE CINZAS E DIAMANTES

pensa em enviar-lhes "O Novo Texto do Teatro"[10] (o que me parece essencial) esta é a última possibilidade. Ainda possui uma cópia em francês? Se não, poderia enviá-lo em italiano.

Que o herói de Renan, tão digno de pena, lhe ajude nos pensamentos, nas palavras e nas obras[11].

Grot.

---

10. "Texto", ao invés de "Testamento", para evitar o termo religioso, não dando às autoridades o pretexto de uma acusação de misticismo para que fechassem o teatro, perigo que, exatamente naqueles meses, estava se tornando particularmente plausível. Quando essa longa entrevista encontrou lugar no *Em Busca de um Teatro Pobre*, em 1968, Grotowski quis que eu escrevesse explicitamente que o título O Novo Testamento do Teatro era meu.

11. Em *A Vida de Jesus*, de Ernest Renan, o protagonista aparecia como um niilista. Frequentemente eu e Grotowski nos referíamos a este livro.

Carta 9

Carta manuscrita, em papel timbrado "Teatr-Laboratorium 13 Rzędów", endereçada a "Damfaret 60, Oslo, Noruega".

Opole, 2 de setembro de 1964

Pan Eugeniusz,

Eis as fotos dos exercícios. Incluo uma carta endereçada ao senhor, que chegou aqui nesse meio tempo.

Amanhã lhe mando os desenhos de Gurawski, que são muito bons.

Como o senhor vê, as fotos são numerosas, mas, infelizmente, não contêm todos os exercícios, porque nem todas saíram bem. Do lado de trás escrevi somente aquilo que poderia lhe ser necessário, nos casos em que o senhor já sabe das coisas, não escrevi nada.

Grot.

Hoje eu já havia lhe enviado uma outra carta.

P.S. Mais uma vez, nenhuma carta de Pádua[1]. A partir do momento em que o convite chega são necessários pelo menos outros três meses. Eu gostaria de levar o Cieślak como ator. O senhor escreveu para a *Tulane Drama Review*[2]? Ainda não recebi nenhuma cópia.

Lembranças,

Grot.

1. A Marsilio Editori, uma editora de Pádua, deveria publicar o *Em Busca do Teatro Perdido*. O acordo era que, em vez de pagar-me os direitos de autor, teriam convidado Grotowski e um dos seus atores para ir à Itália e fazer uma série de conferências e demonstrações. Grotowski está preocupado porque, como eu já disse, o processo para a obtenção do passaporte era muito longo e complicado.
2. Ver p. 59-60 e a nota 6, carta 11, p.144.

Carta 10

Carta manuscrita, em papel timbrado "Teatr-Laboratorium 13 Rzędów", endereçada a "Damfaret 60, Oslo, Noruega".

Opole, 3 de setembro de 1964

Pan Eugeniusz,

Enviei-lhe os desenhos de Gurawski. Não existem ali bons esboços com visão axonométrica (à mão livre) porque Gurawski diz que ulteriores elaborações necessitariam de desenhos mais complicados. Imagino que ele tenha razão, visto que desenhou muito bem *Dr Faustous*, *Hamlet* e *Akropolis*. Gurawski pede que o senhor conserve os desenhos depois de tê-los usado, se possível, para uma sucessiva reutilização.

Lembranças,

Grot.

Carta 11

Carta datilografada, em papel timbrado "Teatr-Laboratorium 13 Rzędów", endereçada a "Damfaret 60, Oslo, Noruega".

Opole, 20 de outubro de 1964

Pan Eugeniusz,

Como vão seus afazeres? O que acontece com a revista[1]? O primeiro número sairá em inglês? Quando?

E ainda: completou o seu *ensemble* de atores? A partir do quê o senhor começará? Já possui um espaço? Não faço perguntas[2] sobre seus estudos universitários porque o fato de que se prolonguem e dilatem continuamente começa a parecer-me uma perversão[3].

K.[4] está se ocupando seriamente do seu livro. O representante dele na Marsilio Editori S.p.A. (O Conselheiro Delegado Dr. Giulio Felisari) enviou uma carta ao meu endereço e àquele do Cieślak: diz que o livro sairá em janeiro, que gostaria de nos convidar (a mim e a Ryszard) para ir à Itália naquele período. Enviei-lhe um telegrama aceitando e propondo – se possível – mudar a data para fevereiro.

Na verdade, neste momento estamos em plena reorganização do Teatro. Pode ser que a partir do dia primeiro de janeiro nos transfiramos para Wrocław[5]. Eu não gostaria de estar em outro lugar logo no momento em que toda essa situação se esclarecerá.

Isso é tudo. O senhor tem notícias do Dr. Hont? Em sua última carta ele tinha escrito que o livro sairia em outubro. Estou curioso para ver se conseguiram publicar o "Novo Texto do Teatro" (a propósito: se a *Tulane Drama Review* ainda quisesse publicar alguma coisa, não seria possível mandar-lhes um material?).

1. *Teatrets Teori og Teknikk*, a revista do Odin Teatret.

2. No outono de 1964 eu tinha retomado os estudos na Universidade de Oslo, onde depois me formei em história das religiões.

3. No texto datilografado *perswazje*, persuasão.

4. Devido à problemática relação com K. (como vamos ver nas cartas sucessivas), Grotowski pediu-me que não mencionasse seu nome.

5. O Teatr-Laboratorium tinha sido fechado pelas autoridades de Opole por causa das pressões das autoridades centrais de Varsóvia. As autoridades municipais de Wrocław improvisaram então a transferência e a abertura do teatro em sua cidade para salvá-lo. Mas Grotowski, no momento em que escreve, ainda não tem certeza se dará tudo certo.

144   A TERRA DE CINZAS E DIAMANTES

Ainda não recebi o número da *Tulane Drama Review* com minha sublime obra[6], e isso me irrita. Não posso me pavonear enquanto autor e mestre de estilo.

Durante quase duas semanas estiveram aqui um professor de Estrasburgo (o Sr. Roos) especializado no aparelho respiratório-vocal e a senhora Goodwin (inglesa). Acredito que não tenham ido embora insatisfeitos.

Dea[7] está em Varsóvia; recebi uma carta sua. Kristin [Olsoni] nos afoga com seus convites. O senhor acredita? Eu ao contrário sou cético, mas isso, como o senhor sabe, certamente não depende de um pessimismo natural[8].

Não entendo porque o senhor deve escrever-me sobre livros franceses que se encontram na Biblioteca da Universidade de Oslo. Não poderia, em vez disso, pegar alguma coisa emprestada e mandá-la para mim (retorno rápido e seguro)? Neste caso me interessariam obras sobre o tantrismo e sobre o hata-ioga do ponto de vista psicológico e psicanalítico.

Mas já sei que não será possível. O senhor só queria provocar em mim inveja e irritação, exatamente como fez com a notícia de sua viagem à Índia. Efetivamente, já sinto inveja e irritação. Não deixarei de me vingar tão logo se apresente a ocasião.

Quanto ao título do seu livro, decida o senhor mesmo. De qualquer maneira os elogios cairão todos sobre o senhor, e a desonra, ao contrário, sobre a minha cabeça.

Sempre antipático,

Talpone

6. Tratava-se, na realidade, de um artigo meu sobre o *Dr Faustous*, publicado por um mal-entendido com o nome do Grotowski, que tinha se divertido muito com o equívoco. A *Tulane Drama Review* era dirigida por Richard Schechner e em 1964 havia publicado um número dedicado a Marlowe.

7. Dea Trier Mørch era uma artista gráfica dinamarquesa que eu tinha encontrado num festival estudantil em Gdansk, em 1961. Em seguida ela veio me encontrar em Opole e tornou-se uma das embaixadoras do teatro de Grotowski na Dinamarca, na Polônia, na União Soviética e na Iugoslávia, países onde tinha estado por razões de estudo. Tornou-se uma escritora muito apreciada na Dinamarca, e escreveu, entre outras coisas, um livro sobre a Polônia.

8. Quando nos encontramos em Holstebro, em outubro de 1994, para falar dessas cartas, Grotowski contou-me que naqueles anos o Ministério da Cultura tinha proibido, através de um decreto, que o Teatr-Laboratorium viajasse. Esta proibição vigorou até 1965, quando Lucjan Motyka tornou-se ministro. Ele tinha conhecido Grotowski muitos anos antes, quando este organizava manifestações políticas entre estudantes e operários, entre 1956 e 1957. Motyka, contou-me Grotowski, tinha-o encontrado num trem, convidado-o para ir ao seu compartimento e lhe mostrado as tabelas da produção que estava diminuindo por causa das greves. "É isto que o senhor quer?" – tinha-lhe perguntado. E acrescentou: "E que venham os carros armados russos?". Eleito ministro, Motyka cancelou a "saída proibida", e escreveu de próprio punho sobre o dossiê do Teatr-Laboratorium: pode viajar.

QUERIDO KIM: 26 CARTAS DE J. GROTOWSKI A E. BARBA   145

P.S. Parece-me que Kristin desencadeou uma autêntica tempestade de convites. Chegaram-me de:

1) Carl Öhman, Svenska Teatern em Helsinque – Teatro Nacional Sueco na Finlândia.
2) Annette Brøndsted, Danske Studerendes Fellesråd, Fjolstraede 26, Universidade de Copenhague[9].
3) Knut Wiggen, Rindegatan 27, Estocolmo, Suécia (Associação Teatral "Fylkingen", Prästgatan 28, Estocolmo).

Mas não sei como explicar a eles que para me convidarem teriam que se servir paciente e sistematicamente do nosso Ministério da Cultura, da agência PAGART[10] e da Embaixada Polonesa (em todos os três lugares). Os convites, em si, são um bem, e os uso como posso, mas o resto depende somente de seus sistemáticos e perseverantes esforços. O senhor poderia explicar a Kristin, quando será o momento, que por causa da reorganização do teatro (transferência para Wrocław) não seria possível partir agora, mas talvez, por exemplo, no outono de 1965, se desde já, sem se desencorajar, eles propusessem essas datas remotas e entrassem em contato com o ministério, com a PAGART e com nossas embaixadas?

Grot.

9. Annette Brøndsted, que trabalhava na Federação dos Estudantes Dinamarqueses, tinha publicado, em 1963, um artigo meu na revista estudantil. Sob minhas preces tinha mandado ao Teatr-Laboratorium uma carta em papel timbrado que podia ser interpretada como um convite, ainda que se limitasse a pedir informações para uma eventual turnê do teatro de Grotowski pela Dinamarca.

10. Polska Agencja Artystyczna (Agência Artística Polonesa). Era a instituição governativa através da qual passavam todas as negociações artísticas e econômicas para convidar um teatro ao exterior.

Carta 12

Carta datilografada, em papel timbrado "Teatr-Laboratorium 13 Rzędów", endereçada a "Damfaret 60, Oslo, Noruega".

Opole, 29 de dezembro de 1964

Pan Eugeniusz,

O senhor K. veio nos encontrar. O livro [*Em Busca do Teatro Perdido*] deveria sair em fevereiro, mas agora a publicação será adiada, porque o senhor não enviou nem as fotos, nem os desenhos e nem os negativos. Se o senhor não se decide a mandar tudo até a metade de janeiro – afirma o competente K. – o livro terá que ser publicado sem fotografias. Quanto a nós, já tínhamos lhe enviado as fotos em setembro, e lembro-me que o senhor escreveu-me que as tinha recebido. Se fosse possível seria importante que no livro, pelo menos nas legendas das fotos, estivessem escritos os nomes dos atores.

Mas a lista das suas culpas ainda não terminou: o senhor nem sequer lhes mandou a capa certa.

E agora a punição: até hoje a sua bolsa de estudo de setembro não chegou, portanto, a essa altura, é difícil que ainda possa chegar.

Tone[1] esteve aqui, afirma que ouviu dizer em "ambientes muito bem informados" que o senhor, dentro do seu *ensemble*, goza de grande autoridade. Faz muito bem em rever os nossos exercícios. Não existe um modelo ideal, como o senhor bem sabe, mas tudo deve estar em contínua mutação. Nós mesmos, agora, estamos atravessando uma fase de trabalho que é diversa daquela que o senhor viu. Da maneira de conduzir os ensaios do *Príncipe Constante* até os exercícios, tudo é distante, realmente diferente do modo que fazíamos antes. O que não significa um passo para trás, muito pelo contrário, já estamos resolvendo as questões do método num nível mais alto. No que se refere aos exercícios isto quer dizer individualizar o treinamento e permitir que a "tarefa", o fio das motivações do ator, venha à tona. Na técnica psíquica o processo de concretização alcançou ótimos resultados. Penso

---

1. Tone Bull era uma jovem atriz norueguesa que, entre o final de 1962 e o começo de 1963, tinha passado alguns meses no teatro de Opole. Grotowski a tinha incluído no *Dr Faustous*, como uma fugaz epifania da bela Helena de Troia que Faust faz aparecer diante dos seus convidados.

QUERIDO KIM: 26 CARTAS DE J. GROTOWSKI A E. BARBA   147

que estamos criando uma variante europeia do *tantra*[2] ou da *bhakti*[3], que tem suas raízes na tradição mediterrânea. E penso também que, neste novo nível, reencontraremos velhos erros que acreditávamos já tivessem sido superados.

Se de um momento para o outro o senhor ficasse famoso e se tornasse rico, provavelmente uma breve visita ao nosso teatro iria oferecer-lhe algumas observações interessantes.

O que acontece no seu *ensemble*? E sua revista, é viável? Se é, quando sai o primeiro número?

Com todo respeito e com muitas desculpas pelo incômodo, tenho que lhe lembrar que até hoje não recebi a *Tulane Drama Review*. Não tenho notícias da Hungria, e nem sei se o senhor lhes enviou "O Novo Texto do Teatro". Obrigado pelas revistas escandinavas. E o senhor recebeu o livro russo sobre o teatro indiano junto da revista *Pamiętnik Teatralny* com as matérias sobre nós? Já faz algum tempo que enviei este material.

A partir do dia 2 de janeiro nossa sede será em Wrocław. O êxodo bíblico já começou. Esperamos que apareça, finalmente, diante de nós (e do senhor) a terra prometida.

Grot.

P.S. Depois que já tinha lhe escrito encontrei em Opole dois números da *Tulane Drama Review* e as revistas húngaras. Recebi o livro de Wolff-Windegg, o título é realmente impressionante. Também recebi a última obra da Alma[4].

O senhor escreve dizendo que tem ideias "heréticas" em relação ao sistema de Opole. É justo que as tenha. Isto é o que espero do senhor, certamente não espero a ortodoxia, nem a inovação. Minhas ideias atuais também são heréticas em relação às precedentes (aquelas do período da sua permanência), e espero que o dia de amanhã me traga novas ideias "heréticas". Se o senhor renega a heresia, eu o renegarei, oh Absalão, Absalão!

Gr.

Para a correspondência o nosso endereço é: Teatr-Laboratorium 13 Rzędów, Wrocław 3, Caixa Postal 41.

2. Ver nota 5, carta 1, p. 125.
3. Ver nota 7, carta 6, p. 135.
4. Era assim que, segundo a terminologia junguiana, eu chamava a Raymonde Temkine, brincando com a relação que ela tinha com Grotowski.

Carta 13

Carta datilografada, endereçada a "Damfaret 60, Oslo, Noruega".

Opole, 6 de fevereiro de 1965

Pan Eugeniusz,

Eis que chegamos a uma nova encarnação do nosso destino: estamos trabalhando em Wrocław desde os primeiros dias de janeiro, e a partir do dia 9 começaremos com os espetáculos. Os ensaios e os exercícios procedem mais ou menos com o ritmo de sempre. Por enquanto nos colocaram na Praça do Município (Rynek Ratusz 26). O endereço postal é: Teatr-Laboratorium 13 Rzędów, Wrocław, caixa postal 41.

Passei as últimas semanas repensando e confrontando o passado com aquilo que deveria ser feito e construído. A transferência do *ashram*[1], mesmo sem nenhuma mudança, produzirá por si só um *ashram* diverso. Prosseguindo na metáfora: o período de Opole equivale a Maharishi no ermitério de Arunachal[2]; Wrocław, ao contrário, será o *ashram* de Aurobindo em Pondicherry[3] (um instituto-ermitério, que vive no barulho de uma grande cidade). Mas talvez não seja mais possível fazer a comparação com um *ashram*.

Aqui temos o estatuto oficial do Instituto de Investigações Teatrais com particular consideração pelas técnicas criativas do ator (e pudemos até conservar o nome da companhia). Tudo isso nos define parcialmente, ainda que, mais do que qualquer outra coisa, em relação ao teatro convencional e às suas obrigações. Mas como nos define diante de nós mesmos?

---

1. Termo hinduísta que indica um ermitério, um retiro isolado, com o qual às vezes Grotowski indicava seu teatro.

2. Ramana Maharishi (morto em 1950, não deve ser confundido com o fundador da Meditação Transcendental), asceta indiano que tinha se retirado na montanha de Arunachal, no sul da Índia, e em torno do qual tinha surgido uma pequena comunidade. Grotowski tinha uma fotografia dele no seu quarto de Opole. Ele me mostrou essa fotografia, e falou-me por muito tempo do livro de Paul Brunton, *In Search of the Secret India*, que sua mãe tinha lhe dado para ler quando ele tinha nove anos. Há uns dois anos, Grotowski contou-me que ainda hoje considerava Maharishi seu mestre interior. Disse-me também que possui cópias do livro de Brunton em inglês, francês, italiano e polonês, e que faz com que todas as pessoas que trabalhem com ele leiam as partes que se referem a Maharishi.

3. Aurobindo Ghose (1872-1950), filósofo indiano que retornou às práticas da tradição hinduísta retirando-se em Pondicherry, perto de Madras.

E o ator, como deve se ver? Um artista como todos os outros? Um artista diferente dos outros? Um cientista? Uma cobaia? Um apóstolo? Ou algo ainda mais diferente? E esta é só a metade das perguntas.

Não há dúvida: transferências como essas são sempre um emaranhado de perigos. Sente-se de maneira quase palpável, por exemplo, como o lugar de trabalho não é mais aquele pólo de atração exclusiva que podia ser no silêncio de uma cidadezinha pequena. Se nesta nova situação mantivermos a antiga estratégia de trabalho, inevitavelmente surgirá uma crise, e o lugar de trabalho se transformará num lugar de pesadas obrigações. O verdadeiro problema é: como conservar o silêncio interior lá onde o silêncio exterior não existe? Como conservar a concentração num lugar rico de convites à dispersão? Como conservar a atitude do explorador quando a tentação é aquela de montar uma casa? Como conservar a "loucura da meta" lá onde tudo sugere a normalidade, e onde temos que nos definir explicitamente segundo o status de ator?

Até agora os sinais de crise não apareceram, o *ensemble* trabalha normalmente, talvez até mais intensamente do que antes. Mas sei que se não encontro uma resposta a essas perguntas, poderia explodir tanto uma crise psicológica como uma relacionada ao desenvolvimento do método.

Como já escrevi ao senhor, o método entrou numa diferente fase de desenvolvimento, o que influiu na escolha dos exercícios e fez também com que surgissem novas necessidades, às vezes surpreendentes: como, por exemplo, a definição de um certo tipo de psicologia de trabalho, ou uma fenomenologia psíquica que fosse útil às tarefas concretas (para a "técnica 2", e não num nível inicial[4]). Parece que estou intuindo qual terá que ser a direção das próximas buscas, mas só o tempo poderá mostrar se tenho razão.

Quanto aos problemas inerentes à transferência do *ensemble*, as perguntas de que eu lhe falava antes, parece que também estou intuindo com relativa clareza quais deveriam ser as respostas práticas adotadas. Mas para mim é muito importante confrontá-las com suas atuais experiências. O senhor não só conhece bem o nosso *ensemble*, mas acredito que, trabalhando em Oslo, deve ter se feito algumas dessas mesmas perguntas, ainda que num contexto que possui, naturalmente, condições diversas. Por favor, leve a sério este meu pedido, e responda-me dizendo com precisão quais são exatamente, segundo o senhor, as respostas mais apropriadas a esses problemas. De certa maneira é um teste, e estou realmente curioso para ver se, e até que ponto, suas respostas serão diferentes das minhas.

---

4. Eu e Grotowski distinguíamos dois tipos de técnicas: a "técnica 1", para o teatro; e a "técnica 2", para o desenvolvimento interior (como por exemplo a ioga).

Recebi um telegrama de K., no qual me informa que o livro [*Em Busca do Teatro Perdido*] sairá no dia 25 de fevereiro, e que já está tudo pronto para que um ator e eu viajemos nesta data. Fiquei muito surpreso, visto que até agora o dinheiro para a viagem ainda não chegou e que só depois de sua chegada o processo para o passaporte poderá ser regularizado, e não imediatamente. Neste contexto a data do dia 25 de fevereiro não é realística de modo algum, e surpreende-me que K., mesmo conhecendo o ritmo normal para os processos burocráticos, não tenha se dado conta disso. Respondi-lhe com um telegrama, mas não sei se adiantará. Eu realmente seria muito grato ao senhor se pudesse lhe escrever explicando tudo isso. É verdade que o livro vai ter algumas fotos a mais?

Eu gostaria de saber mais coisas sobre seu programa de trabalho com o grupo de atores de Oslo. Interessa-me também o trabalho cotidiano, como são e como se divide cada um dos exercícios. Interessam-me os problemas psíquicos do seu trabalho de diretor e de pedagogo. Se o senhor tem algumas fotos do trabalho, eu gostaria de vê-las. Também gostaria de saber quais são as perspectivas da sua revista, e se seus projetos em ambos os campos são concretos, ou se o contexto geral de vocês não os torna, de alguma maneira, pouco realísticos.

Sei que ficará furioso comigo, que dirá que não tem tempo e assim por diante, mas esta carta-teste poderia ajudar ao senhor também, cumprindo um papel que é de alguma maneira heurístico. Claramente eu preferiria, se o tempo e os meios materiais lhe permitissem, que o senhor desse um pulo de uns dois dias aqui no nosso teatro, no novo *ashram*. Se isso não for possível – espero uma carta, sem me preocupar com a quantidade de insultos que podem me chegar de sua mente provocada.

Mando-lhe um cordial aperto de mão,

Grot.

Carta 14

Carta datilografada, endereçada a "Damfaret 60, Oslo, Noruega".

Wrocław, 5 de abril de 1965

Pan Eugeniusz,

Obrigado pela carta. Não havia nela a resposta ao meu teste psicológico (sobre as condições de trabalho de um *ensemble* ou de um Teatro-Estúdio que trabalha num grande centro urbano), no entanto, com a desculpa dessa resposta, o senhor me desenhou um quadro completo do seu trabalho neste período. Parece-me que está fazendo a coisa certa, tanto em seu conjunto como nos detalhes. Se as pessoas que colaboram com o senhor se demonstrarem tenazes, sua empreitada provocará sem dúvida, no início, as risadas mais clamorosas dos seus opositores. Mas aqueles que riem terão que parar de rir, pois se encontrarão diante de um fato artístico incontestável. Parece-me que o senhor conseguiu compreender o âmago de nossas buscas em Opole (e, naturalmente, agora em Wrocław): a tensão para a mudança, para o contínuo desenvolvimento, para a autocorreção e para a contraposição, antes de tudo diante de si mesmo. Ou seja, um método aberto, criativo, que não é fechado e que não é uma receita.

O senhor me diz que passam por sua cabeça reflexões até mesmo heréticas sobre a técnica teatral tal como a conheceu em Opole. Eu o compreendo perfeitamente – o mesmo se passa comigo. Eu lhe seria muito grato se, quando tiver um minuto livre, pudesse me formular algumas questões gerais. Teria curiosidade de ver quanto são parecidas e quanto são diferentes, quanto são estranhas e quanto são corroborantes se as compararmos com aquelas que eu mesmo trouxe ao método.

Já estamos bem enraizados em Wrocław. Muitos sinais me fazem acreditar que o *ensemble* tenha se adaptado à nova situação de trabalho numa cidade grande sem ter perdido suas características de *ashram*, mesmo que às custas de um grande esforço e de dificuldades psicológicas iniciais.

Marcamos a estreia de *O Príncipe Constante* para o dia 15 de abril. É um espetáculo particular, diferente dos anteriores. Está atrasado devido à viagem que eu e Cieślak devíamos ter feito à Itália e não fizemos. E visto que estamos falando desta viagem ligada ao seu

152　　A TERRA DE CINZAS E DIAMANTES

livro, aqui incluo uma cópia da carta de K., a partir da qual o senhor poderá entender porque a viagem não foi feita.

Pode ser que K. não lhe mande nenhuma cópia do seu livro, levado por um inconsciente ressentimento causado pelo fato de que não fomos à Itália. De qualquer forma, se lhe chegarem alguns exemplares de brinde, peço-lhe que os envie para mim.

O senhor recebeu o número da *Pamiętnik Teatralny* que nos foi dedicado? Precisa de livros poloneses? Dei uma olhada nas revistas que poderia lhe mandar, mas as vejo tão gastas e cheias de manchas que não me parece o caso, preferiria lhe fazer a assinatura de algumas revistas novas. Neste caso, diga-me quais.

Escreva-me dizendo quando será a estreia do seu espetáculo e como será o programa. Espero sempre, ainda que sem grandes esperanças, que o senhor consiga nos fazer uma visita de uns dois dias. Entre parêntesis: dia 10 de abril os Temkine chegam aqui.

Vi seu livro (graças ao conhecimento do material eu era mais ou menos capaz de seguir o italiano). Penso que seja um livro que deu certo, e que existam possibilidades de publicá-lo em polonês[1]. A propósito, Puzyna fez alusão a uma coleção de livros de teatro que ele dirige, mas eu teria que acrescentar um apêndice sobre o desenvolvimento do método de 1964 até hoje. Neste momento isso é totalmente impossível para mim, visto que não disponho de exemplares do livro, além da única cópia que me chegou.

Como já tinha lhe escrito, e como também disse a Toft[2], o dinheiro da sua bolsa de estudo não chegou. Mas não se preocupe: isto não me isenta de lhe dever gratidão e reconhecimento[3] (naturalmente sempre que ainda dê importância àquele vínculo de afeto e de afinidades que o une a seu velho Lama, e que brota com tanta dificuldade nesta carta).

Abraço-lhe afetuosamente,

Grotowski

1. Os livros *Em Busca do Teatro Perdido* e *Em Busca de um Teatro Pobre* nunca foram publicados na Polônia.

2. Per Toft, um colega que estudava comigo na Universidade de Oslo. Queria tornar-se um ator, e eu o aconselhei a procurar Grotowski.

3. Ver nota 5, carta 8, p. 139.

Carta 15

Carta datilografada, em papel timbrado "Teatr-Laboratorium 13 Rzędów", endereçada a "Damfaret 60, Oslo, Noruega".

Wrocław, 26 de abril de 1965

Pan Eugeniusz,

Hoje recebi sua carta. Foi realmente um prazer, sob vários aspectos. Em primeiro lugar é a primeira, desde muito tempo, na qual se reflete uma certa serenidade de espírito. Talvez a espera e os pensamentos ligados à sua iminente mudança de estado[1] o coloquem de bom humor – ainda que tivéssemos que nos perguntar se não seria mais adequado falar do bom humor do enforcado. Agradeço-lhe muito o convite para participar diretamente da cerimônia fúnebre[2]. Em todo caso peço-lhe para apresentar à Amada a expressão dos meus sentimentos e do meu respeito, e a esperança de logo poder conhecê-la pessoalmente.

A segunda boa nova é seu projeto de vir à Polônia. Se realmente fosse possível para o senhor, eu lhe sugeriria o *início* de julho, quando apresentaremos espetáculos, de modo que possa ver tanto os exercícios como *O Príncipe Constante*[3]. Até agora duas coisas são evidentes. Primeiro: marca o início de um novo período na estética da nossa "empresa"[4]. Segundo: esse espetáculo representa a tentativa de aplicar as pesquisas de fronteira entre o tantra e o teatro, como eu já tinha lhe falado.

Isto exige uma extrema precisão técnica, especialmente no que se refere à técnica espiritual do ator; tudo é suspenso por um fio, e pode facilmente debandar. Resta-me esperar que não aconteçam debandadas quando o senhor vir o espetáculo. Porque existe a possibilidade de que esse tipo de trabalho possa se desenvolver. Tanto do ponto de vista do

---

1. Eu e Judy tínhamos decidido nos casar.

2. Como veremos nas próximas cartas, Grotowski virá ao meu casamento na Inglaterra. Naquela ocasião foi organizada uma conferência sua em Londres, na qual ele encontrou com Peter Brook pela primeira vez.

3. A viagem não aconteceu. Vi *O Príncipe Constante* em fevereiro de 1966, quando o Odin Teatret convidou-o para Oslo.

4. Flaszen e Grotowski falavam do teatro deles como de uma "empresa", fazendo referência a Thomas Mann, filho de um próspero comerciante que dizia que escrever era como dirigir uma empresa.

154 A TERRA DE CINZAS E DIAMANTES

método do ator como daquilo que poderia ser definido o espírito da obra. Considero esta a experiência artística mais importante que já realizei até agora. E não só artística.

É sempre difícil para mim fazer com que me compreendam por via epistolar, visto que com as pessoas comunica-se muito mais através da expressão pessoal do que com as palavras. Quando escrevo para alguém, parto do princípio de que este alguém complete por si mesmo as palavras, e as associe aos gestos e às entonações que me pertencem. Mas com o passar do tempo a lembrança desse conjunto evapora, e então aparecem os mal-entendidos.

Há alguns dias li sua penúltima carta. O senhor diz que não deu sinais de vida porque parecia-lhe que o atraso da publicação do livro fosse atribuído a um descuido seu em relação às fotos. Realmente eu sinto muito. O que quer que tenha acontecido, nunca pensei que o senhor descuidasse dos interesses da nossa "empresa", muito pelo contrário, enquanto escrevia pensava que teria lido a informação de acordo com a intenção brincalhona com a qual ela tinha sido formulada, como uma irônica alusão. A mesma coisa vale para a minha última carta, na qual contei-lhe sobre todas as minhas peripécias para obter o visto italiano (deve ter se cruzado com a sua carta): todo o final, no qual eu falava sobre minhas "responsabilidades diante do senhor", desejava ser a queixa de um velho abandonado, não deve ser interpretado ao pé da letra.

Até hoje K. não me enviou nenhuma cópia do seu livro. Estudei de cima abaixo o único exemplar que possuo, e parece-me realmente bem-sucedido. Eu gostaria que fosse publicado na Polônia.

Suponho que o senhor tenha recebido o programa do *Príncipe Constante*. O resumo do seu livro, que nele está incluído, com certeza esmaga o verdadeiro conteúdo da obra. Mas é o preço que se paga pela utilidade prática do resumo, que responde em cheio à historinha que tanto o divertia, aquela do "francês que está te olhando", e também à necessidade de que seja satisfeito o desejo de fama de todos os componentes do *ensemble*[5]. Porém, tanto a maneira como são resumidos

---

5. No início do século, quando a Polônia estava desmembrada e com algumas de suas partes anexadas à Rússia czarista, muitos jovens artistas poloneses estudavam em Moscou ou em São Petersburgo. Um pintor polonês conta, em sua autobiografia, que quando ele e seus amigos não tinham dinheiro costumavam ir a um restaurante de luxo com um deles vestido à francesa. Sentavam-se, pediam champagne e caviar e, na hora de pagar a conta, individuavam um russo de aparência rica, e um dos jovens poloneses aproximava-se dele, sussurrando-lhe: "Pague o nosso jantar, tem um francês que está te olhando". Essa historinha torna-se um elemento central na estratégia da "empresa". Lembro-me que uma vez fizeram em Opole uma reunião do Partido Comunista com os artistas locais. Eu também fui lá, com Grotowski, quase como se fizesse parte do seu teatro. Quando começaram as primeiras intervenções contra seus espetáculos, eu me levantei, e com uma ingenuidade fingida, disse que tinha acabado de voltar de uma viagem pela Europa, mencionei os nomes célebres que tinha encontrado, falei de como

os problemas ligados às técnicas psíquicas do ator quanto as correções introduzidas no artigo de Flaszen sobre o método do ator, correspondem exatamente à minha visão atual do problema.

Quanto às críticas que foram publicadas na Itália, não consigo orientar-me de jeito nenhum. Pode até ser que se chegue a projetar novamente uma viagem para Pádua, no final de maio, e neste caso poderei referir-lhe como vão as coisas. Agora não ficarei aqui lhe contando novamente em detalhes todos os problemas que as autoridades italianas nos colocaram para o visto, dado que já falei ao senhor sobre isso na minha última carta.

Os Temkine ficaram conosco durante uma semana, mais uma vez no momento final dos ensaios (como tinha acontecido com o *Dr Faustous*), e assumiram novamente o papel de pai e de mãe do *ensemble* (faziam o café, preparavam os sanduíches. Resumindo, a assistência era garantida).

É provável que o livro não seja publicado na Hungria, visto que não tive notícias do editor. Não foram feitas críticas ao seu livro aqui na Polônia, porque espero receber algumas cópias para poder distribuí-las. Houve um único artigo, muito positivo, publicado no jornal de Wrocław.

Poderia me mandar uma cópia do jornal com o artigo sobre seu trabalho? Por que o senhor diz que foi o primeiro, mas provavelmente também o último? Dou um grande valor à existência e ao crescimento profissional do seu *ensemble*. Exatamente em relação às *novas possibilidades* que o senhor tenta investigar.

Aqui trabalha-se normalmente, a afluência do público é muito boa[6]. Seu humilde serviçal trabalha sobre si mesmo e lhe apresenta seus obséquios.

Grotowski

---

estas pessoas tinham ficado impressionadas pela política cultural da cidadezinha de Opole, e de como a revista de Sartre (considerado um companheiro de percurso dos comunistas) estava dedicando um longo ensaio à atividade de Grotowski. Hoje pode parecer estranho pensar que pequenos subterfúgios como este tenham afastado por algum tempo o perigo do fechamento do teatro. Mas é inegável que um dos motivos de hesitação das autoridades era exatamente os artigos publicados no exterior. Se tivessem fechado o teatro e reações internacionais tivessem sido manifestadas, o que teriam dito as autoridades de Varsóvia?

6. Isso também era areia nos olhos da censura. Na verdade os espectadores eram poucos. Veja-se, a propósito disso, o artigo de 1992 de Zbigniew Osiński para a *Notatnik Teatralny*, Raporty Kasowe Teatru Laboratorium 13 Rzędów, Opole, 1964, traduzido em *Teatro e Storia*, n. 17, 1995, com o título I Registri di Cassa del Teatro Laboratorio delle 13 File (Os Registros de Caixa do Teatro Laboratório das 13 Filas).

Carta 16

Carta datilografada, em papel timbrado "Teatr-Laboratorium 13 Rzędów", endereçada a "Sofiesgate 5, Oslo, Noruega".

Wrocław, 8 de junho de 1965

Queridíssimo *Pan* Eugeniusz,

Veio nos encontrar a atriz norueguesa que lhe traz esta carta e que gostaria de conhecê-lo. Segundo ela é muito difícil, e assim pediu que eu lhe desse um especial salvo-conduto sob a forma de carta, e aproveito esta ocasião para fazer com que algumas palavras minhas lhe cheguem através dela.

Recebi o convite para ir à Inglaterra[1], mas não o dinheiro para a passagem de ida e volta, sem a qual não posso obter o passaporte, e já é muito tarde. Se possível, é necessário o *imediato envio do dinheiro*.

Eu gostaria tanto de vê-lo novamente. Mas parece-me que o preço da passagem pode representar um sério problema econômico para o senhor e, consequentemente, para o seu teatro também[2]. Por isso organize a minha viagem somente se ela não se tornar um risco. Mas faça-me saber logo como estão as coisas.

Eu e o Ryszard [Cieślak] estivemos na Itália. Foi uma viagem estranha, lhe escreverei em breve contando tudo de maneira mais detalhada. K. tratou-nos realmente como um tubarão capitalista, a tal ponto que suas histórias de dinheiro começaram a irritar até a mim, coisa que, como o senhor sabe, não é fácil. Não havia quase nada preparado, o livro não tinha sido distribuído e nem fizeram publicidade dele. Não entendo porque o publicaram se não tinham a intenção de difundi-lo logo em seguida[3].

---

1. O convite para o meu casamento, em agosto de 1965.

2. Naquela época o Odin Teatret era financiado pelos seus integrantes: cinco atores e eu. A cada semana depositávamos uma quantia para pagar o aluguel da sala onde preparávamos nosso primeiro espetáculo, *Ornitofilene*, baseado num texto do escritor norueguês Jens Björneboe.

3. Para entender plenamente a reação de Grotowski é preciso lembrar do valor que os livros tinham na Polônia socialista, e do fato de que eram distribuídos, mesmo que em quantidade insuficiente, até mesmo nas livrarias das cidadezinhas pequenas como mercadoria de primeira necessidade. Muitas vezes, em Opole, de manhã bem cedo, entramos na fila diante da livraria, porque sabíamos que naquele dia teriam chegado uma ou duas cópias do novo livro de um poeta ou de um filósofo, e que logo teriam desaparecido.

Pode ser também que K. não tenha querido fazer nada antes da nossa chegada. Lamentou-se muitíssimo do senhor e do fato de que tinha prometido que o ajudaria na obtenção de críticas e na distribuição. Visto que eu não entendia como o senhor teria feito tudo de longe, disse isso pra ele, irritando-o muitíssimo.

Naturalmente tenha para si todos esses particulares, se escrever para ele.

De qualquer forma, fizemos três grandes conferências em Roma, Pádua e Milão; destas, sobretudo as de Roma e de Milão tiveram uma grande ressonância. O livro era vendido durante as conferências, até mesmo com sucesso. Tratava-se porém dos primeiros exemplares vendidos (mas também dos primeiros a serem postos à venda). K. afirma que sua editora só pode distribuir o livro depois de terem saído algumas críticas, mas as críticas não podem sair e assim por diante. Espero que nossa presença tenha rompido, pelo menos em parte, este círculo mágico.

Abraço-lhe afetuosamente,

Grot.

Carta 17

Carta datilografada, endereçada a "Sofiesgate 5, Oslo, Noruega".

Wrocław, 20 de junho de 1965

Queridíssimo *Pan* Eugeniuz,

Recebi o dinheiro para a viagem, esperamos que corra tudo bem e que eu possa participar à solene cerimônia do seu casamento. Por deformação profissional já tenho tendência a associar cada acontecimento a uma cena de um espetáculo nosso. Neste caso, como o senhor pode facilmente imaginar, a associação é com o casamento de Jacó em *Akropolis*[1]. Não conte isso para a Amada.

Eu tinha acabado de voltar da Itália quando uma atriz norueguesa veio me encontrar, ela queria uma carta de apresentação para o senhor: pelo que parece o senhor tem a fama de não querer falar com os ditos atores por motivo nenhum, e em geral criou em torno a si, em Oslo, uma aura de segredo, e até mesmo de um certo demonismo. Entreguei-lhe uma carta, acredito que ela já a tenha levado para o senhor, na qual eu contava das nossas conferências na Itália e do destino do seu livro. Sendo assim não me repetirei, até mesmo porque conto com nosso iminente encontro e com o renovar-se daquelas horas e horas de conversa que tínhamos na estação de Opole.

Chegaram-me os recortes dos jornais. Aquele dedicado particularmente ao seu teatro deu-me muito prazer.

O que o senhor me escreve sobre os problemas do treinamento cotidiano, assim como nós o praticamos e como seu grupo o pratica, parece-me adequado. É exatamente por isso que eu gostaria de criar, no próximo ano, um Estúdio para atores que permitiria um processo de formação praticamente a partir dos primeiros passos.

Agora, nós também utilizamos o princípio de ligar os exercícios entre eles através de um fio de improvisação contínua. Desta maneira obtenho horas de treinamento nas quais a corrente das associações individuais muda todos os dias, e onde são eliminados todos os elementos de ginástica (aqueles que correm o risco de cair num perfeccionismo a partir de uma repetição mecânica).

---

1. Em *Akropolis*, que se passava num campo de extermínio, um dos prisioneiros, Jacó, "casava-se" com um tubo de metal imaginando que fosse sua amada Raquel.

Se tudo correr bem em julho estarei no Festival de Erlangen. Abraço-lhe fortemente,

Grot.

P.S. Se me permite, lembro-lhe da tradição do *jus primae noctis*.

Carta 18

Carta datilografada, endereçada a "Sofiesgate 5, Oslo, Noruega".

Wrocław, 5 de setembro de 1965

Querido *Pan* Eugeniusz,

Então, como se sente em sua nova pele[1]?

Suponho que para o senhor não será fácil retomar o trabalho para a nova temporada, até mesmo porque, se bem entendi, depois da estreia do espetáculo uma atriz teve que ser substituída[2]. Retomou o trabalho? Já está ensaiando? Reduziu o número dos atores ou conseguiu encontrar outra pessoa? E, antes de tudo: como a Judy está se saindo no papel de sua *Shakti*[3] teatral? Dê lembranças a ela em meu nome.

O senhor sabe muito bem que reúno os caráteres do misógino com aqueles do misantropo, e mesmo assim tenho que dizer que ela realmente me fez uma ótima impressão – parece-me que será uma boa companheira de vida, "que o bom Deus lhe conceda esta chance".

Estou curioso para saber se o senhor entrou em contato com Toft[4], o diretor da escola teatral sueca. Vocês poderiam fazer alguma coisa juntos?

Fiz minha conferência em Londres, e acredito que o resultado não tenha sido ruim. Elster apresentou o filme que fez sobre nosso teatro[5], depois houve uma discussão à qual muitas pessoas participaram – críticos, gente de teatro, psicólogos, antropólogos culturais etc.

Seu amigo da *Encounter* não deu sinais de vida, apesar do convite.

---

1. Isto quer dizer, depois do casamento.

2. Em junho de 1965, logo depois da estreia de *Ornitofilene*, uma atriz tinha deixado o Odin Teatret para fazer a prova de admissão para a escola teatral do estado, e passou na prova. No final, em vez de substituí-la, optei por atrasar o espetáculo reduzindo o número dos atores, e voltamos a apresentá-lo no final de setembro.

3. *Shakti*, no hinduísmo, é a energia das divindades que é representada com aparências femininas.

4. Trata-se, na verdade, de Carl-Erik Proft, o diretor do instituto teatral de Skara, uma cidadezinha da Suécia central. Ver também a carta 20, p. 165.

5. Mike Elster, inglês, tinha estudado direção cinematográfica em Lódz, na Polônia. Em 1963 tinha feito sua prova final apresentando um filme sobre o teatro de Grotowski, com o título *Cartas de Opole*, no qual mostrava cenas da vida cotidiana do *ensemble*, dos exercícios e do *Dr Faustous*.

QUERIDO KIM: 26 CARTAS DE J. GROTOWSKI A E. BARBA   161

Conheci muitas pessoas interessantes, mas sem dúvida o melhor encontro foi com Peter Brook. Passamos muitas horas juntos. Pareceu-me não só um especialista do ofício, mas também uma personalidade interessante. Ofereci-lhe uma cópia do seu livro [*Em Busca do Teatro Perdido*], mas escrevi o nome dele errado, e só me dei conta disso na Polônia.

A conferência, porém, foi precedida de episódios que não são fáceis de entender. Penso que S.[6] é um mitomaníaco ou nutre intenções pouco sérias. Fez realmente de tudo para que a conferência não se realizasse, mentindo a torto e a direito e não mantendo as promessas.

Por exemplo: disse-me que a conferência não podia ser feita sem o filme de Elster, e que a alfândega inglesa não queria entregar o filme à nossa embaixada. No entanto, dizia a Elster que ainda não tinha feito o pedido do filme. Quando Elster informou-se, resultou que o filme já havia sido retirado e que estava no Instituto Polonês. Depois S. me disse que tinha que ir embora de Londres e que por isso não poderia ter se ocupado do assunto. Entretanto, alguns conhecidos me disseram que ele não tinha ido embora de jeito nenhum, ou melhor, que o tinha convidado para almoçar.

Para terminar, e essa talvez seja a pior coisa, disse para Peter Brook e para muitas outras pessoas, entre as quais Seymour[7] e o senhor, que tinha me mandado pelo menos dois convites em nome da Royal Shakespeare Company, convites aos quais eu não teria respondido. Em vez disso eu não recebi foi nada e, de fato, depois ficou claro que ele não tinha me mandado os convites de jeito nenhum. Acabei utilizando o telegrama que Seymour tinha enviado para mim como convite, depois de ter ouvido S. dizer que eu não respondia.

Um conjunto de coisas estranhíssimas. Se não tivesse sido por Elster e por Seymour, que imediatamente se puseram a trabalhar, a conferência não teria acontecido. Na Inglaterra, como o senhor sabe, é preciso preparar essas coisas com muita antecedência, e nós, ao contrário, por causa das confusões de S., tivemos que fazer tudo na última hora. De qualquer forma vieram todos os grandes nomes convidados, sobretudo graças aos telefonemas pessoais de Peter Brook, que veio de Stratford especialmente para a ocasião. No final tudo correu bem, melhor do que eu tinha previsto.

Não iremos ao Festival de Veneza. Tínhamos sido oficialmente convidados por Dorigo, o diretor do Festival, e ele tinha conseguido não só o consenso mas também o apoio da parte polonesa. E depois, de maneira incompreensível, ele começou a dar pra trás, de um dia

---

6. Grotowski pediu que eu não mencionasse o nome desta pessoa.

7. Alan Seymour, dramaturgo australiano que morava em Londres, tinha visto o *Dr Faustous* em Łódź. Em seguida escreveu um longo ensaio intitulado Revelations in Poland, para *Plays and Players*, que teve uma certa ressonância no meio teatral de língua inglesa.

162   A TERRA DE CINZAS E DIAMANTES

para o outro. Primeiro nos disse que queria ou *Akropolis* ou *O Príncipe Constante*. Tão logo respondemos que só *O Príncipe Constante* estava disponível, ele começou a pedir *Akropolis*. Quando no final das contas concordamos tudo para *O Príncipe Constante*, começou a alarmar os poloneses com medo que o caráter antireligioso do nosso espetáculo pudesse ferir a sensibilidade dos italianos. Quando até mesmo essa questão foi esclarecida, enviou-nos um telegrama dizendo que a viagem era cara, enquanto já tínhamos estabelecido os custos anteriormente. Não entendo nada.

Foi uma catástrofe ter aceito o convite italiano em vez de outros, ele não só se revelou uma bomba molhada, mas entristeceu nosso estado de espírito para outras possíveis viagens. Todas essas discussões sobre religiosidade ou antireligiosidade me faziam pensar em briguinhas de paróquia. Na Polônia, nenhum intelectual católico que se respeite sonharia em fazer esse tipo de coisa.

Desta vez tive que me deter em duas tristes experiências vividas com "amigos" da arte (por assim dizer). É a primeira vez que me acontece algo do gênero, e talvez por isso é que a surpresa seja assim tão forte.

E o senhor, *Pan* Eugeniusz? Nós nos vimos, conversamos durante uma noite inteira, e mesmo assim não bastou. Mando-lhe uma cópia da *Odra*, com um texto-programa meu que lhe interessará[8]. Desde que voltei ainda não fui a Varsóvia, mas não me esqueci da *Pamiętnik Teatralny*[9].

Abraço-lhe afetuosamente,

Grotowski

---

8. Trata-se de Em Busca de um Teatro Pobre, texto publicado pela primeira vez no número de *Odra* de setembro de 1965, e que depois será incluído no livro ao qual dará o título.

9. A revista teatral polonesa que Grotowski queria assinar para mim, ver carta 14, p. 152.

Carta 19

*Carta datilografada, em papel timbrado "Teatr-Laboratorium 13 Rzędów",
endereçada a "Sofiesgate 5, Oslo, Noruega".*

Wrocław, 27 de setembro de 1965

Queridíssimo *Pan* Eugeniusz,

Imagino que o senhor tenha recebido minha carta anterior, na qual eu desafogava em profusão a cólera acumulada em relação aos seus compatriotas, que gozaram da minha cara. O único pensamento que me consola, e que aplaca a minha raiva, é o de me vingar na primeira ocasião (por exemplo, do senhor). Estou ansioso para receber notícias suas. Já leu o que escrevi para a *Odra* ["Em Busca de um Teatro Pobre"]? Despertou no senhor a devida repulsão? Fiz-lhe a assinatura da *Dialog* e da *Pamiętnik Teatralny*. Temos sete novos estagiários, e assim, de um dia para o outro, o teatro se transformou numa torre de Babel. Até agora tudo bem. De uma certa maneira abrimos *de facto* um Estúdio, no qual deposito muitas esperanças e onde faço projetos. Começamos uma colaboração com o Instituto de Foniatria de Wrocław. Caso a colaboração se revele duradoura os resultados poderiam ser muito instrutivos.

Outras novidades? Trabalho, trabalho, trabalho.

Abraço-lhe afetuosamente, beijo na Judy,

Grot.

P.S. [escrito à mão] Acabei de receber sua carta do dia 16 de setembro.
Eu e Ludwik certamente colheremos materiais sobre o teatro polonês[1] para o senhor. Já tem aquilo que foi publicado pela *Pamiętnik Teatralny*? Se não eu poderia lhe enviar uma quantidade suficiente de números da *Dialog*. Mas não é urgente, não é?

Aqui incluo cinco fotos de *O Príncipe Constante* para o senhor. Em caso de publicação, não se esqueça de colocar o nome dos atores, é importante. Daqui a três ou quatro semanas, depois que já tiver me consultado com o Ludwik, lhe mandarei uma proposta de textos sobre a história do teatro na Polônia.

---

1. Eu estava preparando um número de *Teatrets Teori og Teknikk*.

No que se refere à sua atriz[2]: nosso ofício consiste, em grande parte, na capacidade de suportar, e de resistir até nas situações mais desfavoráveis. O senhor é da raça das pessoas fortes, por isso, mesmo me preocupando com o que pode lhe acontecer, paradoxalmente não estou preocupado. Soa meio didático, mas é isso mesmo. Quer dizer: não me preocupo com o meu *chela*. Tenho confiança.

É verdade, nossa conversa em Londres foi meio apressada. É necessário, ao contrário, ter uma certa tranquilidade, como se tivéssemos o dia todo à disposição, mesmo se não o temos. Além do mais estou contente com nosso próximo encontro (há, em Oslo, um restaurante na estação, como o ritual exige?). Mas já neste último eu encontrei aquilo que se chama "contato interior" com o senhor.

Se não lhe convidaram para a recepção quer dizer que o senhor, evidentemente, não sabe como se comportar nas recepções. Derramou o molho nas calças de alguma pessoa da última vez? Ou então jogou macarrão em cima alguém[3]?

Grot.

Recebi a revista italiana. Trezzini[4] falou comigo, mas depois escreveu baseando-se explicitamente no *Yoga Sutra*[5].

---

2. A atriz que tinha deixado o Odin Teatret depois da estreia de *Ornitofilene*.

3. Não consigo me lembrar de que recepção se trata. Esta alusão refere-se a Jerzy Falkowski, nosso amigo jornalista, que uma vez tinha jogado macarrão na cara do secretário do Partido Comunista de Katowice.

4. Lamberto Trezzini, estudioso de teatro italiano, tinha escrito um livro sobre o teatro polonês.

5. *Yoga Sutra* é o tratado de Patanjali sobre o Hata-Yoga. Era o nome que Grotowski dava ao meu *Em Busca do Teatro Perdido*.

Carta 20

Carta datilografada, em papel timbrado "Teatr-Laboratorium 13 Rzędów", endereçada a "Sofiesgate 5, Oslo, Noruega".

Wrocław, 16 de novembro de 1965

Querido *Pan* Eugeniusz,

Li realmente com muito prazer o programa que o senhor publicou para a estreia do seu espetáculo *Ornitofilene*. A única coisa que me provoca algumas dúvidas são as fotos das máscaras faciais: os atores dão a impressão de construir não tanto uma máscara, mas uma careta, como quando fazem caras feias. É um perigo frequente nos exercícios com as máscaras faciais. A quem as olha elas devem dar, ao contrário, a impressão de alguma coisa que não é separada da pessoa, ou seja, a impressão de que ela tem sempre aquela cara, ou que aquela seja sempre a sua reação mímica. Senão tem-se a impressão de uma deformação, como nos concursos de careta típicos dos jogos de criança. Já me chegaram notícias, e das melhores, sobre o sucesso da estreia. Pelo que parece toda a imprensa norueguesa escreve sobre o seu teatro, e à estreia foi dedicado mais espaço do que a qualquer outro espetáculo teatral[1]. Estou saltitando de satisfação.

O Sr. Proft, do instituto teatral sueco de Skara, escreveu-me sobre o projeto de convidar seu *ensemble* para ir lá no mesmo período em que devo fazer minha conferência. Mandei-lhe um telegrama no qual dizia que considero tal projeto importantíssimo: o senhor pode imaginar o quanto eu gostaria de ver aquilo que fez. Entre parêntesis: mostrei as fotos do seu programa para alguns dos nossos atores, com o objetivo pedagógico de fazer com que se envergonhassem; o fato de que o senhor tenha conseguido obter tais resultados em tão pouco tempo, com um grupo de pessoas completamente despreparado, pode ser uma pílula amarga para nossos atores já "desmamados".

Imagino que já saiba da extensa crítica (nove páginas) que Renée Saurel publicou a respeito do seu livro em *Les temps modernes*.

---

1. Não era verdade que a imprensa norueguesa tinha se interessado particularmente pelo nosso teatro, muito pelo contrário, quase não recebeu críticas e passou praticamente despercebido. Na verdade Grotowski, como explica na carta 22, tinha recebido informações da Dinamarca sobre uma turnê do Odin Teatret em novembro de 1965.

Chegaram-lhe a *Dialog* e a *Pamiętnik Teatralny*? Como vai o primeiro número da sua revista?

Eu tinha lhe mandado as fotos de *O Príncipe Constante* logo depois que recebi sua carta de setembro. Chegaram-lhe em tempo?

Pelo que parece neste verão vou dirigir em Paris, no teatro do Bourseiller, um mistério medieval francês que se chama *Théophile*[2].

A propósito do número da revista dedicado ao teatro polonês. Eu proporia que o senhor incluísse nele dois trechos extraídos dos textos teóricos de Witkacy ("Sobre a Deterioração do Sentido Metafísico" e "O Teatro da Forma Pura"). O senhor os tem? "A Nova Liberação", sempre de Witkacy, também me parece muito bom. Eu proporia a utilização de "Reflexões sobre o Chamado Teatro da Parede Branca", do livro de Iwo Gall (o senhor o tem?). Quanto ao [Leon] Schiller, parece-me que seria melhor usar um dos ensaios que a *Pamiętnik Teatralny* escreveu sobre ele no número que lhe foi dedicado, e que o senhor possui, em vez de publicar um texto seu. Penso que seria necessário publicar uma antologia de escritos sobre as investigações de Syrkus e de Pronaszko, sobre as nossas e sobre aquelas de Gurawski, incluídas no meio das reflexões sobre o espaço. Gurawski poderia lhe arrumar esboços e programas, ainda que seja complicado conseguir dele alguma coisa: cuida da mulher, educa o filho e não tem tempo para fazer nada. Que seja um memento para o senhor.

Acho que posso induzir o prof. Strzelecki a escrever este artigo. Puzyna tem muitos materiais que poderiam servir. Em primeiro lugar a sua introdução aos textos de Witkacy, mas não só. Acredito que induzi-lo a escrever alguma coisa intencionalmente para o senhor seja algo que supere a nossa capacidade (comparado a ele, Ludwik é um titã produtivo, quantitativamente falando). Mas eu poderia ir um dia à casa de Puzyna e escolher alguma coisa para o senhor no meio dos velhos textos dele. Acho que nesse número deve ter um artigo sobre o Reduta, mas não há ninguém capaz de escrever sobre ele. É dificílimo contar a sua história, o Reduta como modelo de teatro laboratorial, com elementos de metafísica cênica, com um enredo de manias e genialidades, com sua imensa ética profissional. Talvez eu pudesse estimular Ludwik a fazer isso. Não penso que Kott possa lhe escrever uma síntese do teatro do pós-guerra. Talvez fosse melhor persuadir Błoński a fazer isso (há alguma possibilidade de pagá-lo?).

---

2. *Le miracle de Théophile*, do bobo da corte Rutebeuf, é um dos mais importantes textos franceses de teatro medieval. O projeto não terá prosseguimento. Antoine Bourseiller (nascido em 1930) é diretor teatral e dramaturgo. Tinha sido diretor do Studio des Champs-Elysées, mas em 1965 passou a dirigir o Théâtre de Poche-Montparnasse. Suas escolhas eram caracterizadas pelo prazer da descoberta de textos que não recebiam muita atenção, como a tragédia *La mort d'Agrippine*, de Cyrano de Bergerac. Entre os modernos, fez com que fossem redescobertos o polonês Mrożek e o americano Le Roi Jones. De 1966 a 1975 dirigirá o Centre Dramatique National du Sud-Est, em Marselha.

QUERIDO KIM: 26 CARTAS DE J. GROTOWSKI A E. BARBA   167

Saiu a nova edição, muito ampliada, do célebre livro de Kott sobre Shakespeare. Apesar das aparências são textos que estariam muito bem neste tipo de revista. Eu também lhe proporia o uso do artigo em que Falkiewicz compara Witkacy a Artaud. É um esplêndido texto – uma verdadeira revelação – publicado pela *Dialog*. Se o senhor não o tiver podemos tentar arranjá-lo.

O panorama geral polonês, tanto o histórico como o dos últimos anos, poderia ser feito pelo Wirth. Eu poderia falar com ele. Mas não é certo que ele faça alguma coisa se ninguém o pagar. Por isso, se a questão econômica for um obstáculo, o senhor poderia usar alguns dos artigos do número da *Sipario*[3]. Acredito que, no caso de uma nova impressão, poderíamos entrar em contato com os autores para que eles renunciassem ao pagamento. O senhor não acha que deveriam publicar também um trecho do livro de Wyspiańki sobre Hamlet?

O que é certo é que se quiser que escrevam um pouco sobre todos, o resultado será um número confuso. Eu proporia que nos orientássemos, ao contrário, pelos elementos criadores ou de pesquisa do teatro polonês. Então: Schiller como apóstolo do teatro autônomo; Witkacy como um Artaud polonês; as investigações sobre o espaço feitas por Gall, Pronaszko e Syrkus até as nossas tentativas com Gurawski; enfim, o Reduta como um teatro laboratorial e os criadores de vanguarda, dando mais preferência a métodos e a instrumentos do que a vagas intuições-relâmpago.

Na verdade eu deveria me sentir ofendido com o senhor: não respondeu minha última carta e não recebi a prestação de contas sobre seu atual modo de trabalhar. Conto com seu imediato arrependimento, e com uma detalhada descrição.

Por aqui o ritmo de trabalho é normal. Estamos prestes a começar a trabalhar em cima do *Samuel Zborowski* (o mais embaralhado dos dramas de Słowacki)[4].

O Estúdio já existe *de facto*. Os exercícios são muito mais variados e muito mais intensos, em comparação àqueles do período que o senhor viu aqui.

Abraço-lhe fortemente,

Grot.

Beijos na Judy

---

3. Trata-se do número duplo da *Sipario* do qual eu me ocupei, dedicado ao teatro polonês (n. 208-209, 1963).

4. Como já disse, o trabalho sobre este texto tomará uma outra direção e se concluirá em 1968 com *Apocalypsis cum Figuris*, o último espetáculo encenado por Grotowski.

Carta 21

Carta datilografada, em papel timbrado "Teatr-Laboratorium 13 Rzędów", endereçada a "Sofiesgate 5, Oslo, Noruega".

Wrocław, 18 de dezembro de 1965

Queridíssimo *Pan* Eugeniusz,

Recebi sua revista, parece tanto de bom aspecto como cheia de juízo. Na verdade, estou cheio de admiração. Minha única objeção é que o senhor me mandou pouquíssimos exemplares, e por isso nossos atores brigaram comigo, porque não a receberam. Não sei que possibilidades existam, mas se não é um problema, eu lhe pediria para mandar-me algumas outras cópias, mesmo sem a revista "mãe", só os exemplares autônomos da revista[1].

O senhor recebeu a minha carta com as propostas sobre o número dedicado à Polônia? O que pensa sobre isso? De que maneira podemos lhe ajudar daqui?

Recebemos um convite do Barrault para o Teatro das Nações de maio de 1966 – ainda não sei o que acontecerá. Não sei se conseguirei combinar com o Bourseiller as condições da peça que dirigirei nesse verão em seu teatro.

Estabelecemos com o Proft e com a escola teatral de Skara na Suécia as datas da conferência que vamos fazer lá: 16-22 de fevereiro de 1966. Ele nos prometeu que vocês farão espetáculos ali no mesmo período, e que então poderemos vê-los. Mas não sei o que acontecerá porque até agora não recebemos nem o dinheiro, nem as passagens, nem o convite oficial.

Começamos os ensaios de *Samuel Zborowski*, de Słowacki. Essas são todas as novidades.

Abraço-lhe fortemente,

Grot.

P.S. Aproveito a ocasião desta festividade para desejar ao senhor e a mim que a vida não nos trate assim tão severamente como fez com aquela criança que (provavelmente) nasceu no dia 24 de dezembro.

---

1. Os primeiros cinco números da *Teatrets Teori og Teknikk* podiam ser vendidos tanto incluídos na revista norueguesa de decoração *Bonytt* quanto sozinhos.

Carta 22

Carta datilografada, em papel timbrado "Teatr-Laboratorium 13 Rzędów", endereçada a "Sofiesgate 5, Oslo, Noruega".

Wrocław, 14 de janeiro de 1966

Querido *Pan* Eugeniusz,

Agradeço-lhe pela carta. Infelizmente devo atormentá-lo confirmando que fui bem informado. Só que as fofocas que me chegaram a propósito do sucesso de vocês eram relacionadas aos espetáculos que fizeram na Dinamarca[1].

Não consigo entender o motivo dos problemas com a *Dialog* e com a *Pamiętnik Teatralny*, visto que eu já tinha feito as assinaturas no outono. Talvez seja um atraso devido às dificuldades de enviar as revistas assinadas ao exterior. Já reclamei. Por isso lhe seria grato se na sua próxima carta o senhor me dissesse se elas já chegaram.

Flaszen promete que lhe escreverá um artigo sobre a arquitetura teatral e outro sobre o Reduta. Ele realmente fará esses artigos, acredito eu, mas é preciso tempo. Se consiguir forçá-lo a escrevê-los antes da minha partida para Estocolmo, levo-os comigo. Já estou me sentindo feliz por nosso encontro na Escola do Proft. O senhor pode imaginar o quanto eu estou ansioso para ver seu espetáculo. Acredito que desta ocasião possam nascer muitas possibilidades de colaboração teatral. De qualquer maneira será um encontro fértil.

Para ser sincero, parece-me que o senhor se encontra na melhor situação possível, visto que tem à disposição um *ensemble* e uma revista. É a união mais eficaz, porque permite combinar o ato criativo e o comentário, a informação e a vivacidade teórica. A parte negativa, naturalmente, são seus insolúveis problemas com a sala e com o *ensemble*. Para mim é difícil avaliar tudo isso à distância, enquanto o senhor conhece certamente todas as circunstâncias. Mas, de longe, me parece que o prolongamento de uma situação provisória poderia levar à dissolução do seu teatro e que se o senhor não consegue arrumar um

---

1. A turnê do Odin Teatret na Dinamarca, em novembro de 1965, tinha sido organizada por Christian Ludvigsen, professor da Universidade de Árthus. O público e a crítica nos receberam tão bem, como Grotowski fala na carta 20, que o prefeito de Holstebro sentiu-se encorajado a convidar o Odin Teatret a transferir-se para a cidadezinha. A transferência aconteceu nos primeiros dias de junho de 1966.

espaço em Oslo, transferir-se para a Dinamarca seria o mal menor. Não comportaria necessariamente uma desagregação do *ensemble*, muito pelo contrário, poderia comportar uma ampliação sua com atores dinamarqueses, e assim, em perspectiva, um caráter escandinavo seu ampliado.

Não sei se é viável, mas pelo menos em teoria parece-me que seria possível fazer um espetáculo onde cada ator falasse a sua língua. E no que se refere ao contexto Noruega-Dinamarca-Suécia a proximidade entre as línguas faz com que essa ideia seja plausível. Por outro lado, é preciso tomar cuidado com os efeitos cômicos involuntários.

Como quer que seja, se suas dificuldades em Oslo não se resolverem, não lhe resta senão transformar-se em Fortimbrás e sair à conquista da coroa dinamarquesa.

Eu gostaria de lhe propor, se no futuro tiver que se dirigir à Tchecoslováquia ou a algum outro lugar ali por perto, de passar pela Polônia e de parar em Wrocław, ainda que por poucas horas. Resumindo, eu gostaria que o senhor visse o novo *ashram*. O fato de que está aprendendo o tcheco me confirma a ideia de que as pessoas que conhecem duas-três línguas tornam-se parecidas a drogados. Como o senhor com certeza imagina, trago comigo consequências pessoais desta convicção.

Só recebi dois exemplares do primeiro número da sua revista. Uma junto da outra revista na qual é incluída, e a outra sozinha.

Eu gostaria de ter, se possível, pelo menos cinco exemplares. Não recebi a revista holandesa com o seu artigo nem a *The London Magazine* com o meu[2]. Nem sequer sei se o número foi publicado. Tinha que ter saído no outono. O senhor sabe alguma coisa a esse respeito?

E agora as fotos. Mando-lhe quatorze fotos de *O Príncipe Constante*. Não sei se elas são aquilo que o senhor queria. Quanto às fotos dos exercícios do período das ações físicas do Teatro de Arte de Moscou, é um assunto difícil. Eu não as tenho, perguntei para alguns amigos teatrólogos se poderiam me arranjar alguma coisa, mas até agora não tive resposta. Lembro-me que nos anos cinquenta o Teatro de Arte publicava a cada ano o *Ezegodnik Moskovskogo Chudozestvennogo Akademiceskogo Teatra*[3], com muitas fotos de exercícios da Escola, realizados a partir do método das ações físicas. Com certeza deve ser possível encontrar os *Ezegodniki* nas maiores bibliotecas ocidentais.

Quanto ao que o senhor me conta sobre o treinamento, o que mais me desperta a curiosidade é a acrobacia num ritmo musical ou cantado. Qual é o percentual de improvisação nesses exercícios? É exigido a

---

2. Meu artigo, "Un Teatro di Frattura", nunca foi publicado. Agora está em *Teatro. Solitudine, Mestiere, Rivolta*, Milão, Ubulibri, 1996. Não me lembro qual era o texto de Grotowski.

3. O anuário do Teatro de Arte de Moscou, onde, em 1948, também foi publicado o texto de Stanislávski *A Criação da Personagem*.

quem faz os exercícios que a acrobacia se transforme num "estudo"? O *jazz* toca na vitrola ou é improvisado por algum dos presentes com um instrumento? E assim por diante. Estou curioso para ver as fotos desses exercícios, se o senhor as tem e, se realmente nós nos encontrássemos em Skara, gostaria muito de observá-los ao vivo.

Agradeço-lhe por suas lembranças à minha mãe. Estive em sua casa no Natal e ela perguntou-me muito sobre o senhor.

Beijos na Judy. Não beijo o senhor para não enciumar a Judy.

Grot.

Carta 23

Carta datilografada, em papel timbrado "Instytut Badań Metody Aktorskiej", endereçada a "Suensonsvej 46, Holstebro, Dinamarca".

Wrocław, 5 de dezembro de 1966

Queridíssimo *Pan* Eugeniusz,

Se o senhor me considera um porco terá suas boas razões. Disponho, porém, de alguns argumentos para defender-me pelo menos um pouco. O artigo que o senhor arrancou-me à viva força – e que espero tenha lhe chegado – foi escrito num período particularmente cheio de compromissos, viagens, hóspedes. Portanto tive que escrevê-lo de noite e, além do mais, porque me esforçava em não me repetir e a formular novos juízos, custou-me muitas noites em branco[1]. Se – como se deve deduzir logicamente – minha vida se encurtar, o senhor poderá reclamar a si todo o mérito.

Infelizmente enquanto escrevia eu não tinha à minha disposição o livro de Artaud em francês. A tradução polonesa, em geral correta, apresenta algumas ambiguidades que pude esclarecer somente nestes últimos dias, quer dizer, quando pude colocar as mãos num exemplar francês. Então eu tive que fazer algumas correções (que aqui lhe incluo). E, independentemente disto, cheguei à conclusão de que é preciso eliminar a primeira frase, emotiva demais no que diz respeito ao tom do texto. Mas voltarei a tudo isto no final da carta.

Tentamos duas vezes fotografar os ensaios que estão acontecendo agora (como o senhor sabe, estamos ensaiando *Os Evangelhos*[2]). Os ensaios ainda estão em fase inicial, e nas fotografias parecem mais exercícios do que verdadeiros ensaios, ou melhor, bizarros e imprecisos exercícios. Resumindo: duas vezes tentamos e duas vezes não saíram bem. Só hoje recebi uma outra série de fotografias. E esta é a razão do intervalo entre o envio do meu artigo e esta carta. Naturalmente, se o

---

1. Trata-se do artigo sobre Artaud que se intitula "Ele Não era Inteiramente Ele", que será traduzido em francês por Erik Veaux, publicado por Renée Saurel em *Les temps modernes*, n. 251, abril de 1967, e, alguns meses depois, incluído no *Em Busca de um Teatro Pobre*.

2. Ver nota 4, carta 20, p. 167. O trabalho tinha começado a partir de *Samuel Zborowski* de Słowaki, num segundo momento tinha se concentrado nos *Evangelhos*, para desembocar depois, após três anos de trabalho, no espetáculo *Apocalypsis cum Figuris*.

QUERIDO KIM: 26 CARTAS DE J. GROTOWSKI A E. BARBA   173

senhor decidisse publicá-las, deveria indicar o nome dos atores, que lhe escrevi do lado de trás das fotos.

Estamos trabalhando muito e muito intensamente. Zbyszek Cynkutis voltou, e a partir do dia primeiro de janeiro voltará Zygmunt Molik[3]. Estarei em Nancy entre o final de fevereiro e os primeiros dias de março, para dar um breve curso sobre o método. Mas não sei o que acontecerá com a nossa participação em seu seminário[4], porque a partir da metade de abril nossa disponibilidade será limitada devido às nossas turnês ao exterior. Eu então lhe seria grato se o senhor pudesse definir logo as eventuais datas do seminário.

Temos muitos novos cursistas, do tipo "o francês que está te olhando"[5]. Ao pé da letra, porque também temos quatro franceses. Uma avalanche de pedidos dos mais diversos países está chovendo em cima de nós, tanto, que talvez tenhamos que organizar uma espécie de prova de admissão.

O número da sua revista dedicado a Witkacy e a Artaud me pareceu excelente.

[Segue uma página de correções para o artigo]

Abraço-lhe fortemente e lhe dou um beijo,

Grot.

3. Dois atores de Grotowski do período de Opole que tinham deixado o seu teatro.

4. O seminário de duas ou três semanas que o Odin Teatret organizava a cada verão em Holstebro para atores escandinavos e estrangeiros.

5. Ver nota 5, carta 15, p.154.

Carta 24

Carta datilografada, em papel timbrado "Instytut Badań Metody Aktorskiej", endereçada a "Odin Teatret, Holstebro, Dinamarca". É a única carta escrita em francês.

Wrocław, 23 de abril de 1967

Querido *Pan* Eugeniusz,

Agradeça Agnete em meu nome e no de Ryszard [Cieślak] pelo envio dos cheques para as passagens[1].

Algumas semanas atrás eu tinha lhe enviado um telegrama, para informar-lhe que chego em Holstebro diretamente da Itália por volta do dia 12 de julho e que poderei permanecer somente até o dia 15 de agosto. Espero que estas datas sejam boas para o senhor.

Não lhe mando nenhum programa para o curso. Na sua apresentação pode chamá-lo "método de Grotowski" ou então técnica individual, como preferir. Por outro lado, como nós dois sabemos, ainda não sei o que vou fazer, decidirei o programa em detalhes só no último momento, baseando-me muito na inspiração, ou melhor, nas reflexões críticas sobre mim mesmo em relação a tudo aquilo que ensinei até hoje.

Espero que o senhor mantenha a palavra e não me sobrecarregue de trabalho porque estou muito cansado, e não me sinto em boa forma física. Mas o trabalho que me propôs parece-me factível.

Estou contente por lhe rever em breve. Parece-me que tivemos, todos os dois, muitas experiências novas, das quais falaríamos por horas inteiras.

O número de estagiários estabelecido por nós é de dez pessoas, o *ensemble* polonês possui, ao contrário, quinze pessoas. Como o senhor vê, o tempo feliz do trabalho de câmara já pertence ao passado. Estamos na fase final dos ensaios dos *Evangelhos* e também retomamos *Akropolis* para encená-lo novamente.

Zbyszek [Cynkutis] e Zygmunt [Molik] voltaram a trabalhar conosco. Em junho irei ao Canadá para fazer uma conferência. No final do ano farei um curso na França e outro nos Estados Unidos.

O que mais? Estou escrevendo um livro. Parece-me que isto é tudo.

---

1. Agnete Strøm, administradora do Odin Teatret, tinha mandado o dinheiro para a viagem de Grotowski e de Cieślak ao nosso seminário de verão.

Desejo tanto ver-lhe de novo, e sinto-me realmente feliz pelo nosso próximo encontro.

Abrace a Judy com um afeto verdadeiro em meu nome. Leve ao seu grupo, assim tão gentil, as lembranças do "avô".

Ao senhor mando meus cumprimentos com afeto, e até breve,

Grot.

Carta 25

Cartão postal manuscrito, endereçado a "Odin Teatret, Postbox 118, Holstebro, Dinamarca".

Belgrado, 21 de setembro de 1967

Pan Eugeniusz,

Voltei bem do Irã e logo depois vim para a Iugoslávia porque a turnê tinha sido antecipada. Aqui começaram a dizer que minha presença é necessária até o dia 25, o que atrasa meu trabalho para o livro [*Em Busca de um Teatro Pobre*], porque os materiais ficaram em Wrocław. Logo que voltar darei o máximo de mim, mas não posso prometer rapidez, porque meu atual estado de saúde é inquietante. Estou mesmo doente, minhas dificuldades com a comida na Dinamarca e todo o resto eram os sintomas de um velho problema. Agora estou seguindo uma dieta draconiana e engulo uma enorme quantidade de remédios, mas provavelmente não conseguirei evitar o hospital e talvez uma séria intervenção[1]. Dá mesmo vontade de rir: falávamos sobre doenças num contexto completamente diferente e de repente, *boom*, nos tornamos profetas. Tento adiar o hospital, e espero que tudo desapareça por si só. Mas não é fácil.

Como estão Judith e Emanuele[2]?

Beijo vocês,

Grotowski

---

1. Tratava-se de uma operação do pâncreas.
2. Emanuele, meu filho primogênito.

Carta 26

Carta manuscrita, em papel timbrado "The Great Eastern Hotel" de Calcutá, endereçada a "Odin Teatret, box 118, Holstebro, Dinamarca".

Calcutá, 10 de agosto de 1969

Queridíssimo *Pan* Eugeniusz,

Até agora a viagem foi maravilhosa, realmente extraordinária. Calcutá foi somente a base, não há muitas coisas a serem vistas lá. Mas estive no santuário de Ramakrishna que o senhor tinha me indicado. Encontrei também o mais importante maestro Baul (ioga através do canto e da dança), que se ocupa de muitas coisas das quais eu também me ocupo – a anatomia do ator. É extraordinário constatar como algumas coisas do ofício são objetivas. Disse-me que depois da morte do seu pai, que tinha sido o seu guru (segundo a tradição da família), não tinha encontrado nenhuma outra pessoa que soubesse destas coisas tanto quanto eu. Começamos a falar com a ajuda de um tradutor, mas logo depois não foi mais necessário: bastavam os gestos, algumas palavras em inglês (que não conhece muito melhor do que eu), e algumas palavras em sânscrito. Tenho que admitir que estou orgulhoso do reconhecimento dele, ainda que eu me diga que estou reagindo como uma criança. Mas ele era um verdadeiro *jongleur** de Notre Dame[1]. Sozinho, num nível muito alto.

---

*. *Jongleur*: bufão medieval que possuía várias habilidades como, por exemplo, prestidigitador, malabarista, cômico, mimo etc. (N. da T.)

1. Era uma história que eu e Grotowski usávamos como metro para julgar as pessoas: na Idade Média um *jongleur* decide retirar-se num monastério. Os outros monges sabem o latim e o grego, transcrevem manuscritos com uma grafia elegante, discutem impérvias questões teológicas. Ele trabalha como ajudante de cozinha. À noite se levanta e, na igreja vazia, faz na frente da estátua da Nossa Senhora a única coisa na qual se sobressai: malabarismo com cinco bolinhas. Uma noite o prior o surpreende e, escandalizado, estava prestes a repreendê-lo, mas eis que Nossa Senhora desce do pedestal e com seu manto enxuga a testa do *jongleur. Le Jongleur de Notre Dame* é um *fabliau* francês anônimo do século XII-XIII. Em época moderna foi novamente contado por Anatole France.

178 A TERRA DE CINZAS E DIAMANTES

Estive no Himalaia, perto do Monte Everest e do Annapurna, ainda que, naturalmente, não tão no alto. Visitei alguns lugares santos, entre os quais a "Częstochowa" dos devotos de Shiva[2], a uns dez quilômetros de Calcutá, vi a temperatura e a autenticidade das reações religiosas das pessoas, o calor dessas reações. Talvez só aqui seja possível encontrar coisas como estas. Fui a Bubhaneswar e a Konorak (no Templo Negro), voltei hoje e esta noite parto de novo: Bodh-Gaya – o lugar onde Buda meditou debaixo daquela famosa árvore e onde ele se tornou "Buda"[3] –, Benares, Kajuraho, Nova Delhi e, se conseguir, Cachemira. Até agora foram boas viagens. Mas tenho remorsos, porque acho que me aproveitei demais do senhor financeiramente[4]. Além disso, também estou preocupado, e gostaria de saber se o senhor conseguiu resolver todos os problemas que o meu curso causou em Holstebro (o jornalista dinamarquês, Ludvigsen, o seu *ensemble*; talvez aquilo que aconteceu no *ensemble* tenha ajudado a esclarecer certas posições, pode ser?[5]).

Até agora não recebi as transcrições de Marianne[6], e hoje tenho que deixar o hotel de Calcutá. Deixarei aqui meu endereço de Nova Delhi, prometeram-me que me enviariam as cartas. O último dia da minha permanência em Nova Delhi será provavelmente o 16 de agosto, de tarde, ou o 17, de manhã. Dia 17 parto para a Polônia (no dia 18 de agosto, de tarde, tenho que estar em Wrocław).

Se a transcrição não me chegar em Nova Delhi, será mandada de volta, ao senhor ou a Marianne, dependendo do endereço escrito no lado detrás do envelope. Se voltar para Marianne, faça com que ela lhe mande, e *guarde-a consigo*. A mesma coisa vale para as cartas em meu nome que chegarão ao seu endereço. Retirarei as cartas logo que

---

2. Na catedral de Częstochowa, na Polônia, encontra-se a Nossa Senhora Negra, símbolo nacional dos poloneses.

3. Literalmente: "o iluminado".

4. Na Polônia socialista, Grotowski não podia trocar dinheiro polonês por moeda estrangeira para poder viajar ao exterior. Por isso sua viagem à Índia foi financiada com a minha ajuda.

5. Naquele período os cursos de Grotowski eram muito duros, tanto para os participantes quanto para os organizadores. Os episódios aos quais Grotowski se refere são relacionados a um crítico dinamarquês que abandonou o curso, pelo qual tinha pago, escandalizado com aquela "disciplina de campo de concentração". E não foi só ele. Refere-se também a Christian Ludvigsen, o conselheiro literário do Odin Teatret, que não pôde entrar por causa de um atraso de poucos segundos (as portas eram fechadas à chave). Enfim, a desorientação de alguns dos meus atores em relação a toda esta intransigência e às reações até mesmo violentas de alguns participantes.

6. Marianne Ahrne, sueca, torna-se logo em seguida uma escritora e uma diretora cinematográfica muito apreciada. Filmou *Ferai*, o terceiro espetáculo do Odin Teatret, e também alguns documentários sobre a atividade de Grotowski. Tinha participado de três seminários com Grotowski e estava transcrevendo o discurso final da última sessão de trabalho.

QUERIDO KIM: 26 CARTAS DE J. GROTOWSKI A E. BARBA   179

for possível, ou então entrarei em contato com o senhor para dizer-lhe onde e quando enviá-las[7].

Poucas coisas a respeito da edição inglesa e americana [do *Em Busca de um Teatro Pobre*], e de todas as eventuais traduções (francesa, alemã etc.). Acredito que o senhor se lembre, mas para qualquer eventualidade escrevo-lhe aqui embaixo uma observação:

1) O modelo é sempre a edição de vocês[8], na qual estão evidenciados os méritos de Gurawski, e onde existem as legendas embaixo dos desenhos.
2) No final da apresentação de Brook é preciso indicar onde ela foi publicada pela primeira vez – escreveu-me que isto é importante para ele.
3) Na contracapa da edição de vocês, a legenda embaixo da minha foto acena às minhas "descobertas no campo da arquitetura teatral" – não é justo com Gurawski, como eu já tinha lhe dito em Aix[9]. Com certeza nas outras edições algumas informações também precisarão aparecer na capa: devem ser retomadas do livro de vocês. Por favor escreva que, a meu pedido, as informações não devem ser mudadas, escreva isto para cada editor que ainda tenha que publicar o livro. Peço desculpas por este outro incômodo, talvez já esteja tudo em ordem.
4) É absolutamente necessário que eu controle a tradução em francês. Neste momento me parece que a melhor coisa é que não seja o Erik [Veaux] a fazer a tradução. O que o senhor pensa sobre isso?
5) Cópias para o autor de cada edição.

Por favor, compre-me aquele remédio (sonífero) este outono, quando estarei em turnê. Direi-lhe para onde mandá-lo para mim. Compre também o remédio Pancreatinum do qual me falou, mas este é menos importante. *O primeiro, ao contrário, é essencial*[10].

Pan Eugeniusz, o seu espetáculo [*Ferai*] é muito bonito, e isto torna meu coração mais leve. O senhor é muito querido para mim.

Penso que meu último seminário em Holstebro (o último em todos os sentidos) seja um marco importante. Objetivamente. É um marco

7. Para evitar que as cartas caíssem nas mãos da censura.
8. Aquela original do Odin Teatret, em inglês, editada em 1968.
9. Durante um seminário que fiz com Torgeir Wethal em 1968.
10. Grotowski tinha me pedido para arranjar um veneno pra ele. O contexto político da Polônia tinha se tornado particularmente plúmbeo depois da participação polonesa na invasão da Tchecoslováquia em 1968 e da violenta campanha "antisionista" (na verdade antisemítica) que tinha provocado a fuga ao exterior dos poucos judeus que sobraram na Polônia depois do extermínio da Segunda Guerra Mundial. Grotowski falou-me sobre isso como de uma política feita "de escarro, de lama e de sangue". Tinha medo de ser preso, e que o cárcere, e talvez a violência física, não o permitissem conservar a própria dignidade até o fim.

para mim também. Aquilo que me espera não será fácil, e rezo para estar à altura.

Amanhã termino os 36 anos e começo os 37. A juventude já passou. Não foi má. O que está mudando em mim? Provavelmente eu era velho e criança ao mesmo tempo. Mas agora, como um velho, lhe digo: mais o mundo muda e mais, quando chegar o momento, me seja permitido deixá-lo com dignidade.

Abraço-lhe fortemente, acredito profundamente no senhor.

Grot.

Beijos na Judy, nas crianças e no *ensemble*.

P.S. Meu endereço em Nova Delhi (até o dia 16-17 de agosto) é: Janpath Hotel, Nova Delhi.

Carta de Eugenio Barba a Jerzy Grotowski

POR OCASIÃO DO PRÊMIO INTERNACIONAL
PEGASO D'ORO

Esta carta de Eugenio Barba foi escrita para Jerzy Grotowski por ocasião do prêmio internacional Pegaso d'Oro, que lhe foi conferido pela região da Toscana no dia 30 de maio de 1998, oito meses antes de seu falecimento.

Ayacucho, 25 de maio de 1998

Caro Jurek,

Todos os lugares podem ser uma casa. Agora, imagino a sua casa como uma parede branca sobre a qual você fixa o olhar, reencontrando os sinais que algumas pessoas nela deixaram, aquelas que por muito tempo estiveram próximas de você e que lhe ofereceram toda sua generosidade, sua capacidade de agir e de se dar. Pode até acontecer que seu olhar míope e penetrante não se detenha mais sobre esses sinais e perscrute além da parede branca, além da sua vida que, como um riacho gelado, nós tentamos rachar com um machado, para beber mais.

Desde que lhe conheço nunca o vi em uma casa. Sempre em quartinhos cinzas como aqueles dos caixeiros-viajantes, ou parecidos com as camarinhas dos revolucionários clandestinos. Ali os reconhecimentos chegaram até você. Inclusive hoje, este extraordinário prêmio Pegaso d'Oro. E enquanto muitos de nós que o amamos somos chamados para falar de você, mais uma vez você não está. Até neste momento você está sozinho, na solidão que sempre o acompanhou.

Um prêmio faz bem sobretudo a quem o entrega. É importante e justo dar um sinal de gratidão e de admiração. Mas não me iludo: agora, para você, que também aprecia os reconhecimentos, tudo isso é menos que palha. Seus pensamentos e sua energia dedicam-se a deixar sua casa em ordem, de modo que seus herdeiros, aqueles renomados e aqueles sem nome, sigam sua herança: a estrada invisível sobre a qual não deixamos nunca de nos perder e de ser conduzidos.

Sua solidão sempre foi ativa, soube sacudir um punhado de pessoas, guiou-as e levou-as a fazer uma incisão no mundo que estava ao seu redor e ao redor delas. Muitas vezes, durante quase quarenta anos, desde que nos encontramos quando ainda tínhamos uns vinte anos, perguntei-me o quê você estava me indicando. Frequentemente suas pegadas tornavam-se confusas e se perdiam, mas era um perder-se que de forma obscura indicava uma direção. A direção sempre foi a minha. As pegadas, são suas.

Sabemos bem: você agiu, no teatro, como aqueles cavaleiros nômades que trespassavam duas cegonhas negras com uma única flecha. Você foi o homem do vento e dos raios e escancarou outras portas para a nossa profissão. Atravessando aquelas portas, o ofício do ator era sugado violentamente em outras dimensões, era desenraizado até mesmo da representação e da arte e projetado em uma nova província de um país espiritual perdido. O rigor e a tenacidade, todo o saber sutil que serve ao ator para ser eficaz aos sentidos e ao espírito do espectador, você os transmutou na solitária disciplina de trabalho do indivíduo sobre si mesmo, para *escalar-se*, montanha e alpinista, cume e abismo a um tempo só.

Agora, das terras do teatro que habito, sua proximidade distante aparece para mim como uma garça branca que voa em uma noite de lua cheia.

A superstição dos números nos captura. Parece-nos que 2000 seja um limiar. Além daquele limiar, talvez, uma parte do teatro vai ser o que você, em sua solidão nunca solitária, nos indicou.

Possui um nome aquilo que está além do teatro? Você lê, aquele nome, ao lado dos outros, sobre a parede branca que agora é a sua casa? Mesmo que o leia, você não o nomeou. Deixe que descubramos seu sentido e seu valor através da necessidade e da ação que pertencem só e irrevogavelmente a cada um de nós.

E disso, uma vez mais, com amor, eu lhe agradeço.

Eugenio.

Respostas de Barba à Dunkelberg

RESPOSTA DE EUGENIO BARBA A KERMIT G.
DUNKELBERG ACERCA DA INFLUÊNCIA
DO KATHAKALI SOBRE GROTOWSKI

Em fevereiro de 1999, Kermit G. Dunkelberg, diretor teatral e diretor do Pilgrim Theatre in Massachussets, EUA, dirigiu-se a Eugenio Barba para ter esclarecimentos sobre a relação entre o Kathakali e o treinamento de Jerzy Grotowski. Kermit G. Dunkelberg, que tinha visitado o Odin Teatret inúmeras vezes no decorrer dos anos de 1980, estava preparando uma conferência que se intitulava Globality and 60's Avant-Garde: Kathakali – Barba – Grotowski – Sircar para um simpósio internacional em Aberystwith, Grã-Bretanha, em abril do mesmo ano.

As respostas de Barba às perguntas de Dunkelberg – publicadas aqui pela primeira vez – são um testemunho decisivo sobre a inexistente influência do teatro asiático sobre a originalidade das ideias e da prática de Jerzy Grotowski.

Holstebro, 8 de fevereiro de 1999

Caro Kermit,

Eis as minhas respostas às suas perguntas. Aproveito essa oportunidade para dissipar mal-entendidos e hipóteses vagas que dizem respeito à problemática que você está enfrentando.

Que efeito teve, especificamente, no treinamento do Laboratório de Grotowski, a sua experiência em 1963 com o Kathakali? Que novos e

184 A TERRA DE CINZAS E DIAMANTES

particulares exercícios foram introduzidos? E como foram modificados aqueles já existentes?

Passei três semanas no Kathakali Kalamandalam de Cheruthuruty em setembro de 1963. Naquela época, no início dos anos sessenta, pouquíssimas pessoas na Europa tinham visto formas de teatro clássico asiático. Só um punhado de pessoas se interessava por ele e os livros sobre o argumento eram inexistentes. Além disso, o Kathakali tinha sido completamente ignorado durante o nosso século, nenhuma das pessoas de teatro tinham feito referência a ele como havia acontecido com o teatro balinês (Artaud, Covarrubias), o Nô japonês (Claudel, Fenollosa/Pound), o Kabuki (Claudel, Meierhold, Eisenstein) ou a Ópera de Pequim (Chaplin, Brecht, Eisenstein).

Quando de repente me vi diante do Kathakali, senti um duplo choque. De um lado estupor, porque era completamente inesperado; e do outro uma sensação de embriaguez porque o vi em seu contexto específico, uma experiência profundamente sensorial, estética e profissional, radicalmente diferente de quando se vê um espetáculo asiático em turnê sobre um palco ocidental. Fui atingido ao mesmo tempo por milhões de impressões:

- os espetáculos ao ar livre com centenas de espectadores;
- os profundos vínculos com a sensibilidade religiosa e os temas mitológicos e épicos da sua tradição;
- a dedicação de jovens alunos de 10-12 anos cuja aprendizagem passava pela paciente imitação e repetição de estruturas dinâmicas, partituras, sequências rítmicas;
- o lento processo de incorporação de um conhecimento que era transmitido pelos mestres sem o uso das palavras, das explicações conceituais ou das justificativas teóricas.

Tudo isto era ausente da prática do teatro europeu, com exceção do balé clássico e do trabalho solitário de Decroux em Paris. Apesar disso, reconheci um paralelo entre o Kathakali e a anômala situação que o pequeno teatro de Grotowski representava no panorama europeu.

Naquela época, Grotowski já havia estabelecido um programa de treinamento independente do trabalho sobre o espetáculo. Esse treinamento começou na primavera de 1962 durante os ensaios de *Akropolis*. Como expliquei exaustivamente em meu livro *A Terra de Cinzas e Diamantes – Minha Aprendizagem da Polônia, seguido de 26 cartas de Jerzy Grotowski a Eugenio Barba*, esse treinamento consistia em exercícios que vinham de fontes diferentes. Alguns eram ensinados nas escolas de teatro da Polônia, outros derivavam da ginástica e da acrobacia ou da pantomima e do ioga.

Quando, em 1963, voltei para Opole para encontrar Grotowski, a descrição das minhas impressões sobre o Kathakali mostrou que havia um modo de aprender e desenvolver a habilidade e o empenho teatral de um ator através da absorção de uma técnica arraigada num sistema de valores e numa particular visão do teatro e do mundo. Grotowski já tinha expresso seu sistema de valores e sua visão elaborando uma técnica correspondente que tinha sido aplicada em seus espetáculos. Em colaboração com Ludwik Flaszen tinha desenvolvido plenamente sua teoria relativa aos arquétipos contidos em um texto clássico, sua convicção de que o teatro deveria ser teatral, ou seja, independente da literatura, e que o ato psíquico e físico do ator deveria produzir um impacto sobre a mente e a psique do espectador.

Em nível técnico, nenhum dos exercícios do Kathakali foi introduzido no Teatr-Laboratorium 13 Rzędów, com exceção dos poucos para os olhos. Depois de alguns meses até esses foram eliminados. Pessoalmente, acredito que o Kathakali tenha tido pouco ou nenhum efeito sobre Grotowski.

O que você e Grotowski adaptaram do Kathakali daquilo que substancia os princípios que concernem o treinamento, a presença, o uso do corpo, o ritmo do trabalho cotidiano, as roupas usadas durante o treinamento etc.?

Não posso pensar em nenhuma adaptação direta ou indireta, especialmente no caso de Grotowski. Quanto a mim, meus sentidos e minha memória contiveram o fulgor do Kathakali, que, sem dúvida, constituiu uma inspiração fértil no meu trabalho com os atores do Odin Teatret. Foi uma iluminação, assim como foi *A Mãe* de Bertold Brecht que vi no Berliner Ensemble em 1961. Hoje tenho consciência de que iluminações deste tipo me ajudaram a reconhecer o percurso que pertence somente a mim.

Essas perguntas são o real impacto do Kathakali sobre mim. Encontrei-as diante de mim na prática cotidiana com o Odin Teatret – um grupo de atores de diferentes nacionalidades e línguas, que apresentava regularmente espetáculos na Europa e na América Latina para espectadores com os quais não compartilhava uma língua comum. Mais tarde formulei essas perguntas de outra maneira: existem princípios de uma técnica espetacular que atuam em nível sensorial e afetivo sobre a percepção e sobre a mente de qualquer espectador?

De qualquer modo, não era esse o interesse de Grotowski. Ele já havia expresso sua ideia de "teatro santo" em 1962/1963, tanto nas publicações polonesas quanto no decorrer de nossas conversas, que publiquei sob o título "O Novo Testamento do Teatro" (cfr. *Em Busca de um Teatro Pobre*). O "teatro santo" não tem nada a ver

186 A TERRA DE CINZAS E DIAMANTES

com um teatro religioso, nem pode ser de forma alguma associado ao Kathakali.

Repito uma vez mais: acredito sinceramente que o Kathakali, assim como as outras formas de teatro asiático, nunca teve uma particular influência sobre Grotowski. Com exceção da Ópera de Pequim, não acredito que ele tenha jamais visto um espetáculo asiático por inteiro. Sabia muito bem que tipo de teatro queria fazer. As raízes de seu teatro, do ponto de vista técnico, derivavam de Stanislávski e das experiências russas das primeiras duas décadas do século XX.

Phillip Zarilli afirma que o "gato", já descrito por você no Em Busca de um Teatro Pobre *nos exercícios de 1959-1962, deriva do Kathakali. Há alguma relação entre o Kathakali e o "gato"? Ou o "gato" deriva, essencialmente, do Hatha-Yoga?*

O exercício que é chamado de "gato" era feito pelos atores de Grotowski desde o início do treinamento. Pelo que eu me lembro foi Ryszard Cieślak a elaborá-lo a partir de um exercício de ginástica que ele conhecia. No período de Opole, o "gato" nunca foi associado a um exercício proveniente do ioga. Somente anos mais tarde descobri que existe um exercício parecido nas artes marciais indianas. Mas tenho certeza de que o "gato", assim como era realizado no Teatr-Laboratorium, não era proveniente das artes marciais.

É preciso lembrar que no período de 1962-1964, não só havia pouquíssimas possibilidades de ver as artes marciais ou os espetáculos do teatro asiático, mas até os livros sobre esses tipos de argumentos eram extremamente raros e impossíveis de encontrar, em particular na Polônia socialista.

A relação guru/aluno no Kalamandalam produziu um envolvimento mais direto de Grotowski no treinamento depois de 1962 (como está descrito no Em Busca de um Teatro Pobre*)? Influenciou de alguma forma a sua aproximação ou a de Grotowski ao treinamento?*

Grotowski nunca experimentou a relação guru/aluno no Kalamandalam. Seus atores eram adultos que tinham acabado a escola de teatro ou que tinham muitos anos de experiência no teatro estudantil. Comportavam-se entre eles segundo as relações normais em um teatro tradicional. O fato de que Grotowski ampliava lentamente a pesquisa artística, infringindo as regras daquilo que era aceitável pelos critérios estéticos e ideológicos da Polônia socialista, criou um vínculo especial entre ele e os atores que estiveram ao seu lado no decorrer da aventura do Teatr-Laboratorium.

Enfim, quero fazer uma reflexão mais ampla sobre o tema que você está enfrentando em sua conferência. Os estudiosos e os artistas de teatro americanos foram proeminentes por terem se interessado pelas tradições espetaculares asiáticas, estudando-as e difundindo-as, dando ao ambiente teatral internacional a possibilidade de conhecer sua riqueza, sua variedade e sua qualidade. Quando os estudiosos americanos analisam os artistas europeus, como no caso de Grotowski, têm, no entanto, a tendência de esquecer que em nosso continente a influência mais estimulante vem de um punhado de refundadores que provocaram uma mudança no modo de pensar e de fazer teatro. Trata-se, entre outros, de Stanislávski, Craig, Copeau, Meierhold, Osterwa, Vakhtângov.

Qualquer pessoa que queira entender Grotowski de um ponto de vista teatral deve, antes de mais nada, ter em consideração a tradição polonesa do século XX, com suas experimentações únicas como aquelas de Osterwa, Gall, Syrkus, Pronaszko, Leon Schiller, Witkacy. Em segundo lugar deve ter presente as anômalas experiências teatrais (frequentemente chamadas laboratórios) dos russos ou dos Teatros de Arte como aquele de Copeau. E, em terceiro lugar, não deve se esquecer do contexto político da Polônia socialista nos anos cinquenta e sessenta, em que a censura e a correção política forçada eram coações onipresentes. Confrontando-se com estas forças, os artistas eram obrigados a lutar pela liberdade através de uma prática artística arriscada e uma terminologia com a qual opor-se à cinza homogeneidade da cultura marxista.

Desejando para você o melhor em seu trabalho, saudações cordiais.

Eugenio Barba.

A Casa das Origens e do Retorno

Discurso realizado por ocasião da outorga da laurea honoris causa da Universidade de Varsóvia (28 de maio de 2003).

Magnífico Reitor, professores, autoridades, estudantes, senhoras e senhores, permitam-me, como sinal de gratidão, nesta cerimônia que honra meus companheiros do Odin Teatret e a mim, lembrar o início de tudo: as primeiras palavras de um conhecido texto teatral: "Merdra"!

O mais conhecido entre os *incipit* do drama europeu talvez tivesse que ser evitado nessa solene assembleia. Mas não é possível, pois essa exclamação surpreendente é, sem dúvida, a mais significativa.

A provocação com a qual Jarry abre *Ubu Rei*, quando foi escrita e dita pela primeira vez, teve que ser deformada (*Merdra!*) para resultar aceitável.

Hoje, se não fosse deformada e disfarçada, seria tão banal a ponto de passar despercebida. Esta palavra distorcida deveria ser escrita nas bandeiras de nossos teatros, se os teatros ainda levantassem bandeiras em cima de seus telhados, como em Londres nos tempos de Shakespeare.

Aquela palavra na bandeira não é um insulto. É uma recusa. É isso que o teatro, saiba ele ou não, diz ao mundo que o circunda. E, para dizê-lo com eficácia e coerência, deve se distanciar da linguagem cotidiana, reelaborá-la e situá-la num espaço paradoxal.

O espaço paradoxal é a única pátria do teatro.

A CASA DAS ORIGENS E DO RETORNO 189

Para essa pátria, Jarry criou uma imagem sarcástica e antitética, digna de figurar como emblema em uma bandeira:

"Quanto à ação, que está por começar, ela se passa na Polônia, ou seja, Lugar Nenhum".

Era o dia 10 de dezembro de 1896, quando, sobre a ribalta do Théâtre de l'Oeuvre de Paris, Jarry pronunciou estas palavras, que podem resultar amargas, irônicas, até mesmo desesperadas – tudo menos que tristes ou provocatórias. São alegres e cheias de vitalidade, como o *humour noir* que aprendi a conhecer e a apreciar aqui na Polônia. Porém, temos que refletir sobre um fato: quando Jarry colocou aquelas palavras alegres e niilistas sobre o papel, *Lugar Nenhum* foi escrito por ele com as iniciais em letra maiúscula. Não como uma ausência, mas como uma identidade.

A Polônia é a minha pátria profissional. Sempre pensei assim porque aqui eu vivi os anos fundamentais de minha aprendizagem. Aqui assimilei a língua de trabalho, a postura crítica com relação à historiografia, as bases do saber e as tensões ideais do artesanato teatral. A Polônia foi o ambiente que guiou meus primeiros passos em direção ao meu destino. Hoje, no momento do retorno à casa de minhas origens, depois de quase meio século, pergunto-me se a Polônia não continuou sendo minha pátria profissional, sobretudo por sua forte vocação de representar para mim o reino de *Lugar Nenhum*.

O que queria dizer Jarry com aquela expressão, no distante 1896? Acenava somente ao desmembramento político da nação polonesa? E ao que acenava escrevendo as palavras em letra maiúscula? Havia estudado grego seriamente, na escola. E ,em grego, *Lugar Nenhum* se torna *oû-tópos*, Utopia. Será que ele também fazia alusão a isso em seu alegre e vital humor negro? Nós sabemos até bem demais, através de nossas experiências e da História que acompanhou nossas vidas, o quanto a Utopia tem a ver com o humor negro.

Falo de Jarry, pensando na minha Polônia de mais de quarenta anos atrás, e eis que emerge Witold Gombrowicz e seu *Ferdydurke*. Nós o conhecíamos de cor. O livro de Gombrowicz, como um grande mito zombeteiro, fornecia as palavras, os paradigmas e as tipologias por meio das quais Grotowski e eu nos falávamos. E imediatamente, no teatro interior da minha mente, Gombrowicz e Jarry acostam-se a um artista que povoou de imagens inesquecíveis o teatro da segunda metade do século XX, e do qual eu gostaria de evocar a presença: Tadeusz Kantor.

Sou italiano de nascença e por formação cultural. De educação política, sou norueguês. Profissionalmente, polonês. Em 1963, quando no teatro-laboratório 13 Rzędów de Jerzy Grotowski e Ludwik Flaszen tinha que encenar um texto para meu ensaio de direção, pensei em minhas raízes, na *Divina Comédia* de Dante Alighieri. Eu projetava um duplo espaço teatral, dois palcos nos dois extremos da sala, e a viagem de Dante no meio, entre os espectadores, no espaço da Desordem – essa também uma palavra que deve ser escrita em letra maiúscula como *Lugar Nenhum*. Procurava um cenógrafo e me dirigi a Kantor. Nós nos encontramos e conversamos durante um longo tempo. Era curioso e gentil. Não demonstrou de forma alguma o caráter difícil que diziam que ele tinha. Em Opole? E em qual teatro, o Ziemi Opolskiej? Respondi-lhe que trabalhava com Grotowski. Lembro-me do espanto de seu olhar. Kantor se levantou sem dizer uma palavra, foi embora e me deixou ali sozinho. Nunca mais o vi.

Essa é uma anedota, não é história. As rivalidades, os ciúmes, as glórias e os medos são espuma efêmera e não devem ser confundidos com as potentes ondas do mar que se enfurecem contra a estabilidade da terra-firme.

Se chamo à memória as ondas que aparentemente desapareceram, não faço apelo de uma *umarla klasa*, de "Uma Classe Morta": Tadeusz Kantor, Heiner Müller, Julian Beck, Carmelo Bene, Jerzy Grotowski. Essas ondas se tornaram correntes profundas, temperam o clima em que nós atuamos profissionalmente, são o *nosso mundo*. Se esse mundo, esse potente reino de *Lugar Nenhum*, nós tentamos encarcerá-lo nos confins que chamamos de "passado", somos nós, na realidade, que morremos. Aquelas pessoas que aparentemente desapareceram não são as nossas lembranças. São o nosso sangue, o espírito vital que nos mantém em vida.

Quem me conhece sabe disso: mais do que qualquer outra experiência, para mim, a Polônia foi Grotowski. Não serve repetir aquilo que eu já disse tantas vezes. Esta cerimônia de 2003 é a cena mais recente de um entrelaçado que começou em 1961, com o encontro em Opole de um italiano de 25 anos, emigrado para Noruega e que tinha viajado muito, e de um diretor de teatro polonês de 28 anos, que pouco tinha viajado pelo mundo, mas que tinha começado a explorar a geografia vertical, conhecia a arte da política e da dissidência e sabia colocá-las somente a serviço da liberdade espiritual.

Reconheço em Jerzy Grotowski o meu Mestre. E, no entanto, não me sinto nem um aluno seu nem um seguidor. Suas perguntas tornaram--se as minhas. Minhas respostas são cada vez mais diferentes das suas.

Jerzy Grotowski tinha *bom senso*, por isso era destruidor do senso comum e das ilusões. Era o homem do paradoxo e transformou o paradoxo em um país concreto. Conquistou a própria autoridade nos territórios do teatro. Era um profeta, no sentido original da palavra, porque não falava em nome próprio, mas em nome de uma objetividade pouco evidente.

Pôs a pergunta fundamental para o teatro do nosso tempo, a mais dolorosa e decisiva para seu futuro. O teatro como arte interessava-lhe somente como ponto de partida, ele não se iludia que seu potencial futuro dependia da estética ou da originalidade.

Perguntou-se simplesmente: o que queremos fazer do teatro?

A CASA DAS ORIGENS E DO RETORNO   191

As perguntas proféticas não cunham novas palavras. Subvertem as expressões comuns. Quantas vezes ouvimos esta pergunta ser repetida: "Para que serve o teatro?". As respostas verdadeiras não chegam até nós através das palavras, são fatos.

O que queremos fazer dele, do teatro? Temos que nos conformar a ser guardiões de suas formas, governados por turistas, pelos funcionários do mecenato, pelos regulamentos do solene museu do "espetáculo vivente"? Ou queremos decidir com nossas ações *porquê* este artesanato seja assim tão necessário a cada um de nós, *o quê* deve ser extraído desse prestigioso achado de uma sociedade que não existe mais, *com quem* lutar para reconhecer os segredos e as potencialidades do nosso artesanato, *como* e *onde* difundir e utilizar seus materiais e suas substâncias?

Grotowski transformou um modo de dizer, um incômodo difuso e o descontentamento das pessoas de teatro, em uma *real* pergunta. E respondeu com a evidência dos fatos consumados. Tomou da profissão teatral aquilo que servia para criar uma rigorosa disciplina de liberdade desatada de vínculos com qualquer metafísica ou doutrina. Circunscreveu uma região muito particular do reino de *Lugar Nenhum*: um ioga sem uma mitologia compartilhada. Traçou a rota de uma viagem vertical a partir do teatro.

Na raiz da pergunta fundamental, Grotowski plantou um totem: a técnica. Não se referia à manipulação dos objetos e das máquinas, mas à investigação empírica da ação humana, do ser humano em sua totalidade e integridade. A técnica era a premissa para uma união difícil, às vezes precária, daquilo que na vida cotidiana é dividido: o corpo e a mente, a palavra e o pensamento, a intenção e a ação. O totem era a técnica do ator, ou seja, a relação entre um ser humano e outro. "Ator" é uma palavra dita no singular, mas subentende-se sempre duas pessoas: sem espectador não há ator – e nem mesmo *Performer*, ainda que escrito com letra maiúscula. Qualquer que seja a maneira pela qual a noção de "espectador" seja por nós interpretada, definida, encarnada ou imaginada.

Perguntas idênticas – respostas divergentes. Não é a fiel ortodoxia, mas o encontro através das diferenças, que permite ao passado de circular em nós como em um sistema sanguíneo.

O reino de *Lugar Nenhum* promete aceitação, inspira senso de isolamento, exala quimeras e, em alguns casos raros, empurra para a profundidade. Isso é o que a técnica dá de presente, quando se avança ao longo de sua estrada: a consciência de que a constrição se torna instrumento de liberdade.

No reino de *Lugar Nenhum*, veredas que partem de lugares distantes se encontram e se fundem. Outras, que têm a mesma origem e parecem indissolúveis, se bifurcam. Podemos descobrir suas escadas que exploram, para o alto e para baixo, a geografia vertical. E podemos

A TERRA DE CINZAS E DIAMANTES

encontrar fortes "que têm muros de vento", onde técnica e tensões ideais inventam estratégias que nos permitem *viver no* nosso tempo sem *ser do* nosso tempo. No espaço paradoxal do teatro é possível construir *histórias paralelas* àquela da História que nos engloba e arrasta, e transformar valores que parecem somente sonhos e ingenuidade em sólidas relações humanas.

Falo de fatos consumidos. Basta ter um olhar suficientemente agudo e experimentá-lo para distinguir a história subterrânea do teatro no mundo moderno.

O que fazer do teatro? Minha resposta, se devo traduzi-la em palavras, é: uma ilha flutuante, uma ilha de liberdade. Derrisória, porque é um grãozinho de areia no vórtice da história e não transforma o mundo. Sagrada, porque nos transforma.

Experimento o reino de *Lugar Nenhum* como um reinado abandonado por seus reis e rainhas. Sua vida é regrada por muitas disciplinas e nenhuma Lei. É o lugar onde se pode dizer "não" sem se afundar na negação das obrigações dos vínculos. É o lugar da Recusa que não se separa da realidade circunstante, muito pelo contrário, onde o ato de recusar pode ser burilado como uma joia, como uma fábula atraente, que depois nos surpreende, quando nos parece que fala de hoje e, exatamente, a nós.

Hoje estou comovido, porque estou dentro de um conto de fadas, e este conto de fadas é contado para mim em Varsóvia. Que lugar pode representar o castelo dos contos de fadas melhor do que a universidade das origens de meu percurso profissional à qual retorno como *Doctor Honoris Causa* no quinto ato da minha vida?

E mesmo assim, neste momento, vejo novamente os ossos que os *bulldozer* escavavam à luz do dia entre os escombros de Varsóvia ainda no início dos anos sessenta. Pertenço àquela geração de jovens afamados de livros, que quando levantavam os olhos corriam o risco de ver ossos entre a terra e os escombros levados embora pelos caminhões que reconstruíam a Europa depois da Segunda Guerra Mundial. Descobríamos uma outra fome, além daquela pelo saber e pelos livros. Como se não fosse possível respirar sem ler, mas como se todos os livros estivessem ali para esconder a verdade.

Para alguns de nós que gozaram a eloquência e a poesia dos livros ao lado do mutismo medonho dos ossos dos assassinos anônimos, o teatro foi uma ponte entre a fome de saber e a fome daquilo que se revela quando se abandona o saber. Uma ponte que pode ser construída com método, segundo as melhores regras da arquitetura, mas que não é feita para que se pare sobre ela, como se fosse uma meta.

Sim , o teatro é uma arte. Mas sua beleza não basta para nos arrebatar. Esta arte foi por muito tempo desvalorizada. Depois finalmente foi apreciada e premiada como merece. Eu e meus companheiros do Odin agradecemos vocês, comovidos, pelo apreço e pelos prêmios. Mas nós vimos os ossos. Não é possível pretender que a pompa das cerimônias teatrais e a sua solenidade satisfaça a nossa fome. Os vastos palácios dos contos de fada são feitos para serem visitados e abandonados. Se nos agarramos a eles, nos transformamos em figuras ilusórias nas mãos das bruxas e dos bichos-papões que nos tornamos.

Amo o teatro porque sinto repugnância pelas ilusões. Não acredito que o descontentamento – este espírito de rebelião que me cavalga – possa no final se aquietar. Quando parece reduzido ao silêncio, sinto o cheiro da mentira subir pelas narinas. Se o descontentamento se aquietasse, eu não saberia mais o que fazer do teatro.

Repetir, repetir, repetir. A ação, no teatro, é feita para ser repetida, não para alcançar um objetivo e ir além. Repetir significa resistir, opor resistência ao espírito do tempo, às suas promessas e ameaças. Só depois de ter sido repetida e fixada, uma partitura pode começar a viver.

Muita neve ainda vai cair, o gelo voltará. De dentro deste laborioso descontentamento feito de ações, aplicando este artesanato da dissidência que chamo de teatro, meus companheiros do Odin e eu nos esforçamos para não ceder às tentações do progresso e ao ímpeto do tempo. Sem turbamento, e tendo ao lado nossos mortos amados que para nós sempre estão vivos, olhamos para o que de nós, dia após dia, vai embora.

Mais uma vez meus companheiros do Odin e eu agradecemos a vocês. Àqueles que hoje têm 20 ou 25 anos, desta cátedra, não temos outra lição que possa ser transmitida por palavras.

Índice Remissivo

A

Adamov, Arthur – 102
A Divina Comédia – 36-37
Advaita, Vedanta – 43
Ahrne, Marianne – 98, 178
Akropolis – 21, 22, 26, 27, 28, 29, 30, 32, 33, 34, 36, 39, 40, 41, 48, 51, 52, 55, 56, 57, 60, 80, 81, 93, 99, 102, 115, 130, 133, 135, 142, 158, 162, 174, 184
Alighieri, Dante – 36-37
Alkazi, Ebrahim – 73
Andrzejewski, Jerzy – 5, 45
Antoine, André – 33
Antropologia Teatral – 74, 112
Apocalypsis cum Figuris – 34, 104-106, 167, 172
Apotheloz, Antoine – 61
Armia Krajowa – 82
Armia Ludowa – 82
Arrabal, Fernando – 59, 102
Artaud, Antonin – 50, 62, 69, 167, 172, 173
ashram – 148, 150, 151, 170
Atatürk (Mustafá Kemal) – 42
Aurobindo, Ghose – 148

Axer, Erwin – 6

B

Babel, Isaac – 77
Bablet, Denis – 62
Bacci, Roberto – 112
Bachelard, Gaston – 44
Barba, Emanuele – 176
Barba, Vera – 42
Barrault, Jean-Louis – 70, 93, 168
Baul – 177
Beckett, Samuel – 32, 84, 102
Bene, Carmelo – 60
Bentley, Eric – 99
Bereza, Henryk – 5
Berg, Martin – 101, 103
Berger, René – 61
Bergerac, Cyrano de – 166
Bergman, Ingmar – 96
Berliner Ensemble – 95, 96
Białoszewski, Miron – 5, 10, 66
Biasini, Emile – 67
Bielski, Andrzej – 22, 117
Billetdoux, François – 62
Biström, Lars – 28
Bjørneboe, Jens – 63, 90, 156

196 A TERRA DE CINZAS E DIAMANTES

Bjørneboe, Tone – 90
Blavatsky, Helena Petrovna – 113, 129
Blin, Roger – 62
Blixen, Karen – 46
Błoński, Jan – 6, 9, 166
Bodhidharma – 45
Borowski, Tadeusz – 5, 30, 115, 135
Bourseiller, Antoine – 62, 63, 166, 168
Bozzolato, Giampiero – 91, 92
Braque, Georges – 37
Brecht, Bertolt – XV, 91, 95, 96
Brie, César – 109
Brook, Peter – 23, 56, 95, 153, 161, 179
Broszkiewicz, Jerzy – 5-6
Brulin, Tone – 68-69
Brunius, Palle – 68
Brunton, Paul – 49, 148
Bruun, Guri – 90
Bruun, Ole Daniel – 88, 90
Brøndsted, Annette – 145
Brzozowski, Stanisław – 94, 95, 96
Buache, Freddy – 61
Buda – 178
Bull, Tone – 146
Byron, George Gordon – 13, 48
Byrski, Irena – 48, 129
Byrski, Maria Krzysztof – 99, 129
Byrski, Tadeusz – 48

C
Caillois, Roger – 44, 61, 135
Camus, Albert – 28
Centro Teatral de Aix en Provence – 63
Chaikin, Joseph – 96
Chaillet, Ned – 128
Christiaens, Jan – 68-69
Chuang-tsu – 44
Chwat, Jacques – 60
Cieślak, Ryszard – 3, 16, 22, 23, 36, 37, 52, 56, 61, 80, 81, 92-94, 95-101, 117, 135, 139, 141, 143, 151, 156, 174, 186
Círculo dos Amigos do Teatr 13 Rzędów – 50
Clayton, Barry – 12
Clube SPATIF – 6, 11, 114
Cocteau, Jean – 13, 48
Colombaioni, Alfredo – 96

Colombaioni, Carlo – 96
Colombaioni, Romano – 96
Copeau, Jacques – XV, 68, 108
Copérnico, Nicolau – 11
Copiaus – 68
Craig, Edward Gordon – 69, 101, 102
Csató, Edward – 6, 56
Cybulski, Zbigniew – 3, 8, 121
Cynkutis, Zbigniew – 18, 22, 52, 55, 75, 93, 117, 173, 174
Czanerle, Maria – 6

D
Darcante, Jean Julian – 62, 66, 68
De Gaulle, Charles – 41
Dejmek, Kazimierz – 6, 8
Delsarte, François – 47
Dostoievski, Fëdor Michailovitch – 7, 104
Dr Faustous – 20, 21, 26, 32, 36, 37, 41, 52, 55, 56, 57, 59, 65, 66, 69, 80, 81, 93, 128, 135, 138, 142, 144, 146, 155, 160, 161
Drabik, Wincenty – 65
Drawicz, Andrzej – 56
Ducret, Eric – 61
Dullin, Charles – 47
Durkheim, Emile – 44, 127
Dynowska, Wanda – 129
Dzierżyński, Felix – 14
Dziady (Os Antepassados) – 9, 10, 18, 19, 26, 42, 61, 80, 81, 93

E
Eichlerówna, Irena – 6
Einarsson, Sveinn – 68
Eisenstein, Serguei Michailovitch – XV, XVII, 29, 53, 99, 184
Ekeram, Ulf – 97
El Greco (Domenico Theotokópulos) – 22
Eliade, Mircea – 44, 59
Eliot, Thomas Stearns – 104
Elster, Mike – 56, 120, 160, 161
Eurípides – 32
Excoffier, Jo – 61

F
Fahlström, Öyvind – 63

ÍNDICE REMISSIVO

Falkiewicz, Andrzej – 167
Falkowski, Jerzy – 45, 164
Falletti, Clelia – XVII
Felisari, Giulio – 143
Ferai – 61, 102, 103, 104, 105, 178, 179
Festival da Juventude de Helsinque – 28
Festival de Erlangen – 159
Festival de Nancy – 135
Festival de Veneza – 102, 161
Feuer, Donya – 96
Fiolteatret – 84
Flaszen, Ludwik – XIV, XV, 9, 10, 13, 18, 20, 21, 22, 35, 40, 52, 53, 60, 61, 70, 81, 99, 104, 117, 120, 133, 153, 155, 169, 185, 189
Fo, Dario – 96
France, Anatole – 177
Francisco José I da Áustria – 21
Frederiksen, Lis – 62, 66
Freud, Sigmund – 127
Fulchignoni, Enrico – 61
Fumaroli, Marc – 95

G

Galassi Beria, Benedetta – 6
Gall, Iwo – 47, 166, 167, 187
Gallimard – 50
Gallowa, Halina – 48
Garcia Lorca, Federico – 91
Geraci, Stefano – XVII
Ghose, Aurobindo – 148
Gignoux, Hubert – 68, 70, 135, 138
Giljane, Tore – 91
GITIS – 14
Giuliani, Alfredo – 60
Goldman, Lucien – 135
Gombrowicz, Witold – 77, 113, 116, 128
Gomułka, Wladisław – 3, 4
Gösta, Marcus (pseudônimo de Eugenio Barba) – 6, 61
Gregory, André – 16
Gregory, Mercedes – 16
Grimnes, Anne Trine – 92
Grotowski, Emília – 41, 49
Grünberg, Roland – 6, 36, 37, 81, 135
Guillaumet, Henri – 27

Gurawski, Jerzy – XV, 20, 22, 55, 62, 117, 120, 138, 141, 142, 166, 167, 179
Gurdjieff, George I. – 44

H

Hainaux, René – 68
Halvorsen, Dag – 8, 9, 13
Hamsun, Knut – 42, 86, 90
Hatch, James – 59
Heráclito de Éfeso – 87
Herbert, Zbigniew – 56
Hillman, James – 61
Hind, Tage – 84
Hoffman, Theodore – 60
Holoubek, Gustaw – 6
Hont, Ferenc – 91, 139, 143
Hultén, K.G. – 63
Husbygrenda – 88

I

Ibn Saud I – 42
Instytut Badań Metody Aktorskiej – 172, 174
Ionesco, Eugène – 32, 48, 84, 102
ITI, International Theatre Institute – 62, 65-67, 69, 70, 90, 100, 128, 134, 135, 138
Iwaszkiewicz, Bolesław – 82

J

Jackowski, Tadeusz – 81, 101
Jacob, Max – 87
Jacquot, Jean – 62
Jahołkowski, Antoni – 22, 52, 117
Jarocki, Jerzy – 6
Jarry, Alfred – 135
Jaruzelski, Wojciech – 109
Jasieński, Jerzy – 82
Jensen, Jakob – 95
Jones, Judith – 66-69, 70, 73, 90, 95, 100, 135, 153, 160, 163, 171, 175, 176, 180
Jones, Le Roi – 166
Julien, Jean – 66-69
Jung, Carl Gustav – 44, 127, 139

K

K. – 143, 146, 150, 152, 154, 156, 157

Kabir – 58
Kalidasa – 13
Kamińska, Ida – 5
Kantor, Tadeusz – 6, 32, 36, 37
Kaspariana – 81, 105
Kathakali – 48, 73, 74, 75, 128, 130, 131, 134, 139, 183, 184, 185, 186
Katz, Janka – 9, 105
Kijowski, Andrzej – 9
Kipling, Rudyard – XV, 25, 125
Kłossowicz, Jan – 6
Klub Literatów – 5
Koenig, Jerzy – 56
Komorowska, Maja – 22, 117
Kordian – 16, 18, 19, 20, 29, 55, 56, 80, 81, 93
Korzeniewski, Bohdan – 4, 6, 16, 17, 65, 68, 69, 81, 82
Kosiński, Jan – 6
Kotliński, Jerzy – 67, 68
Kott, Jan – 4, 6, 127, 131, 166, 167
Krasowski, Jerzy – 8
Kristiansen, Knut – 90
Krook, Kasja – 68
Krygier, Waldemar – 22, 117
Krzysztoń, Jerzy – 21
Kudliński, Tadeusz – 6, 9-11
Kurosawa, Akira – 127
Kustow, Michael – 56

L
La Mama. *Ver* Ellen Stewart
Lægreid, Erling – 90
Lang, Jack – 37, 135
Lao-Tsé – 27
Laurencin, Marie – 87
Laukvik, Else-Marie – 92, 95, 109
Ławski, Eugeniusz – 5
Lec, Stanisław Jerzy – 56
Lecoq, Jacques – 47
Lehne, Fridtjov – 87, 88, 90
Lehne, Sonja – 87, 90
Lênin, Nikolai (Vladimir Ilitch Ulianovitch) – 10
Lévi-Strauss, Claude – 44, 61, 132, 135
Lévy-Bruhl, Lucien – 44, 127
Limanowski, Mieczysław – 47
Ling – 48

Łomnicki, Tadeusz – 6
Łopuszańska, Stanisława – 20-21
Lubowiecka, Ewa – 22, 51
Ludvigsen, Christian – 84, 101, 103, 169, 178
Ludvigsen, Silvia – 84
Luterkort, Ingrid – 68
Lutosławski, Witold – 5

M
Mac Orlan, Pierre – 87
Madhyamika – 43
Maharishi, Ramana – XVII, 43, 49, 98, 118
Maiakóvski, Vladímir Vladímirovitch – 13
Malraux, André – 136
Manet, Eduardo – 68, 69
Mann, Thomas – 41, 153
Marceau, Marcel – 47
Marijnen, Frans – 100
Marlowe, Christopher – 41, 59, 144
Marotti, Ferruccio – 102
Marowitz, Charles – 56, 95
Marpa – 44
Martner, Fredrik – 95, 96
Marx, Karl Heinrich – 87
Marzban, Adi – 73
Masini, Ferruccio – 61
Mauss, Marcel – 44
May, Kart – 41
Mazur, Krystyna – 55
Meierhold, Vsevolod Emilievitch – XV, XVII, 14, 32, 47, 69, 91, 99, 102, 184, 187
Mickiewicz, Adam – 9, 10, 42, 128
Midelfart, Willi – 87-90
Mikołajska, Halina – 6
Milarepa – 44
Min Fars Hus (A Casa do Pai) – 104
Mirecka, Rena – 22, 52, 117, 135
Mnouchkine, Arianne – 97
Molik, Zygmunt – 10, 22, 35, 52, 75, 93, 117, 173, 174
Motyka, Lucjan – 144
Mrożek, Sławomir – 5, 6, 32, 77, 102, 166
Murawska, Ludmiła – 6
Mørch, Dea Trier – 144

ÍNDICE REMISSIVO

Mørdre, Hans Jacob – 70

N
Nadeau, Maurice – 62, 128
Nagarjuna – 43, 57, 125
Nagel Rasmussen, Iben – XVII, 109
Natanson, Wojciech – 6, 56
Nijinski, Vaslav – 109
Nono, Luigi – 61
Norwid, Cyprian – 42, 117
"Novo Testamento do Teatro" – 31, 34, 41,
    45, 56, 103, 135, 137, 138, 147, 185
Nowicki, Andrzej – 136

O
Obry, Olga – 124
Odin Teatret – XIII, XIV, 16, 37, 38,
    40, 48, 61, 63, 81, 84, 91-97, 98, 99,
    101, 102, 103-109, 115, 143, 153,
    156, 160, 164, 165, 169, 173, 174,
    176, 177, 178, 179, 183, 185, 188,
    192, 193
Olsoni, Kristin – 68, 81, 138, 144, 145
Opel, Adolf – 59
Open Theatre – 96
Ornitofilene – 84, 156, 160, 164, 165
Orstad, Kalle – 87
Osiński, Zbigniew – XVII, 48, 50,
    104, 155
Ośrodek Badań Twórczości Jerzego
    Grotowski i Poszukiwań Teatralno-
    Kulturowych (Centro de Estudos
    Grotowskianos e de Pesquisa
    Cultural e Teatral) – 48
Osterwa, Juliusz – XV, 47, 65
Ouspensky, P.D. – 44
Öhman, Carl – 145
Ørnsbo, Jess – 63, 83, 84

P
PAGART (Polska Agencja Artystyczna
    – Agência Artística Polonesa) – 104,
    105, 145
Palach, Jan – 103
Patanjali – 43, 127, 128
Pauwels, Louis – 62
Peliński, Romuald – 5
Penderecki, Krzysztof – 5
Perilli, Achille – 60, 63

Picasso, Pablo – 37
Picon, Gaëtan – 62
Piłsudski, Józef – 41, 42
Piscator, Erwin – 99
Piwnica Pod Baranami – 8, 10
Planchon, Roger – 32
Poliéri, Jacques – 62, 99, 134
Pomianowski, Jerzy – 56
Popkin, Henry – 68
Príncipe Constante, O – 16, 20, 22, 32,
    34, 47, 65, 70, 80, 81, 92, 93, 99-101,
    102, 139, 146, 151, 153, 154, 162,
    163, 166, 170
Proft, Carl-Erik – 160, 165, 168, 169
Pronaszko, Andrzej – 166, 167
Pulszki, Romola – 109
Puzyna, Konstanty – 9, 82, 135, 152,
    166

Q
Quadri, Franco – 6, 61

R
Radice, Raul – 68
Ram Mohum Roy – 71
Ramakrishna – 25, 43, 71, 72, 87, 119,
    131, 177
Ramanuja – 43
Rame, Franca – 96
Raszewski, Zbigniew – 56, 81, 82
Reduta – 21, 47, 48, 166, 167, 169
Reinhardt, Max – 33
Renan, Ernest – 44, 106, 140
Rétoré, Guy – 62
Richards, Thomas – 16
Rilke, Rainer Maria – 130
Ripellino, Angelo Maria – 60
Rodin, Auguste – 130
Rodio, Jolanda – 96
Rolland, Romain – 71, 72, 131
Rotbaum, Jakub – 9, 11
Rousseau, Henri – 87
Roux, Jean Louis – 68
Royal Shakespeare Company – 95, 161
Różewicz, Tadeusz – 6, 32
Ruffini, Franco - XVII
Rumi, Jalal ad-Din – 110
Rusinek, Kazimierz – 82
Rutebeuf – 166

S

S. – 161
Safo – XIII
Saint-Denis, Michel – 68, 69, 70
Saint-Denis, Suria – 68
Saint-Exupéry, Antoine de – 27
Salgari, Emilio – 42
Salmon, André – 37
Salvagni, Nora – 66
Samuel Zborowski – 104, 167, 168
San Juan de la Cruz – 139
Sandauer, Artur – 5
Sannum, Tor – 92
Sariputra – 44
Sartre, Jean-Paul – 3, 59, 155
Sarvig, Ole – 84, 95
Saurel, Renée – 59, 95, 136, 165, 172
Savarese, Nicola – XVII
Schall, Barbara – 95
Schall, Ekkehard – 95
Schechner, Richard – 59, 60, 144
Schiller, Leon – 166, 167, 187
Schino, Mirella – XVII
Scierski, Stanisław – 22
Seberg, Peter – 84
Seweryn, Andrzej – 23
Seymour, Alan – 68, 161
shakti – 129, 160
Shakuntala – 23, 50, 51, 81, 129
Shams – 110
Shankara – 43, 125
Sieffert, René – 62
Silesius, Angelus – 44
Shivananda, Swami – 129
Skeel, Rina – XVII
Skuszanka, Krystyna – 6, 8, 32
Słowacki, Juliusz – 42, 104, 167, 168
Sófocles – 4, 32
SOSTUD – 88
Stanislávski, Konstantin Serguiêievitch
   –XV, XVII, 14, 31-33, 39, 47, 50,
   53, 91, 102, 108, 170, 186, 187
Starowieyska, Ewa – 6
Stein, Gertrude – 87
Stewart, Ellen [La Mama] – 95
Stopka, Andrzej – 6
Strøm, Agnete – 95, 174
Strzelecki, Zenobiusz – 6, 55, 166
Studio des Champs-Elysées – 62, 166

Studium o Hamlecie (Estudo sobre
   Hamlet) – 75, 76, 79, 80, 81, 93, 133
Sulerjítzki, Leopold – XVII
Świderski, Jan – 6
Swinarski, Konrad – 6, 32
Swinarski, Artur Maria – 5, 58
Syrkus, Szymon – 166, 167
Szajna, Jósef – 6, 8, 22, 26, 32, 36, 117
Szejnert, Małgorzata – 82
Szymanowski, Karol – 5

T

Tagore família – 71
Tagore, Rabindranath – 71
Taírov, Alexandr – 14
Tarn, Adam – 6
Taviani, Ferdinando – XVII
Taviani, Paolo – XVII
Tchékhov, Antón – 36
Teatr 13 Rzędów – XIV, 9, 13, 17, 18,
   20-23, 26, 28, 33, 35-37, 38, 43, 46,
   48, 49, 50, 56, 57, 61, 62, 63, 64,
   92, 135, 139
Teatr Co To – 8
Teatr Poezji – 48
Teatr Polski – 9, 11
Teatr Słowacki – 8, 20
Teatr Stary – 8
Teatr Ziemi Opolskiej – 21, 36
Teatr Żydowski (Teatro Hebreu) – 5
Teatr-Laboratorium – XIV, 23, 36, 48,
   62, 75, 76, 92, 93, 96, 104, 130, 133,
   134, 135, 138, 143-145, 186
Teatr-Laboratorium 13 Rzędów – 29,
   38, 39, 53, 56, 59, 62, 65, 66, 69, 70,
   76, 80-82, 111, 114, 115, 120, 125,
   127, 130, 132, 134, 137, 138, 141,
   142, 146, 147, 153, 156, 163, 165,
   168, 169, 185
Teatro de Arte de Moscou (MChAT)
   – 170
Teatro de Vasa – 138
Teatro Nacional de Havana – 68
Teatro Nacional Sueco na Finlândia
   (Svenska Teatern a Helsinki) – 145
Teatro Real de Copenhague – 94
Temkine, Raymonde – 28, 29, 32, 50,
   61, 62, 69, 81, 92, 102, 128, 147,
   152, 155

ÍNDICE REMISSIVO

Temkine, Valentin – 28, 61, 69-70, 128, 136, 152, 155
Tenschert, Joachim – 95
The Performance Group – 60
Théâtre de l'Est de Paris – 62
Théâtre de Poche-Montparnasse – 166
Théâtre des Nations – 66, 67, 69
Tierney, Mary – 60
Timoszewicz, Jerzy – 82
Tinti, Roberto – XVII
Toeplitz, Krzysztof, Teodor – 5
Toft, Per – 152, 160
Tomaszewski, Henryk – 6, 32, 47, 94
Trezzini, Lamberto – 60, 164
Trilling, Ossia – 68

U
Ubu Roi – 135
Uma Devi – 129
Utrillo, Maurice – 87

V
Vakhtângov, Evgueni – XVII
Valadon, Suzanne – 87
Varley, Julia – XVII
Veaux, Erik – 5, 56, 61, 95, 135, 137, 172, 179
Vega Carpio, Felix Lope de – 31
Veinstein, André – 62
Vivekananda – 25, 131
Volli, Ugo – XVII

W
Wagner, Richard – 31
Wajda, Andrzej – 3, 82, 89, 121
Weideli, Walter – 61
Weigel, Helene – 95, 96
Weil, Simone – 104
Weiss, Peter – 102
Wekwerth, Manfred – 95
Westin, Marta – 97
Wethal, Torgeir – XVII, 56, 92, 97, 179
Wielka Reforma (Grande Reforma) – 49
Wiggen, Knut – 145
Winnje, Eigil – 87
Wirth, Andrzej – 6, 167
Witkacy, (Stanisław Ignacy Witkiewicz) – 5, 6, 36, 47, 83, 135, 166, 167, 173, 187
Wolff-Windegg, Philip – 61, 147
Wolford, Lisa – 60
Woszczerowicz, Jacek – 6
Woźniak, Leszek – 11
Wróblewski, Andrzej – 6
Wyspiański, Stanisław – 21, 41, 75, 76, 77, 167

Z
Zachwatowicz, Krystyna – 6
Zamkow-Słomczyńska, Lidia – 6
Zavadski, Iuri – 14, 15
Zeami, Motokiyo – 99
Ziemska, Teresa – 67
Zmysłowski, Jacek – 16

TEATRO NA ESTUDOS

João Caetano
  Décio de Almeida Prado (E011)
Mestres do Teatro I
  John Gassner (E036)
Mestres do Teatro II
  John Gassner (E048)
Artaud e o Teatro
  Alain Virmaux (E058)
Improvisação para o Teatro
  Viola Spolin (E062)
Jogo, Teatro & Pensamento
  Richard Courtney (E076)
Teatro: Leste & Oeste
  Leonard C. Pronko (E080)
Uma Atriz: Cacilda Becker
  Nanci Fernandes e Maria T. Vargas
  (orgs.) (E086)
TBC: Crônica de um Sonho
  Alberto Guzik (E090)
Os Processos Criativos de Robert Wilson
  Luiz Roberto Galizia (E091)
Nelson Rodrigues: Dramaturgia e Encenações
  Sábato Magaldi (E098)

José de Alencar e o Teatro
  João Roberto Faria (E100)
Sobre o Trabalho do Ator
  Mauro Meiches e Silvia Fernandes
  (E103)
Arthur de Azevedo: A Palavra e o Riso
  Antonio Martins (E107)
O Texto no Teatro
  Sábato Magaldi (E111)
Teatro da Militância
  Silvana Garcia (E113)
Brecht: Um Jogo de Aprendizagem
  Ingrid D. Koudela (E117)
O Ator no Século XX
  Odette Aslan (E119)
Zeami: Cena e Pensamento Nô
  Sakae M. Giroux (E122)
Um Teatro da Mulher
  Elza Cunha de Vincenzo (E127)
Concerto Barroco às Óperas do Judeu
  Francisco Maciel Silveira (E131)
Os Teatros Bunraku e Kabuki: Uma Visada Barroca
  Darci Kusano (E133)

O Teatro Realista no Brasil: 1855-1865
João Roberto Faria (E136)
Antunes Filho e a Dimensão Utópica
Sebastião Milaré (E140)
O Truque e a Alma
Angelo Maria Ripellino (E145)
A Procura da Lucidez em Artaud
Vera Lúcia Felício (E148)
Memória e Invenção: Gerald Thomas em Cena
Sílvia Fernandes (E149)
O Inspetor Geral de Gógol/Meyerhold
Arlete Cavaliere (E151)
O Teatro de Heiner Müller
Ruth Cerqueira de Oliveira Röhl (E152)
Falando de Shakespeare
Barbara Heliodora (E155)
Moderna Dramaturgia Brasileira
Sábato Magaldi (E159)
Work in Progress na Cena Contemporânea
Renato Cohen (E162)
Stanislávski, Meierhold e Cia
J. Guinsburg (E170)
Apresentação do Teatro Brasileiro Moderno
Décio de Almeida Prado (E172)
Da Cena em Cena
J. Guinsburg (E175)
O Ator Compositor
Matteo Bonfitto (E177)
Ruggero Jacobbi
Berenice Raulino (E182)
Papel do Corpo no Corpo do Ator
Sônia Machado Azevedo (E184)
O Teatro em Progresso
Décio de Almeida Prado (E185)
Édipo em Tebas
Bernard Knox (E186)
Depois do Espetáculo
Sábato Magaldi (E192)
Em Busca da Brasilidade
Claudia Braga (E194)
A Análise dos Espetáculos
Patrice Pavis (E196)
As Máscaras Mutáveis do Buda Dourado
Mark Olsen (E207)
Crítica da Razão Teatral
Alessandra Vannucci (E211)
Caos / Dramaturgia
Rubens Rewald (E213)
Para Ler o Teatro
Anne Ubersfeld (E217)

Entre o Mediterrâneo e o Atlântico
Maria Lúcia de Souza Barros Pupo (E220)
Yukio Mishima: o Homem de Teatro e de Cinema
Darci Yasuco Kusano (E225)
O Teatro da Natureza
Marta Metzler (E226)
Margem e Centro
Ana Lúcia Vieira de Andrade (E227)
Teatro Sempre
Sábato Magaldi (E232)
O Ator como Xamã
Gilberto Icle (E233)
A Terra de Cinzas e Diamantes
Eugenio Barba (E235)
A Ostra e a Pérola
Adriana Dantas de Mariz (E237)
A Crítica de um Teatro Crítico
Rosangela Patriota (E240)
O Teatro no Cruzamento de Culturas
Patrice Pavis (E247)
Eisenstein Ultrateatral: Movimento Expressivo e Montagem de Atrações na Teoria do Espetáculo de Serguei Eisenstein
Vanessa Teixeira de Oliveira (E249)
Teatro em Foco
Sábato Magaldi (E252)
A Arte do Ator entre os Séculos XVI e XVIII
Ana Portich (E254)
O Teatro no Século XVIII
Renata S. Junqueira e Maria Gloria C. Mazzi (orgs.) (E256)
A Gargalhada de Ulisses
Cleise Furtado Mendes (E258)
Dramaturgia da Memória no Teatro-Dança
Lícia Maria Morais Sánchez (E259)
A Cena em Ensaios
Béatrice Picon-Vallin (E260)
Teatro da Morte
Tadeusz Kantor (E262)
Escritura Política no Texto Teatral
Hans-Thies Lehmann (E263)
Na Cena do Dr. Dapertutto
Maria Thais (E267)
A Cinética do Invisível
Matteo Bonfitto (E268)
Luigi Pirandello: Um Teatro para Marta Abba
Martha Ribeiro (E275)
Teatralidades Contemporâneas
Sílvia Fernandes (E277)

Conversas sobre a Formação do Ator
  Jacques Lassalle e Jean-Loup Rivière
  (E278)
A Encenação Contemporânea
  Patrice Pavis (E279)
As Redes dos Oprimidos
  Tristan Castro-Pozo (E283)
O Espaço da Tragédia
  Gilson Motta (E290)
A Cena Contaminada
  José Tonezzi (E291)
A Gênese da Vertigem
  Antonio Araújo (E294)
A Fragmentação da Personagem no Texto Teatral
  Maria Lúcia Levy Candeias (E297)
Alquimistas do Palco: Os Laboratórios Teatrais na Europa
  Mirella Schino (E299)
Palavras Praticadas: O Percurso Artístico de Jerzy Grotowski, 1959-1974
  Tatiana Motta Lima (E300)
Persona Performática: Alteridade e Experiência na Obra de Renato Cohen
  Ana Goldenstein Carvalhaes (E301)
Como Parar de Atuar
  Harold Guskin (E303)
Metalinguagem e Teatro: A Obra de Jorge Andrade
  Catarina Sant Anna (E304)
Enasios de um Percusro
  Esther Priszkulnik (E306)
Função Estética da Luz
  Roberto Gill Camargo (E307)
Poética de "Sem Lugar"
  Gisela Dória (E311)

Entre o Ator e o Performer
  Matteo Bonfitto (E316)
A Missão Italiana: Histórias de uma Geração de Diretores Italianos no Brasil
  Alessandra Vannucci (E318)
Além dos Limites: Teoria e Prática do Teatro
  Josette Féral (E319)
Ritmo e Dinâmica no Espetáculo Teatral
  Jacyan Castilho (E320)
A Voz Articulada Pelo Coração
  Meran Vargens (E321)
Beckett e a Implosão da Cena
  Luiz Marfuz (E322)
Teorias da Recepção
  Claudio Cajaiba (E323)
A Dança e Agit-Prop
  Eugenia Casini Ropa (E329)
O Soldado Nu: Raízes da Dança Butô
  Éden Peretta (E332)
Teatro Hip-Hop
  Roberta Estrela D'Alva (E333)
Alegoria em Jogo: A Encenação Como Prática Pedagógica
  Joaquim C.M. Gama (E335)
Jorge Andrade: Um Dramaturgo no Espaço-Tempo
  Carlos Antônio Rahal (E336)
Campo Feito de Sonhos: Inserção e Educação Através da Arte
  Sônia Machado de Azevedo (E339)
Os Miseráveis Entram em Cena: Brasil, 1950-1970
  Marina de Oliveira (E341)
Isto Não É um Ator
  Melissa Ferreira (E342)

Este livro foi impresso na cidade de Cotia,
nas oficinas da Meta Brasil,
para a Editora Perspectiva.